LEITURAS  FILOSÓFICAS

WILSON ALVES DE PAIVA

A ESTÁTUA DE GLAUCO
Oito conferências em Rousseau

(Com comentários de especialistas)

Edições Loyola

Dados Internacionais de Catalogação na Publicação (CIP)
(Câmara Brasileira do Livro, SP, Brasil)

Paiva, Wilson Alves de
  A estátua de Glauco : oito conferências em Rousseau / Wilson Alves de Paiva. -- São Paulo : Edições Loyola, 2024. -- (Coleção leituras filosóficas)

  Bibliografia.
  ISBN 978-65-5504-336-5

  1. Estética - História 2. Filosofia - História 3. Rousseau, Jean-Jacques, 1712-1778 I. Título. II. Série.

24-188928   CDD-194

Índices para catálogo sistemático:
1. Rousseau : Filosofia francesa   194

Eliane de Freitas Leite - Bibliotecária - CRB 8/8415

Preparação: Paulo Fonseca
Capa: Ronaldo Hideo Inoue
   (execução a partir do projeto gráfico
   original de Inês Ruivo)
Diagramação: Telma Custódio

Edições Loyola Jesuítas
Rua 1822 n° 341 – Ipiranga
04216-000 São Paulo, SP
T 55 11 3385 8500/8501, 2063 4275
editorial@loyola.com.br
vendas@loyola.com.br
www.loyola.com.br

Todos os direitos reservados. Nenhuma parte desta obra pode ser reproduzida ou transmitida por qualquer forma e/ou quaisquer meios (eletrônico ou mecânico, incluindo fotocópia e gravação) ou arquivada em qualquer sistema ou banco de dados sem permissão escrita da Editora.

ISBN 978-65-5504-336-5

© EDIÇÕES LOYOLA, São Paulo, Brasil, 2024

102506

"Nossa era é retrospectiva. Constrói sepulcros aos antepassados. Escreve biografias, histórias e críticas. As gerações anteriores olhavam Deus e a natureza cara a cara; nós o fazemos através de seus olhos."
RALPH WALDO EMERSON

SUMÁRIO

INTRODUÇÃO 9

Primeira conferência
EU SÓ: Notas sobre a vida, a glória e o ocaso
de um solitário 15

Segunda conferência
SOB O CARVALHO: Visões da natureza e do
homem natural 59

Terceira conferência
AO REDOR DA FOGUEIRA: O brilho do outro e o ardor
da sociabilidade 103

Quarta conferência
MAS EU NÃO TENHO JARDIM: Propriedade, vida social
e legitimidade 139

Quinta conferência
O VENENO COMO REMÉDIO: A terapêutica de uma
doença inusitada 179

Sexta conferência
NÃO VEJO TRAÇOS DA MÃO HUMANA: Jardinagem e razão sensitiva 217

Sétima conferência
NADA SE FAZ SEM ELAS: Mulher e mulheres no contexto social 255

Oitava conferência
A ESTÁTUA DE GLAUCO: O desvelamento e a renovação da figura 297

BIBLIOGRAFIA 339

SOBRE OS COMENTADORES 365

INTRODUÇÃO

Como afirma Bertrand Russell, em sua *História da filosofia ocidental*, quando se analisa o pensamento de um filósofo, a postura que se deve adotar não é nem de reverência e nem de desprezo, mas de uma simpatia hipotética no início para depois se chegar à crítica. O problema é que com o estudo do pensamento e a leitura dos textos do filósofo genebrino Jean-Jacques Rousseau a simpatia se torna facilmente em admiração, pois seu domínio da escrita e sua forma poética de expressar suas ideias ganham facilmente o leitor, envolvem-no prazerosamente. E embora Rousseau tenha dito, no início do Capítulo I, do Livro Terceiro, do *Contrato Social*, que não conhecia a arte de ser claro para quem não queria ser atento, sua escrita não é prolixa, nem tampouco rebuscada ao ponto de não ser compreendida. Entretanto, alguns trechos, escritos sob a verve de um poeta em todo o poder de sua retórica, podem levar a más interpretações de sua filosofia e a equívocos de leitura que comprometem o conjunto de sua obra e a unidade de seu pensamento. Igualmente, a escrita polarizada de Rousseau, que muitos chamam de paradoxal e contraditória, às vezes dificulta a compreensão de suas ideias e, nesse momento, é preciso seguir o conselho de Russell, se quisermos entender de fato a produção desse polêmico filósofo que colocou seu século em polvorosa e até hoje provoca tanta discussão.

Nesse sentido, o conjunto destas conferências é um ponto de partida para a postura de simpatia hipotética, pela qual pode-se começar a entender a filosofia rousseauniana. Para se chegar à crítica, é preciso entender que Rousseau tem diante de si a figura do homem degenerado e a imagem de uma sociedade corrompida. Suas análises miram essa realidade e, portanto, acabam sendo pessimistas. Entretanto, eis que a ficção aparece, brotando de sua alma generosa, e oferece os caminhos possíveis, como o *Emílio* ou a *Nova Heloísa*, nos quais a natureza triunfa pelo desvelamento de seus elementos e pela possibilidade de recuperação do humano, perdido no jogo das aparências e incertezas da vida. Como a estátua do deus marinho Glauco, a qual, lançada ao mar, desfigurou-se pela cobertura das algas, das conchas e por toda espécie de suplemento que veio envolver sua bela figura. Içada das águas, sua figura original foi reaparecendo à medida que eram retiradas as crostas que a cobriam. Igualmente, o homem foi desfigurado ao sair do estado de natureza e adentrar o problemático mundo social, mergulhando cada vez mais no engodo das representações e sendo envolto pelas grossas crostas do amor próprio e de toda espécie de deterioração moral. Trata-se, portanto, de um trabalho de arte, melhor dizendo, de arte pedagógica, o resgate do que foi perdido, mesmo que seja necessário lançar mão do "veneno", isto é, as ciências e as artes, para remediar o mal que elas causaram.

Malgrado as interpretações equivocadas de sua filosofia que foram feitas em seu tempo e nos séculos subsequentes, até nossos dias, Rousseau é uma das figuras mais importantes na constituição do mundo moderno e do contemporâneo. Seu nome figura entre os fundadores ou precursores do Estado moderno, da pedagogia moderna, da antropologia, da psicologia e de movimentos tão diversos, como os do romantismo, do liberalismo ou do naturalismo. Foi pensando nisso que estas conferências foram escritas entre janeiro de 2020 e janeiro de 2021, e apresentadas em forma de ciclo no portal oficial da UFG no YouTube entre 26 de fevereiro e 3 de junho de 2021, para uma grande audiência do Brasil e do exterior. Sua elaboração teve início em Paris, na Sorbonne Université, onde o autor foi professor visitante com bolsa da CAPES, sob a supervisão da professora Céline Spector. Como a pesquisa tinha por foco a estética de Rousseau, no que diz respeito à paisagem e aos jardins, todas as conferências foram produzidas numa perspectiva estética. Portanto, as conferências que se seguem não podem ser classificadas como uma abordagem rigorosamente filosófica, nem literária, mas estética. Em cada uma delas foi apresentado um texto, e em seguida um professor especialista convidado fez seus comentários, os quais foram mantidos neste livro.

A primeira conferência, com o título *Eu só: notas sobre a vida, a glória e o ocaso de um solitário*, traz elementos da vida de Rousseau que são importantes para entender tanto sua produção filosófica quanto seu comportamento, sobretudo no fim de sua vida. A leitora e comentadora foi a Profa. Dra. Carlota Boto, docente da Faculdade de Educação da USP. A segunda, intitulada *Sob o carvalho: visões da natureza e do homem natural*, busca discutir o conceito de natureza, bem como apresentar as características do "bom selvagem", cuja imagem figurou nos escritos dos viajantes, dos românticos e, de certa forma, nos textos rousseaunianos. Quem fez a leitura e comentários foi a Profa. Dra. Helena Esser dos Reis, da Faculdade de Filosofia da UFG. A terceira, cujo título é *Ao redor da fogueira: o brilho do outro e o ardor da sociabilidade*, continua as discussões apresentadas na segunda, mas procura abordar os elementos estéticos que aproximaram as pessoas e, ao mesmo tempo, suscitaram os conflitos pelo jogo da comparação e da representação que se seguiu, no estado social. O comentador foi o Prof. Dr. Genildo Ferreira da Silva, da UFBA. A quarta conferência avança para as questões em torno da propriedade, mas, ao mesmo tempo, tenta discutir como os elementos estéticos do jardim podem auxiliar no processo civilizatório. Com o título *Mas eu não tenho jardim: propriedade, vida social e legitimidade*, contou com uma rigorosa análise da Profa. Dra. Maria de Fátima Simões Francisco, da FEUSP. Na quinta conferência, a qual contou com os comentários da Profa. Dra. Maria Constança Peres Pissarra, da PUC-SP, o título *O veneno como remédio: a terapêutica de uma doença inusitada* resume o assunto geral, qual seja, a ideia da utilização da cultura como remédio para os males sociais, a depender da dosagem, tal como Rousseau discute em suas obras. Para a sexta conferência, com o título *Não vejo traços da mão humana: jardinagem e razão sensitiva*, o convidado foi o Prof. Dr. Luciano da Silva Façanha, da UFMA, que há muito tempo se dedica aos estudos estéticos em Rousseau. Nesta conferência o autor aprofunda a análise do jardim como lócus estético por excelência no pensamento do filósofo genebrino, ressaltando a importância do Eliseu, o jardim de Júlia no romance *Júlia ou a Nova Heloísa*. A sétima conferência, intitulada *Nada se faz sem elas: mulher e mulheres no contexto social*, quebra a sequência das anteriores ao trazer um tema inusitado, polêmico e pouco explorado. Com uma análise sutil, feita pela Profa. Dra. Jacira de Freitas, da UNIFESP, o texto condena as leituras apressadas e equivocadas feitas da obra de Rousseau, e assim ajuda a elucidar a compreensão do tema tanto no seu contexto sócio-histórico como na obra rousseauniana. Por fim, a oitava conferência encerra o ciclo retomando a ideia central de todas elas: *A estátua de Glauco: o desvelamento e a renovação da figura*. Como o próprio comentador, o Prof. Dr. Cláudio Almir Dalbosco, da UPF, ressaltou: a metáfora da estátua de Glauco, de Platão, ajuda a compreender o plano de formação humana que se encontra no *Emílio*, pois resgata a tarefa da paideia e da própria filosofia na ação reparadora, reconfiguradora do humano no processo educacional. E é essa a grande contribuição de cada um dos textos aqui coligidos.

Portanto, este livro é o conjunto dessas oito conferências acrescidas dos comentários dos especialistas, que buscaram refletir sobre os aspectos da vida e da obra do "cidadão de Genebra", como Rousseau gostava de ser chamado. O filósofo genebrino viveu intensamente o século XVIII, atuando com membro ativo da República das Letras, circulando entre os iluministas e contribuindo com toda sua produção, principalmente com o maior empreendimento intelectual do século, a *Enciclopédia*. No entanto, suas reflexões foram muito além disso e conseguiram deixar um legado tão rico que sempre vale a pena retornar a Rousseau, não com reverência ou desprezo, mas com uma simpatia amorosa, a qual dificilmente não vira paixão.

Primeira conferência
EU SÓ
Notas sobre a vida,
a glória e o ocaso de um solitário

O nome de Jean-Jacques Rousseau (1712-1778) é bastante conhecido em todo o mundo, dada sua farta produção teórica em diversos campos do conhecimento e sua influência no pensamento iluminista e no movimento da Revolução Francesa, sem deixar de comentar sua importância no desenvolvimento da educação moderna, da ideia de contrato social, de soberania popular, além de outras temáticas estruturais da modernidade. E, como disse uma vez Salinas Fortes (1989), parafraseando Bergson[1], Rousseau é tão conhecido que qualquer um se julga apto a discuti-lo, a criticá-lo e até a julgá-lo, sem de fato ter lido pelo menos suas obras principais. São comuns, portanto, leituras equivocadas, interpretações distorcidas e até deturpações de seus escritos e de sua filosofia, assim como não são raros os ataques a sua pessoa.

---
1. Luiz Roberto Salinas Fortes (1937-1987), no início da obra *Rousseau. O bom selvagem* (São Paulo, FTD, 1989), baseando-se na observação feita pelo filósofo francês Henri Bergson (1859-1941) por volta do ano de 1912.

Considero que o autor tenha uma parcela de culpa nesse processo, dado seu gênio obstinado[2] desde a infância, além da idiossincrasia de uma mentalidade hipocondríaca e paranoica que se intensificou junto à sua fama, na idade adulta. Uma "estranheza extraordinária de personalidade" (MELZER, 1998) que gerou uma extravagância de hábitos, um exotismo na indumentária e um caráter suspeitoso que foram ingredientes mais que picantes para azedar as relações que tinha com os amigos literatos, salpicar as tentativas de ajuda vindas de alguns admiradores, e criar um cardápio de qualificações pejorativas contra ele, fomentando, da parte de alguns, um desprezo por sua pessoa, e, de outro, uma tradição de críticas pejorativas, ancoradas em grande parte no *argumentum ad hominem*[3].

Ao longo de sua vida acabou tornando-se, como digo no livro *O Emílio de Rousseau e a formação do cidadão do mundo moderno*, o "patinho-feio" dos *philosophes*, por desenvolver uma penagem teórica bastante distinta de seus pares e, por fim, por apartar-se desse grupo e adentrar uma senda íngreme que lhe rendeu não apenas solidão e isolamento, mas também escárnio, perseguição e condenação. Por essa escolha, não muito diferente do conto infantil, nosso personagem pe-

---

2. Que provavelmente tenha herdado do pai, este um tanto egocêntrico e inconstante. Mas, na verdade, o espírito inquieto e contraditório pode ter sido uma herança mais distante das famílias Rousseau e Bernard. O avô paterno, David Rousseau, também relojoeiro, era descendente de huguenotes franceses e apoiou, em 1707, a insurreição de Pierre Fatio (1662-1707), um líder popular reformista, contra a aristocracia genebrina. Sua mãe, Suzanne Bernard, enquanto solteira, recebia visitas de homens em sua casa, além de se vestir de homem para assistir a alguns espetáculos na cidade baixa – duas ações proibidas na época.

3. "Na tempestade que me submergiu, os meus livros foram um pretexto, mas quem pretendiam atacar era a minha pessoa" (ROUSSEAU, Jean-Jacques, *Confissões*, Lisboa, Portugália, ³1968, 404).

regrinou só, divagando por caminhos tortuosos, embora tenha conseguido sobreviver de forma estoica a tudo isso e se tornado, para não deixar o uso desta metáfora zoofilosófica, talvez o mais belo "cisne" da literatura e da filosofia oitocentista, admirado por toda Europa e alhures, desde a consagração de sua obra e até os dias de hoje.

Havia na França, e em todos os países europeus, nesse período, um debate bastante acirrado sobre as raízes antropológicas da humanidade. Nele, é possível destacar duas vertentes principais: por um lado, a discussão sobre as condições primitivas, o estado de natureza e o homem selvagem, na perspectiva da busca pelo paraíso perdido, pela língua adâmica, ou pela terra da harmonia e da justiça, como fora projetado por alguns pensadores, tais como Morus, Erasmo, Rabelais e Montaigne[4]; sendo essa a perspectiva da natureza e da bondade natural[5], a qual foi reproduzida por poetas e viajantes em quase todos os séculos. Por outro lado, a segunda vertente era a da alteridade, com reiteradas referências ao outro, isto é, ao diferente, o qual habitava os reinos distantes, ora como exemplo de selvageria e ora como modelo de virtude. Ambas as reflexões eram acompanhadas, na maioria dos casos, de idílicas comparações com esses povos a fim de tirar lições

---

4. Thomas Morus (1478-1535), na obra *Utopia*; Desiderius Erasmus Roterodamus, mais conhecido como Erasmo de Roterdã (1466-1536), na obra *De Pueris*; François Rabelais (1483-1553), nas obras *Gargântua* e *Pantagruel*; e Michel de Montaigne (1533-1592), cuja obra *Ensaios* estava entre as leituras de Rousseau.

5. Como destaca Affonso Arinos de Mello Franco (1905-1990) no livro *O índio brasileiro e a Revolução Francesa* (Rio de Janeiro, José Olympio, 1937, 27), "o conceito da bondade natural do homem não data, apenas, do humanismo philosophico do Renascimento, e, muito menos, portanto, do individualismo encyclopedico do século dezoito. Trata-se de uma teoria muito mais antiga, e pode-se mesmo dizer que as suas origens se confundem com as origens do próprio pensamento philosophico systematizado".

para a Europa, como bem demonstrou Affonso Arinos, sobre a presença do índio brasileiro nesse imaginário. Na produção literária, tanto a imagem de nativos americanos – como a princesa inca Zilia, da Mme. de Graffigny[6] – quanto a presença de figuras orientais – como Zadig[7], de Voltaire – serviam como recursos retóricos para julgar a sociedade e os costumes do Velho Mundo[8], exaltando as condições desses povos, como diversos cronistas fizeram[9]. Desde os anos quinhentos, diversos filósofos criavam mundos e aventuras ideais para driblar a vigilância da Igreja e poder criticar as injustiças.

Todavia, reproduzir nos escritos literários a figura do homem natural e de uma terra exótica para criticar os costumes, a ordem social e até os constrangimentos advindos da autoridade política e do poder eclesiástico, era uma coisa. Outra, bem diferente, era alçar tais imagens à categoria de pensamento sobre a realidade e a padrões de comportamento, assumindo-as para si, como aconteceu com Rousseau, quando passou a defender peremptoriamente um retorno à vida simples, em detrimento daquilo que chamou de "turbilhão so-

---

6. Françoise Graffigny (1695-1758) é autora de *Lettres d'une péruvienne*, publicada em 1747.

7. François Marie-Arouet (1694-1778), autor de uma vasta obra em que se destaca o romance filosófico *Zadig*, cujo personagem principal é um filósofo da antiga Babilônia, utilizado pelo autor para criticar problemas políticos e sociais da França.

8. "Aquella corte luxuosa, fatigada e corrompida por todos os requintes da civilização e da cultura, preferia ter deante dos olhos, qualquer coisa que fosse como uma lição de felicidade, através da frescura dos instinctos e do primitivismo do espirito" (Franco, Affonso Arinos de Melo, *O índio brasileiro e a Revolução Francesa. As origens brasileiras da teoria da bondade natural*, Rio de Janeiro, José Olympio, 1937, 76-77).

9. Cf. Almeida Prado, J. F. de, *Primeiros povoadores do Brasil. 1500-1530*, Ed. rev. e aum., São Paulo, Companhia Editora Nacional, ⁵1976, 146, citando um trecho da carta do cronista Pigafetta (1480-1531): "Estes povos são extremamente crédulos e bons".

cial" (ROUSSEAU, 1973, 286). Para piorar a situação, o "caminhante solitário" – como ele se define na obra *Os devaneios de um caminhante solitário* – afastou-se do convívio de seus amigos e tomou a decisão de trocar o culote, o casaco e a peruca por roupas armênias. Ato contínuo, abandonou os salões, as festas e toda movimentação da vida urbana para se estabelecer em propriedades rurais[10], vagando de uma a outra até sua morte.

Tal comportamento pode ser sido motivado, como ele defende nas *Confissões*, por sua própria natureza. Mas pode ter sido também por represália contra a condenação do *Emílio* e do *Contrato Social* por parte do Parlamento, da Sorbonne e do bispo de Paris, em 1762; ou para escapar do mandado de prisão; ou ainda para simplesmente mostrar à sociedade que era diferente. De qualquer forma, seu comportamento produziu uma cadeia de reações contrárias, que alimentaram ainda mais sua suspeita de que havia um complô contra sua obra e sua pessoa. Até nos mais retirados espaços campestres foi encontrar inimigos, como na ocasião em que alguns populares armados com pedras vieram em seu encalço[11], causando-lhe certa amargura. Porém, foram as críticas impiedosas feitas por seus conhecidos que devem tê-lo amargurado mais do que as pedradas ou as ameaças de prisão.

---

10. Rousseau habitou várias delas, sendo uma das primeiras a morada localizada na vila de Môtiers, próximo a Neuchâtel onde viveu de 1762 a 1765 numa propriedade cedida por Mme. Julie-Anne-Marie Boy de la Tour (1715-1780). Hoje a casa é um museu em sua homenagem.

11. Fato acontecido em 1765, em sua morada no Val-de-Travers, em sua casa na vila de Môtiers, no condado de Nêuchatel. Cf. ROUSSEAU, *Confissões*, 615: "(...) o povo, francamente excitado pelos ministros, troçou dos rescritos do Rei, das ordens do Conselho de Estado e não voltou a conhecer freio algum. Repreenderam-me no púlpito, chamaram-me de o Anticristo, e perseguiram-me no campo como um lobisomem. O meu trajo de armênio denunciava-me à população..."

Embora Rousseau não falasse mal de ninguém, se crermos o testemunho de Bernardin de Saint-Pierre (apud CRANSTON, 1991a, 254), não era poupado de ataques. Dentre esses, os que mais atingiram sua alma foram, com toda certeza, os advindos de Voltaire, ou talvez mais ainda os de Diderot[12], um fiel amigo desde 1742, quando chegara à Paris. Tamanha amizade que, quando em 1749 Diderot ficara encarcerado por um mês na Torre de Vincennes, por causa de seus escritos, Rousseau manteve visitas regulares por solidariedade. Quase dez anos depois, em 1757, Rousseau recebeu a visita de Diderot na Ermitage[13], e o amigo comentou a inserção do verbete *Genebra*[14], de D'Alembert, no sétimo volume da *Enciclopédia*, no qual o autor recomendava enfaticamente a instalação de espetáculos teatrais[15] na cidade, com qual Rousseau não concordava e que ainda contrariava a proibição existente desde o século XVII, por influência calvinista. Enquanto D'Alembert, Diderot e Voltaire seguiam a tradição clássica, isto é, de que o teatro tem um caráter moral e pedagógico, a reação contrária e aparentemente paradoxal de Rousseau na *Carta a D'Alembert*, nega esse caráter, afirmando que o que o teatro faz é aflorar as paixões e deteriorar

---

12. Denis Diderot (1713-1784), filósofo e escritor francês, notável pela edição da *Encyclopédie*.

13. Pitoresca propriedade rural localizada em Montmorency, próximo a Paris, cedida por Mme. d'Épinay em 1756.

14. O longo verbete, escrito por Jean Le Rond d'Alembert (1717-1783), em sua edição original, encontra-se no volume 7, com início na página 578. Na versão em português, editada pela Editora da UNESP, figura no volume 4, da página 151 a 164.

15. O termo correto seria "comédia", mas como Rafael Leite (Uma última visita, um novo verbete. Apontamentos sobre a gênese da carta de D'Alembert. *Kínesis*, v. IX, n. 20 (2017) 208-222, aqui 211) esclarece: "Do ponto de vista conceitual, no século XVIII, quando fala-se de 'comédia' isso significa comumente o teatro em sentido amplo e não simplesmente peças com teor cômico".

os costumes. Para ele, se algo tivesse de ser valorizado deveria ser o espetáculo da festa cívica, quando o público se envolve inteiramente no festejo, em espaço aberto e livre; ou o das festas populares, nas quais os camponeses se divertem comunitariamente, sem diferenciação ou exibicionismo.

O genebrino viu no ato de seu velho amigo uma provocação direta, pois todos sabiam que ele não era favorável à instalação das comédias. Tais considerações acirraram os ânimos entre os dois, levando ao rompimento definitivo quando Rousseau se deparou, na obra *O filho natural*[16], de Diderot, com a afirmação de que o homem bom vive em sociedade e "só o homem mau vive só"[17]. Sentindo-se duramente atacado, Rousseau lamenta em suas *Confissões*[18] ter lido com tristeza a provocação do amigo e questiona como uma pessoa que vive só possa fazer mal a alguém. Igualmente, no *Emílio* rebate o amigo, dizendo: "Um autor ilustre afirma que só o mau vive só; eu digo que somente o bom é só (...). Se o mau fosse só, que mal poderia fazer?" (ROUSSEAU, 1973, 95, nota 13). Já as críticas de Voltaire

---

16. Originalmente publicada em 1757. Aqui, Cf. DIDEROT, Denis, *O filho natural ou as provações da virtude. Conversas sobre o filho natural*, São Paulo, Perspectiva, 2008. Como argumenta Citton (2004), a querela entre os dois vai além das questões pessoais, pois o tema era paradigmático para a filosofia oitocentista, de modo que, como diz Mattos (A querela do teatro no século XVIII, Voltaire, Diderot, Rousseau, *Revista O que nos faz pensar*, n. 25 (2009) 8): "não é de admirar que as discussões sobre ele tenham dividido o próprio partido da filosofia, lançando autores como Voltaire, Rousseau e Diderot em campos diversos".

17. Mesmo que Diderot não quisesse atingir diretamente seu amigo, não é difícil imaginar o genebrino, amante da quietude e do sossego, identificar-se com o personagem Dorval, que odiava o convívio com os semelhantes e buscava um refúgio a sós. O mesmo recebe da jovem viúva Constance o seguinte conselho: "O senhor recebeu os talentos mais raros; e deve prestar conta disto à sociedade. (...) Apelo ao seu coração; consulte-o e ele lhe dirá que o homem de bem vive no seio da sociedade e apenas o homem mau vive só" (DIDEROT, *O filho natural*, 74-75).

18. ROUSSEAU, *Confissões*, 450; O.C., t. I, 455.

resumem as inúmeras vozes que se levantaram contra o genebrino por toda a Europa, acusando-o de irracionalismo e de defender ideias incompatíveis com a vida social e o progresso, como na obra *O ingênuo*, em que Voltaire critica abertamente a ideia do "bom selvagem". Mas, quanto a isso, pode-se concordar com Salinas Fortes (1997, 94, nota 7) quando afirma que Voltaire foi, como muitos outros, um mau leitor de Rousseau, um leitor de má vontade, alguém que não se deu ao trabalho de procurar entendê-lo e aceitar seu ponto de vista com a devida tolerância, indo contra aquilo mesmo que defendera em seu *Tratado*[19] sobre o tema. Em vez de tolerantes, suas respostas irônicas beiram a zombaria, principalmente quando escreveu a Rousseau dizendo que, após ter lido o *Segundo discurso*, ficou com vontade de voltar a andar de quatro patas.

Entretanto, a fonte principal dessa querela foi de nível pessoal e não apenas de caráter político ou filosófico. Como dizem Zaretsky e Scott (2009), no momento em que a estrela de Voltaire estava se apagando, Rousseau foi alçado à condição de celebridade por seus dois *Discursos*. Ademais, ambos os textos atacam o que Voltaire dedicou toda sua vida para defender, ou seja, o progresso das ciências e das artes. E, obviamente, a obra rousseauniana *Carta a D'Alembert*, ao atacar a instalação de um teatro em Genebra, atrapalharia ou até arruinaria os interesses e negócios que Voltaire tinha na cidade. Tamanha foi a antipatia que, como relata Grimm[20]

---

19. *Tratado sobre a tolerância* (1763), escrito contra a condenação do mercador protestante Jean Calas (1698-1762). Em 1761, o huguenote foi acusado injustamente de haver estrangulado o próprio filho. Voltaire soube do caso e iniciou uma campanha para tirá-lo da prisão, mas não obteve sucesso e no ano seguinte o condenado foi executado. O perdão veio depois de sua morte.

20. Friedrich Melchior, Barão de Grimm(1723-1807), escritor e diplomata bávaro. Auxiliou na elaboração da *Enciclopédia* e era, além de assíduo participante do círculo dos *philosophes*, amigo íntimo de Rousseau.

em sua *Correspondance littéraire*, ao receber e ler a obra de Rousseau *Cartas escritas da montanha*, em 1766, Voltaire irou-se ao ponto de xingá-lo de patife e de monstro, desejando espancá-lo até a morte[21]. Outro a criticá-lo pejorativamente foi o grande compositor Rameau[22], o qual desprezou sua nova proposta de notação musical, bem como a composição *Musas galantes*, assim como todas as outras, atiçando outra polêmica antológica que foi a *Querela dos bufões*, que dividiu os parisienses em dois partidos[23] em torno da ópera.

Enfim, de querela em querela, desentendimentos com nobres e com seus amigos *philosophes*, todos esses acontecimentos foram fundamentais para a suspeita que Rousseau começou a levantar entre 1756 e 1758: a de que seus inimigos, e até alguns amigos, se juntaram aos jesuítas para forjar uma "conspiração diabólica" contra ele. Malgrado o gênio difícil de Rousseau, até os biógrafos de Diderot (DAMROSCH, 2005) concordam que de fato houve um conluio ente Grimm, Mme. d'Épinay[24] e o próprio Diderot para desacreditá-lo.

---

21. Grimm, Friedrich Melchior, barão de, *Correspondance littéraire*, Paris, Garnier, 1878, t. 6, 459.
22. Jean-Philippe Rameau (1683-1764), a maior expressão do classicismo musical francês.
23. A *Querelle des Bouffons* foi uma controvérsia entre parisienses que durou aproximadamente dois anos (1752-1754), opondo de um lado os defensores da música francesa, apoiando Rameau; e, de outro lado, os defensores da música italiana, apoiando Rousseau. A música francesa representava a erudição, a complicação; enquanto a italiana, a simplicidade e a naturalidade. Tudo começou quando uma companhia de ópera italiana chegou a Paris com várias peças de *opera buffa* – versão italiana da ópera-cômica que se apresentava geralmente nos *intermezzi* das grandes óperas e foi ganhando espaço por apresentar figuras simples, como a camponesa, e cenários do cotidiano, usando dialetos locais e com uma escrita vocal simples, sem o formalismo dos temas heroicos e mitológicos da realeza, presente nas óperas tidas como sérias e nas óperas francesas em geral.
24. Louise Florence Pétronille Tardieu d'Esclavelles d'Épinay (1726-1783) foi uma escritora francesa. Por um longo período, Mme. D'Épinay cul-

Sem deixar de mencionar que os ataques de Voltaire eram abertos. O que, evidentemente, fez Rousseau isolar-se mais ainda, até o fatídico dia 2 de julho de 1778, quando por volta das dez horas da manhã, contando apenas com a companhia de sua esposa, na residência de Girardin, em Ermenonville, um derrame cerebral tirou-lhe a vida.

Obviamente que até chegar a esse ponto, houve um longo processo de experiências, aventuras, decepções e realizações, tanto no plano pessoal quanto no plano intelectual, que merecem ser considerados. A começar pelo próprio nascimento[25], cujas complicações no parto levaram sua mãe, Suzanne Bernard (1673-1712), à morte poucos dias depois[26], deixando seu pai, Isaac Rousseau (1672-1747) inconsolado, fato que alimentou substancialmente o vitimismo psicológico de Rousseau, levando-o a comentar de forma dramática nas *Confissões*: "...vim ao mundo fraco e doente. O meu nascimento custou a vida de minha mãe, e foi a minha primeira desgraça. (...) Nasci quase morto; poucas esperanças havia de que vingasse" (ROUSSEAU, 1968, 27; 1826, 7). O drama vivenciado por ele acaba redimensionado, na obra autobiográfica, por sua versão idílica dos fatos romantizando o período da infância, os membros de sua família e as situações vivenciadas posteriormente. Pesquisas recentes[27] revelam um

---

tivou uma íntima amizade com Rousseau. É autora do livro *Les conversations d'Émilie*, de 1774, redigido para a educação de sua neta, contudo, a autora subverte um pouco o papel da mulher presente na figura de Sofia, no *Emílio* de Rousseau. Contudo, foi com a obra *Histoire de Mme. de Montbrillant* que a autora dá a sua versão do desentendimento com Rousseau.

25. Em 28 junho de 1712, na parte alta da cidade de Genebra.

26. Aos 7 de julho. Filha de Jacques Bernard (1649-1682), falecido quando ela contava dez anos, foi criada pelo tio, o pastor Samuel Bernard (1631-1701).

27. Cf. DAMROSCH, Leo, *Jean-Jacques Rousseau. Restless genius*, Boston, New York, Houghto Mifflin Company, 2005; CRANSTON, 1997; CRANSTON,

quadro menos romântico, cujos detalhes Rousseau provavelmente ignorava, encobria ou evitava conhecer. Um exemplo é sua referência à cerimônia simultânea dos matrimônios de Isaac e Suzanne, e do irmão de Isaac com a irmã de Suzanne, relatado por ele quase como um conto de fadas. O casamento dos tios de fato aconteceu, mas cinco anos depois do enlace dos pais de Rousseau, e em circunstâncias menos nobres que as evocadas[28].

Seu pai pode ser culpado de muita coisa, mas não deixou de ser afetuoso, enquanto pôde, sobretudo nos primeiros cinco anos durante os quais viveu na confortável casa da nobre cidade alta, quando empreendia sessões de leituras de romances que duravam toda a noite[29]. Leituras que incluíam Plutarco, Ovídio, Molière e Bossuet[30], só para citar alguns nomes da rica biblioteca de seus pais que, segundo Rousseau, ajudaram a formar o "espírito livre e republicano" que di-

---

Maurice, *The solitary self. Jean-Jacques Rousseau in exile and adversity*, Chicago, The University of Chicago Press, 1997; TROUSSON, Raymond, *Jean-Jacques Rousseau. La marche à la gloire*, Paris, Tallandier, 1988; MAY, Georges, *Rousseau par lui-même*, Paris, Seuil, 1961.

28. O enlace foi realizado em 1699, enquanto o matrimônio dos pais de Rousseau só se deu em 1704. O casamento dos tios foi realizado aproximadamente uma semana antes do nascimento do filho do casal – fato condenado pelo Consistório, o conselho de presbíteros calvinistas e órgão disciplinar que cuidava da moral do povo. Isto é, "uma espécie de tribunal eclesiástico, que se tornou o principal órgão encarregado da disciplina em Genebra" (Cf. MATOS, Alderi Souza de, João Calvino e a disciplina em Genebra, Um retrato paradoxal, *Fides Reformata*, v. XVIII, n. 1 (2013) 61-86, aqui, 65). A criança morreu logo em seguida.

29. ROUSSEAU, *Confissões*, 28: "Graças a este perigoso método, adquiri em pouco tempo não só uma extrema facilidade em ler e em compreender-me, como uma inteligência das paixões única para a minha idade".

30. Lúcio Méstrio Plutarco (46 d.C.-120 d.C.), historiador e filósofo grego; Públio Ovídio Naso (43 a.C.-17 ou 18 d.C.), poeta romano; Jean-Baptiste Poquelin (1622-1673), dramaturgo francês; Jacques-Bénigne Bossuet (1627-1704), bispo e teólogo francês.

zia possuir (ROUSSEAU, 1968, 29). E não se pode deixar de mencionar que esse exercício precoce também ajudou a despertar seu talento literário e o apreço pela cultura clássica. Bom por um lado, esse mimo excessivo resultou em negligência da educação de François Rousseau, seu irmão sete anos mais velho, a quem sobrara aprender o ofício do pai, assim como os castigos. Não suportando tal situação, o irmão fugiu e caiu no anonimato[31]. Embora de natureza afável, seu pai era enérgico e volta e meia se desentendia com alguém, tendo, sem contar as constantes brigas que travava com a sogra, que habitava a mesma casa[32], um problema com alguns oficiais ingleses. Em 1722, quando já residia na cidade baixa, não pôde evitar um desentendimento com um oficial genebrino, que resultou em sua condenação, seguida de fuga[33].

---

31. François Rousseau nasceu em 1705. Em 1723 fugiu de Genebra para nunca mais voltar. Rousseau relata: "Enfim, meu irmão acabou tão mal que fugiu e desapareceu de todo. Algum tempo depois, soubemos que estava na Alemanha. Nem uma só vez escreveu. Desde então nunca mais tivemos notícias suas, razão por que fiquei sendo filho único" (ROUSSEAU, *Confissões*, 29).

32. A cidade de Genebra tinha muitas virtudes, incluindo o fato de ser uma República e puritana, mas mantinha a divisão econômica que deixava claro que o povo era igual nos direitos, mas desiguais em suas condições reais (CRANSTON, 1997). A mãe de Rousseau pertencia à alta burguesia, a qual habitava a cidade alta; enquanto se pai era um pequeno burguês, um artesão e, após o matrimônio, foi morar na casa da esposa – vendida posteriormente por ele, vindo todos a morar na cidade baixa, fixando residência no terceiro andar de um deselegante prédio no bairro operário.

33. Seu pai tinha o hábito da caça de coelhos e um dia, nos arrabaldes de Genebra, perto da vila de Meyrin, adentrou a propriedade de Pierre Gautier, um capitão reformado. Ao encontrá-lo, desentendeu-se com ele e, quatro meses depois, feriu-o em plena feira em Genebra. Chamado para depor, não compareceu e fugiu para Nyon com sua irmã Suzanne (chamada Suson, por Rousseau), onde contraiu núpcias em 1726. A irmã também se casou e nesse lugar permaneceu o resto de sua vida.

Com tudo isso e com as tristes e traumáticas experiências com tutores[34], Rousseau passou por momentos e situações que também ajudaram a moldar sua identidade. Sua educação precoce já tinha sido iniciada de forma inteiramente doméstica, com lições de escrita e de leitura dadas por seu pai, a música ensinada pela tia Suson e os ensinamentos morais dados pelo pastor Lambercier, no campo. Por um lado, é fatídico que os momentos *paisibles et heureuses* (MAY, 1961, 7) da vida campestre, vividos em Bossey[35], viessem a amanhar seu coração àquele ambiente e forjar o gosto pela serenidade, pelas pessoas do campo e por sua simplicidade na maneira de viver[36]. Por outro lado, essa nova realidade que se abria acelerou o processo de perda da inocência na qual se encontrava, uma vez que as situações vivenciadas fomentaram o desenvolvimento de certas tendências e traços psíquicos de sua própria personalidade. A questão da sexualidade é um exemplo. Pois, para além de sua teorização sobre o ato sexual natural do selvagem e sua função na constituição das primeiras famílias, como escreveu em algumas obras, a per-

---

34. Seu primeiro tutor foi o tio Gabriel Bernard, esposo da irmã do pai de Rousseau, Théodora, de cujo casamento nascera Abraham. Ambos, Rousseau e Abraham foram logo enviados ao segundo tutor, o ministro Jean-Jacques Lambercier (1676-1738), que vivia na Vila de Bossey com a irmã Gabrielle Lambercier (1683-1753), onde Rousseau permaneceu por aproximadamente dois anos. Voltou à casa do tio, por um ano, mais ou menos (1725), e passou aos cuidados de outros para a aprendizagem de ofícios, como com o cartorário Jean-Louys Masseron (1686-1753) e um artesão chamado Abel Ducommum (1705-1771). Ambos ignorantes e violentos que não cessavam de humilhá-lo.

35. Região campestre próxima a Genebra, que na época de Rousseau fazia parte do Ducado de Saboia. Hoje é uma comuna do departamento de Haute-Savoie, na região de Auvergne-Rhône-Alpes, no leste da França.

36. ROUSSEAU, *Confissões*, 33: "A simplicidade dessa vida campestre fez-me um bem dum preço inestimável, abrindo o meu coração à amizade. Até então, eu só havia conhecido sentimentos elevados, mais imaginários".

cepção de Rousseau era das piores possíveis, dado o século libertino em que vivia e à ausência desse tipo de educação. Ele mesmo afirma: "Não só nunca tive, até a adolescência, ideia alguma clara a respeito da união dos sexos, como até essa confusa ideia se me apresentava apenas como uma imagem odiosa e repulsiva" (ROUSSEAU, 1968, 36). Já a experiência erótica que teve no início da puberdade, com algumas palmadas recebidas de Mlle. Lambercier, proporcionaram um sentimento bem diferente que alimentaram sua timidez com lascívia e erotismo suficientes para despertar um certo gosto masoquista que o acompanharia o resto da vida, como pode-se verificar nas *Confissões*: "O castigo me afeiçoou ainda mais a quem mo havia aplicado" (1968, 34). Rousseau arremata, dizendo: "quem havia de acreditar que semelhante castigo infantil recebido aos oito anos das mãos de uma rapariga de trinta decidiria, para o resto da minha vida, dos meus gostos, dos meus desejos, das minhas paixões...?" (1968, 35)[37].

Entretanto, como diz Vargas (1997), a questão sexual é algo que vai além de sua vida pessoal e suas experiências eróticas. Para além mesmo da dimensão moral, em Rousseau, a sexualidade chega a ser uma questão política. Para ele, o coito casual dos selvagens é meramente instintivo, mas os encontros dos jovens ao redor da fonte, relatados no *Ensaio sobre a origem das línguas*, bem como a apreciação estética ao redor das fogueiras, discutido no *Discurso sobre a origem e os fundamentos da desigualdade entre os homens*, dão espaço para o desenvolvimento de uma sexualidade que possibilita o nascimento das sementes da socialização e da própria humanidade. E, quanto ao papel da mulher, há uma ambiguidade

---

37. Na verdade, ela tinha quarenta e sete e ele onze. Cf. DAMROSCH, *Jean-Jacques Rousseau. Restless genius*; CRANSTON, *Jean-Jacques Rousseau. The early life and work of Jean-Jacques Rousseau, 1712-1754*.

que a coloca ora como corruptora dos costumes, ora como salvadora da humanidade. Mas, no geral, mesmo que Rousseau reproduza uma visão tradicional de família, a mulher goza um espaço importante na dimensão socioeducativa, pois sendo ela propensa ao bem, consegue adoçar as relações sociais, sem o qual os homens se devorariam como lobos, como afirma na *Nova Heloísa*[38].

O arremate do fim da inocência, da qual Rousseau se vangloriava, foram certamente os episódios do pente e do aqueduto. No primeiro caso, tinha sido acusado injustamente de ter quebrado um pente, numa determinada casa. Jurou inocência, mas o tio Bernard foi chamado e Rousseau foi castigado como culpado. A surra, diferente das palmadas recebidas por seu pai ou pela Mlle. Lambercier, imprimiu nele um sentimento de ódio contra a injustiça e o fez acordar do bucolismo infantil em que vivia. Nas *Confissões*, o autor relata o episódio com detalhes, tentando demonstrar sua indignação e comentando que: "ao relatar essa cena, sinto ainda o pulso agitar-se-me: terei sempre presentes tais momentos, ainda que viva cem mil anos" (1968, 39). E completa: "Acabou aí a serenidade da minha vida de criança. Desse momento em diante deixei de gozar uma felicidade pura, e hoje mesmo sinto que a recordação dos encantos da minha meninice para aí" (1968, 39-40). O sentimento de decepção se aprofundou com o segundo caso, ocorrido quando ele e seu primo estavam construindo um aqueduto para regar uma ár-

---

38. ROUSSEAU, Jean-Jacques. *Oeuvres completes*. Paris: Gallimard, 1959-1995, t. II, 277. Cf. ROUSSEAU, Jean-Jacques. *Júlia ou a Nova Heloísa*. São Paulo: Hucitec, ²2006, 249: "E, depois disso, é certo que elas são propensas ao bem, que o fazem muito, que o fazem de boa vontade, que são somente elas que conservam em Paris a pouca humanidade que aqui ainda se vê reinar e que, sem elas, ver-se-iam os homens ávidos e insaciáveis devorarem-se como lobos".

vore que ambos haviam plantado. Como o artifício retirava parte da água utilizada na irrigação de uma nogueira, antes plantada pela Mlle. Lambercier, seu tutor logo descobriu a maroteira e não hesitou em destruir violentamente o genial aqueduto, diante de seus atônitos construtores. A precoce genialidade foi ali frustrada e, depois, mal canalizada durante três anos de aprendizagem malsucedida de ofícios, decepções, castigos e humilhações, levando-o a se tornar dissimulado, mentiroso e um larápio. Diz ele:

> Cheguei assim aos dezesseis anos, inquieto, descontente de tudo e de mim, sem o gosto da minha profissão, sem os prazeres da minha idade, consumido por desejos cujo objeto ignorava, chorando sem motivos para lágrimas, suspirando sem saber porquê; afagando, enfim, langorosamente as minhas quimeras, à falta de nada a ver à volta de mim que as merecesse (1968, 59).

Encontrando-se nesse estado, e ainda abandonado pelo pai, ignorado pelos parentes e maltratado pelos mestres, precoces também foram sua liberdade e sua independência, quando resolveu deixar Genebra[39] e partir para uma vida errante de aventuras que pudessem assegurar-lhe o que sua cidade natal lhe negara. Uma decisão quase premeditada, pois já estava acostumado a alimentar sonhos de fuga e devaneios

---

39. Em 14 de março de 1728 retornou com alguns amigos de um passeio pelo campo e pela terceira vez encontrou os portões da cidade fechados. Enviou uma mensagem ao primo Abraão, o qual lhe trouxe uma espada e despediu-se para nunca mais vê-lo. Segundo CRANSTON, *Jean-Jacques Rousseau*, 41: "como não havia liberdade para ele em Genebra, a exemplo de seu pai e seu irmão, ele sentiu as infinitas possibilidades do exílio e a procuraria em outro lugar". Sentindo que a Família Bernard estivesse feliz de livrar-se dele, partiu sem muita tristeza.

pelas campinas. Ademais, como diz Damrosch (2005, 43) "Rousseau precisava sempre de sentir-se empurrado a fazer alguma coisa para que a culpa não caísse sobre ele". De qualquer forma, aos dezesseis anos partiu de Genebra. Embora o futuro lhe parecesse incerto e amedrontador[40], a sorte de certa forma lhe sorriu e, na trajetória ao Sul, na região de Saboia, encontrou um velho prior católico[41] que o recebeu calorosamente e o recomendou à cidade de Annecy, aos cuidados de uma senhora caridosa[42] que acolhia jovens vagantes a fim de convertê-los e apoiá-los em sua nova fé. A impressão que teve do prior foi de uma inferioridade intelectual e a de um homem sem virtude, suportando-o somente por causa da boa comida e do bom vinho. Quanto à senhora suíça à qual foi destinado, moradora de Annecy, pelo contrário, a impressão foi das mais enlevadas possíveis[43]. Como um traço de personalidade, é perceptível que Rousseau resiste à razão pedante

---

40. No início do Livro Segundo das Confissões, ele comenta de forma dramática, mas também realista: "Criança ainda, o que eu ia fazer era abandonar minha terra, a minha família, o meu arrimo, os meus recursos; deixar uma aprendizagem em meio, sem saber bastante do meu ofício para viver; entregar-me aos horrores da miséria, sem ver meio algum de sair dela; expor-me, em idade frágil e inocente, a todas as tentações do vício e do desespero; procurar lá longe os males, os erros, as ratoeiras, a escravidão e a morte" (ROUSSEAU, Confissões, 63).

41. Benoît Quimier, conhecido como Benoît de Pontverre, habitava a vila de Confignon como agente da contrarreforma.

42. Françoise-Louise de La Tour, baronesa de Warens (1699-1762), recebeu depois o nome de Louise-Éléonore de la Tour du Pil, quando batizada católica, nascida em Vevey, na Suíça, separada de Sébastien-Isaac de Loys de Villardin (1688-1754), barão de Warens, tornou-se protetora e amante de Rousseau. Convertida ao catolicismo, recebia do Rei da Sardenha, Vitor Amadeu II (1666-1732), uma pensão para dedicar-se à vida religiosa e à conversão dos jovens protestantes, além da ajuda de dois bispos.

43. O encontro se deu no dia 21 de março de 1728 e Rousseau considerou-o o mais importante da sua vida.

do escolástico, mas torna-se um prosélito diante da simplicidade e da beleza[44].

O charme de Mme. de Warens, nos seus vinte e nove anos, cativou o prosélito ao ponto de tornar-se em seguida a segunda paixão de Rousseau[45]. Ela era, como diz Starobinski (1991, 348) "o ser que seu desejo romanesco esperava". Mais do que isso, ao chamá-la de *maman*, a relação entre eles correspondeu a uma sublimação edipiana e talvez ao mais ardente e platônico de todos seus amores. Rousseau chega a admitir, em *Os devaneios de um caminhante solitário*, que foi graças a ela que pode desenvolver as mais preciosas faculdades de sua alma.

Entretanto, sua vida vagante começa, na verdade, mais longe, em Turim, na Itália, para onde foi mandado a fim de completar sua conversão e ser batizado[46]. O que de fato aconteceu, mas não sem uma boa resistência argumentativa com os padres, além de decepções e mesmo assédio[47], tanto dentro

---

44. "Que foi de mim, ao vê-la! (...) Vejo um rosto repleto de encantos (...), uma tez fascinante (...) Tinha um ar carinhoso e terno, um olhar muito doce, um sorriso angélico (...)" (ROUSSEAU, *Confissões*, 67).

45. A primeira foi aos treze anos, quando foi visitar seu pai em Nyon e caiu nas graças de duas moças de vinte e poucos anos que brincaram com ele, fazendo-o seu "namorado" e permitindo audaciosas "intimidades" (ROUSSEAU, *Confissões*, 46). Mas nenhuma delas recebeu tais palavras: "Quantas vezes beijei a minha cama, pensando que ela se havia deitado nela; os cortinados, todos os móveis do quarto, pensando que eram dela, que ela lhes havia tocado com as suas lindas mãos..." (ROUSSEAU, *Confissões*, 122).

46. Chegando em 12 de abril de 1728, foi logo batizado no dia 23, na Igreja de São João, recebendo nome católico de Giovanni Giacomo Franco Rosso. Aí permaneceu até setembro de 1729, quando voltou para Annecy.

47. Assediado sexualmente por um colega interno, suposto "mouro" que ali estava, sua reação foi de tal repugnância que registrou em suas *Confissões*: "ao pensar no caso ainda sinto náuseas" (ROUSSEAU, *Confissões*, 85). A reação leniente dos eclesiásticos leva a crer que a pederastia e a pedofilia naquele hospício, onde ficara por dois meses, eram práticas comuns. Fora dele, foi seduzido por uma bela senhora chamada Mme. Basile.

quanto fora do hospício[48]. Ao sair, perambulou por dias e meses, entre pousadas e casas de benfeitores, entre suspiros, choros e sonhos, servindo como lacaio ou secretário. Vagueou, cometeu proezas adolescentes com um amigo genebrino[49] e depois voltou aos cuidados da Mme. de Warens, com a qual pode encontrar uma boa comida, longos e encantadores diálogos, leituras diversas[50], prática musical, uma exuberante paisagem e, enfim, a paz que tanto desejava.

Um ano e meio após sua partida de Genebra, Rousseau poderia sentir que seria guiado pela afeição e não mais pela coerção ou pela autoridade, como vinha sendo até então. Situação mais edipiana, impossível, tendo em vista que seu pai, vivendo com uma nova companheira e morando em Nyon, não o queria por perto; e após uma malsucedida tentativa de prosseguir os estudos do seminário para virar padre, além de mais algumas peripécias e perambulações melancólicas a pé pela região[51], as quais duraram aproximadamente um ano, finalmente tem em seus braços a mãe que não teve. Com ela perde sua virgindade[52] e ali permanece por quase dez anos.

---

48. L'hospice des catéchumènes, hospedagem administrada pela Arquiconfraria do Espírito Santo com o objetivo de acolher os novos convertidos e aprofundá-los na fé.
49. Pierre Bâcle (1714-1731), gravador que também fugiu para a França e passou por Turim em suas perambulações.
50. Entre elas, textos de Hobbes, Pufendorf, e o poema épico *La Henriade*, de Voltaire, que lhe desperta uma admiração pelo aclamado escritor francês. Além das obras de Virgílio, Platão, Pascal, Descartes, Locke, Lebiniz, Montaigne e tantos outros.
51. Como bem afirma May (Cf. MAY, *Rousseau par lui-même*), um périplo considerável para fazer a pé: Annecy, Nyon, Friburgo, Lausanne, Vevey, Neuchâtel, Berna, Soleura, Paris, terminando em Lyon em setembro de 1731.
52. Ocorrido de forma planejada por Mme. de Warens, no outono de 1732. Após a morte de Claude Anet, serviçal e amante de Mme. de Warens, em 1734, Rousseau se torna seu único amante, residindo com ela

Contando pouco mais de vinte anos, sob os cuidados de *Maman*, Rousseau gastava seus dias entre aulas de música, execução de peças instrumentais, recitações, passeios e, enfim, idílicas *soirées* nas residências da Mme. de Warens[53]. Tanto na casa localizada na pequena cidade de Annecy, no sudeste da França, próximo à Genebra, quanto mais ao Sul, na morada rural do vale das *Les Charmettes*. Neste último local, o ambiente era extremamente agradável, próximo a dois parques e dois lagos[54], não muito longe dos Alpes. Nesse espaço arcadiano e poético, Rousseau se sentiu inspirado para escrever a canção *Un papillon badin*[55] (Uma borboleta brincalhona) e o longo poema *Le verger de madame la baronne de Warens* (O pomar da senhora baronesa de Warens), suas primei-

---

numa idílica propriedade rural chamada Les Charmettes, perto da cidade de Chambéry, por quase 10 anos.

53. ROUSSEAU, *Confissões*, 195: "Propus a Mamã um pequeno concerto por mês; ela acedeu. E aí fico eu tão embebido de tal concerto, que nem de dia e nem de noite pensava noutra coisa; e realmente a coisa ocupava-me, e bastante, só em juntar a música, os concertistas, os instrumentos, tirar as partes etc. Mamã cantava; o padre Caton (...) também cantava; um mestre de dança, chamado Roche, com o filho, tocavam o violino; Cavanas, músico piemontês (...), tocava violoncelo; o abade Palais acompanhava ao cravo: eu tinha a honra de dirigir o concerto..."

54. Rousseau vive com Mme. de Waren de 1728 a 1736, em Annecy, quando mudam para o refúgio rural Les Charmettes, nas proximidades da vila de Chambéry, 40 km ao sul de Annecy, entre o Parc Naturel Régional du Massive du Chartreuse, ao sul e o Parc Naturel Régional du Massis de Bauges, ao norte e dois lagos: o de Bourget e o d'Annecy.

55. Publicada no jornal *Mercure de France*, em junho de 1737, à página 1419, a canção é simples e pequena: *Un Papillon badin, caressoit une Rose / Nouvellement éclouse, / Qu'aussi-tôt il quita pour suçer un Raisin; / Ah! Dit la charmante Catin, / Qui rêvoit tristement à son Berger volage / Bacchus, tu m'as ravi son coeur; / Verrions-nous tant d'Amans sans ton Jus enchanteur / Dégoûtés du tendre esclavage; / Bacchus, cruel Bacchus, ta fatale Liqueur, De tous les inconstants est-elle le breuvage.* Disponível em: <https://catalog.hathitrust.org/Record/008696629>. O poema *Le verger de madame de Warens* foi publicado em 1739.

ras publicações, nas quais o fervor juvenil se desabrochava, tal como a flor visitada pela borboleta da canção. Também já se evidenciava o estilo madrigal de louvor às divindades pagãs, como Baco, assim como de elogio à natureza e o cultivo da alma em busca de sua essência. Por isso, no final da vida, Rousseau pôde dizer: "Entrego-me inteiramente à doçura de conversar com minha alma" (2017, 20), concluindo o esforço que fizera desde a juventude, que foi o de deixar o reino do parecer e realizar-se no reino do ser. Erram, portanto, os que o acusam de hipocrisia e artificialidade. Pois, como diz Starobinski (1991), a questão entre o ser e o parecer, *être* e *paraître* possui uma distinção que nos chama a atenção pelo simples fato de que um hipócrita aparece para simplesmente aparecer, enquanto que Rousseau apareceu para realmente ser.

Assim, decepcionado[56] e sem talento ou disposição para gravador, padre ou outra atividade esperada pelos que o apoiavam, acabou mesmo sendo instrutor musical por algum tempo e copista de partitura para o resto de sua vida. Essa vivência na região de Annecy e Chambéry proporcionaram atividades que desenvolveram sua sensibilidade estética que muitos o colocam como um dos pais do romantismo e do arcadismo, sobretudo no gosto pela solidão, pela exaltação dos sentimentos e por devaneios e incursões pelo campo[57], além

---

56. Tal como aconteceu com Bâcle, Rousseau se afeiçoou de um músico francês libertino que apareceu em Annecy. Depois tenta imitá-lo em Lausanne, no verão de 1730, sob o pseudônimo de Vaussore de Villeneuve, mas cai no ridículo e é humilhado pela malsucedida tentativa de passar-se como um compositor parisiense, mesmo com pouco conhecimento de música nessa época.

57. Concordando com Luciano Façanha, sem Rousseau não é fácil explicar a transformação das correntes pré-românticas sem a qual esses movimentos talvez não se desenvolvessem. Cf. FAÇANHA, Luciano da Silva, O prenúncio da "natureza romântica" na escrita do Rousseau, *Cadernos de Ética e Filosofia Política*, n. 21 (2012) 43-55.

de um bucolismo nostálgico e, como diz Starobinski (1987), uma utopia de uma sociedade governada pela virtude, pelo entendimento mútuo e pela justiça – tal como aparece na comunidade de Clarens, no romance *Júlia ou a Nova Heloísa*. Mais do que isso, dedicou-se ao estudo da música e da filosofia, de forma autodidata, lendo uma grande quantidade de autores[58] e já produzindo obras, tanto musicais, quanto literárias e até pedagógicas com nuances filosóficas[59] a partir de uma vida bucólica. Diz ele nas *Confissões*: "Levantava-me com o sol e era feliz; passeava, e era feliz, via mamã e era feliz; (...) percorria os bosques, os outeiros, vagueava pelo vale, lia, (...) trabalhava no horto, colhia frutos, ajudava nos trabalhos da casa, e a felicidade seguia-me por toda a parte" (1968, 233-234; 1959, t. I, 225-226).

Portanto, aos vinte e poucos anos, gozando de um ambiente rico tanto em termos de produção cultural[60] quanto de exuberância natural, possuindo o regaço de uma mãe que não teve e sentindo-se tão feliz, não é difícil presumir que tivesse um desejo de assim permanecer. Porém, como não há paraíso sem problema, logo uma multidão deles apareceu para alimentar a fogueira, cujo calor fez seu coração crepitar por novos sentimentos e cuja luz clareou melhor a realidade em que se encontrava. Por um lado, o desejo de ir mais longe,

---

58. Entre eles, Voltaire, Descartes, Prévost, Marivaux, Locke, Malebranche e Leibniz.

59. Nesse período escreve a comédia *Narcisse ou l'amant de lui-même*, duas óperas-tragédias, intituladas *Iphis et Anaxarète* e *La découverte du Nouveau Monde*, um projeto pedagógico: *Projet pour l'éducation de monsieur de Sainte-Marie*, além de seu projeto de uma nova notação musical: *Projet concernant de nouveaux signes pour la musique*.

60. Além do aprofundamento e da produção musical, Rousseau explorava a filosofia. Ele diz que após o almoço, "depois de uma hora ou duas de conversa, ia-me aos meus livros até ao jantar. Começava por qualquer livro de filosofia, como a *Lógica* do Port-Royal, o *Ensaio* de Locke, Malebranche, Leibnitz, Descartes etc." (ROUSSEAU, *Confissões*, 244).

conhecer novos lugares e experimentar novas emoções bateu à porta; e, por outro, sua presença aos poucos foi ficando incômoda. Após a morte de Claude Anet, em 1734, com quem Rousseau dividia a cama de Mme. de Warens, passou a ser o único possuidor daquele estranho relacionamento um tanto quanto edipiano[61], cujo conforto não era o suficiente para alimentar as novas paixões que manifestavam em sua alma. Rousseau confessa: "As necessidades do amor devoraram-me no seio da voluptuosidade. Tinha uma extremosa mãe, uma amiga querida; mas faltava-me uma amante" (1968, 227). Por essa e outras passagens do mesmo contexto, fica claro que o entusiasmo entre os dois não era mais o mesmo. A relação, antes considerada perfeita, foi deteriorando-se e chegou ao ponto de Rousseau ter sido substituído em seu papel administrativo por um rapaz que ali aparecera, chamado Winzenried, e que era, diferente de Rousseau, entusiasta, dinâmico, trabalhador e muito eficiente, pelo que tudo indicava, até na cama, pois Mme. de Warens fez logo bom uso dessa eficiência. Assim, provavelmente sentindo-se numa situação que suas disposições interiores chocavam com as aparências, que era esperado manter, Rousseau foi tomado por uma melancolia e um desejo de afastar-se daquele estado que, segundo ele, tornou-se insuportável[62].

---

61. É preciso lembrar que Mme. de Warens era treze anos mais velha que Rousseau. Warner diz: "Somente nesse sítio edênico, no *braço edipiano* de sua queria maman..." (WARNER, John M., *Rousseau and the problem of human relations*, Pennsylvania, Pennsylvania State University Press, 2015, 12. Grifo meu). Mas, como diz Schwartz, mesmo tentado, é preciso ter cuidado em fazer aproximações entre a psicologia de Freud e a de Rousseau, as quais são bem diferentes.

62. "Desde então deixei de encontrar nela aquela intimidade dos corações que constituiu sempre o mais doce gosto do meu. (...) Enfim, Mamã adquiria pouco a pouco uma maneira de ser em que eu já não tomava parte (...). Eu poderia passar dias inteiros sem a ver, que ela não se aperce-

Também, fazia tempo que suas funções gerenciadoras não resultavam em nada produtivo; por outro lado, as atividades da vida campestre requeriam trabalho duro, ao qual Rousseau não estava acostumado e nem demostrava habilidade. Ele mesmo chegou a confessar ter tido desgosto por não ter conseguido tomar conta do horto, dizendo que "depois de meia dúzia de enxadadas, achava-me sem fôlego, alagado em suor, sem poder mais. Quando me baixava, as palpitações aumentavam, e o sangue subia-me com tanta força à cabeça que precisava levantar-me imediatamente" (1968, 240). Enquanto isso, um evento veio piorar a situação. Enquanto o jovem Jean-Jacques fazia seus experimentos químicos, houve uma explosão em seu laboratório que o afetou, colocando-o de cama, ferido e cego, por vários dias. Em pânico, achando que ia morrer, chegou a fazer um testamento, no qual deixava parte de sua herança à sua amada *maman*[63].

É importante dizer que o período entre 1737 e 1740 foi em vários sentidos crucial em sua vida. Além do referido acidente, seu estado de saúde não era dos melhores, pois apresentava sintomas estranhos, como zumbidos e palpitações. Embora Rousseau tivesse de fato uma doença, nas *Confissões*,

---

bia disso. Insensivelmente, senti-me isolado e só naquela mesma casa de que antes era a alma, e onde por assim dizer vivia em duplicado. Pouco a pouco acostumei-me a apartar-me de tudo o que ali se fazia, daqueles que ali habitavam, e para me poupar a constantes dilacerações, fechava-me com os meus livros, ou então ia para o meio dos bosques suspirar e chorar à minha vontade. Em breve esta vida se me tornou completamente insuportável (...). Formei o projecto de abandonar aquela casa" (Rousseau, *Confissões*, 271; O.C., t. I, 266).

63. Ao completar 25 anos, a maioridade civil em Genebra, Rousseau recebeu uma pequena herança legada por sua mãe. A soma de 30.000 florins, pagos pela casa de sua mãe e administrados pela República, diminuiu para 13.000, e deste recebeu apenas 6.500, pois as autoridades não tinham certeza da morte de seu irmão, que poderia aparecer para solicitar sua parte.

o autor faz um relato dramático de seu estado de saúde[64] que, claramente, tratava-se de um exagero. Os médicos que foram atendê-lo perceberam logo a sugestão psicológica patogênica e afirmaram que se tratava de uma doença imaginária[65]. O certo é que a medicina da época, sem os conhecimentos bioquímicos necessários, não tinha condições de diagnosticá-lo com precisão, nem mesmo dizer se o caso era de somatogênese ou psicogênese, mas que de fato provocava uma retenção urinária, a qual, como ele diz em seu *Testament* (O.C., t. I, 1222-1225), nada tinha a ver doença venérea – diagnóstico de seus acusadores. Alguns estudiosos mais recentes chegam a afirmar que é provável que seu problema tenha sido um distúrbio metabólico raro, chamado AIP (*Acute Intermittent Porphyria*, Porfiria Aguda Intermitente)[66]. Entretanto, independente do que tenha sido, concordo com Starobinski (1991)[67] quando afirma que Rousseau fez de sua enfermidade

---

64. "Julguei-me morto; meti-me na cama; chamou-se o médico; contei-lhe o caso a tremer, julgando-o irremediável (...). Ao fim de quinze dias, vendo que não estava melhor nem pior, abandonei a cama e retornei a minha vida ordinária, com as minhas palpitações nos ouvidos e os meus zumbidos, que desde essa data, isto é, há trinta anos, não me largaram nem um minuto" (ROUSSEAU, *Confissões*, 235; O.C., t. I, 228).

65. "É claro que, nada tendo compreendido dos meus males, os médicos consideravam-me um doente imaginário" (ROUSSEAU, *Confissões*, 264; O.C., t. I, 258).

66. Cf. ANDROUTSOS, George, Les troubles génito-urinaires de Jean-Jacques Rousseau (1712-1788) sous l'aspect d'un nouveau diagnostic, *Revista Andrologie*, v. 14, n. 4 (2004). A autópsia do corpo, feita no dia seguinte de sua morte, não indicou nada grave, como relata Le Bègue de Presle, em seu *Relation ou notice des derniers jours de m. Jean-Jacques Rousseau* (Londres, 1778).

67. "Rousseau exibe uma enfermidade – tanto física quanto psicológica – que lhe assegura um álibi em relação aos atos condenáveis que teria podido cometer. De preferência a ser suspeito de ter feito o mal, ele prefere mutilar-se simbolicamente, ou fazer-se passar por um amante medíocre. Oferece-se antecipadamente – cadáver consenciente – ao escalpelo que revelará seu vício de conformação. Ele quer sofrer a agressão, a abertura"

um aliado e um álibi para justificar seu comportamento. Na expectativa de uma morte iminente, além de seu testamento, escreveu também nesse período duas óperas-tragédias: *Iphis* e *La découverte du Nouveau Monde*. Embora possam ser consideradas como obras menores, sem muita importância no conjunto de seu pensamento, as peças participam de um mosaico de ideias e de um quebra-cabeça cuja montagem depende substancialmente desses componentes espalhados nos escritos e na vida de Rousseau (PAIVA, 2007), mas que são vitais para compreendermos sua filosofia. Além de terem servido como um refúgio psicológico para a fuga de sua realidade concreta e devaneio pela fabulação romanesca que o consolava.

Na primeira delas, por exemplo, o melodrama explora o amor comprometido ou impossível. O que indica que o autor retrata ali a própria condição sentimental que vivenciava. A peça serviu também como germe do lirismo e do romantismo que se desenvolvem e se desabrocham em outras obras. Sintetizando o enredo, Ifis é um funcionário do rei que se apaixona por Anaxarete, mas não tem como consumar seu amor porque ela estava comprometida com um príncipe estrangeiro. O que não é muito diferente do drama de Saint-Preux, na *Nova Heloísa*, que se apaixona por Júlia mas tem que se contentar com um amor do tipo platônico, pois a mesma fora prometida em casamento pelo pai ao Sr. de Wolmar, um rico e virtuoso cidadão. A segunda peça, a ópera *A descoberta do Novo Mundo*, mesmo tendo sido escrita em outro estilo, isto é, o do drama alegórico, também traz elementos germinais, como a ideia de simplicidade da vida nativa e primitiva, bem como a contraposição entre essa simplicidade e o estado de civiliza-

---

(STAROBINSKI, Jean, *Jean-Jacques Rousseau, A tansparência e o obstáculo*, São Paulo, Companhia das Letras, 1991, 385).

ção. A obra explora a invasão dos países europeus às Antilhas, sua luta e depois a posterior reconciliação entre os nativos e os invasores a fim de viverem em paz. Entretanto, eis que no meio dessa saga aparece o envolvente caso de amor de Carime, a amante que é rejeitada pelo cacique em favor da esposa Digizé, voltando ao tema romanesco. Para além de qualquer saga, heroísmo ou atitude exterior, o pano de fundo que aparece desde essas primeiras peças são as "disposições do coração"[68], que devem corresponder a essas atitudes.

Mas realidade bem diferente foi encontrar mesmo em Paris[69], desde a primeira vez que lá esteve, em meados de 1731, ou quando retornou para ali residir, onze anos depois, levando seu novo sistema de notação musical e outros escritos com os quais esperava triunfar. Ninguém vivia ali para as disposições do coração, mas para a pura aparência. Novamente decepcionado, passou por inúmeras situações constrangedoras, tornou-se boêmio e frequentador de tavernas por um bom período[70], nas quais travou amizade com algumas figuras que, como ele, procuravam seu lugar ao sol no universo da intelectualidade, no que depois foi chamado de *República Literária* ou *República das Letras*. E, embora a participação nesse grupo de

---

68. O.C. t. III, 7.
69. Então uma cidade de quase um milhão de habitantes. Sua impressão nunca foi das melhores: "Como a chegada a Paris desmentiu a ideia que eu fazia desta cidade! (...) só vi ruazitas estreitas e mal-cheirosas, feias casas escuras, um ambiente de porcaria, de pobreza, de mendigos, de carroceiros..." (ROUSSEAU, *Confissões*, 170-171). No final do livro IV, do *Emílio*, quando o tutor e seu aluno deixam a cidade, a despedida é emblemática: "Adeus, pois, Paris, cidade célebre, cidade de barulho, de fumaça e de lama, onde as mulheres não acreditam mais na honra nem os homens na virtude. Adeus, Paris; procuramos o amor, a felicidade, a inocência; nunca estaremos suficientemente longe de ti" (ROUSSEAU, Jean-Jacques, *Emílio ou da educação*, São Paulo, Difel, 1973, 413).
70. Rousseau, Diderot, Condillac e D'Alembert se encontravam regularmente na taverna Panier Fleuri, na Rue des Augustins, em Paris.

boêmios intelectuais tenha lhe dado a oportunidade de contribuir com a *Enciclopédia*, seu triunfo só veio em 1750 com o prêmio da Academia de Dijon[71] ao seu *Discurso sobre as ciências e as artes*, e, consequentemente, a publicação do texto em múltiplas edições logo em seguida, no *Mercure de France*[72], que lhe abriu as portas para a celebridade[73]. Algo que, segundo Damrosch (2005), aconteceu por acaso, mas que Rousseau soube aproveitar bem, pois sentiu que tinha algo a dizer. E o que disse foi uma simples e direta negação, resultado de uma epifania que teve à sombra de uma árvore, à questão proposta pela Academia, isto é, se a restauração das ciências e das artes havia contribuído para purificar a moral e os costumes[74].

Essa inspiração súbita se deu sob um intenso calor de uma tarde qualquer em setembro ou outubro de 1749, quando ia o jovem Jean-Jacques em caminhada rumo a Vincennes, a fim de visitar seu amigo Diderot, que estava na prisão do castelo. Ao parar para descansar à sombra de uma árvore e ao se deparar com a questão proposta pela Academia, no jornal, chorou copiosamente pela emoção de ter sido in-

---

71. A Academia de Dijon foi fundada por Hector-Bernard Pouffier (1658-1736), membro mais antigo do Parlamento da Borgonha, em 1725. Em 1775, tornou-se a Académie des Sciences, Arts et Belles-Lettres de Dijon. De 1855 a 1869, foi chamada de Académie Impériale des Sciences, Arts et Belles-Lettres de Dijon, antes de retornar em 1870 ao nome de Académie des Sciences, Arts et Belles-Lettres de Dijon, que mantém até hoje. A Academia ainda oferece o prêmio com o qual Rousseau foi galardoado. Vide site: <https://www.academie-sabl-dijon.org>.

72. Periódico em circulação desde 1672 que, apesar de interrupções e mudanças de nome, manteve-se até 1825, para no século XX virar parte do grupo editorial da Gallimard.

73. Para se ter uma ideia foram publicadas setenta e cinco revisões e críticas ao *Primeiro discurso* em três anos, bem como tentativas de refutação, como a de Lyon Charles de Bordes (1711-1781), a do ex-rei da Polônia, Estanislau Leszczynski (1677-1766).

74. O encontro foi em outubro de 1749 e o resultado saiu em julho de 1750, após vencer uma dúzia de outros concorrentes.

vadido por um turbilhão de ideias novas. Uma premonição ou revelação, que, enfim, o capacitou a responder se o progresso das ciências e das artes tinha contribuído para corromper ou purificar os costumes. Nesse sentido, se o pensamento de Rousseau pode ser divido entre o antes e o depois dessa iluminação, toda a trajetória até o momento da revelação se passa epistemologicamente por uma *arqueologia do saber* (FOUCAULT, 2010)[75], a qual o insere numa outra fase. Antes disso, alguns raios já lhe haviam brilhado de forma tênue durante o período em que viveu na comunidade de Chambéry; e talvez de modo mais intenso quando viveu na metrópole industrial de Lyon, em 1740, período em que atuou como preceptor dos filhos do Senhor de Mably[76], o preboste daquela cidade. Ali permanece por um ano, onde lhe foi apresentado um novo ambiente. Isto é, segundo Cranston (1991a), a partir daí, Rousseau passou a adentrar o mundo da intelectualidade e da alta sociedade, enfim, o mundo do Iluminismo francês, do qual passou a apreender muitas de suas ideias e a refutar outras. Dessa experiência pedagógica, não bem-sucedida, Rousseau escreveu o *Projet pour l'éducation de monsieur de Sainte-Marie* (O.C., t. IV, 3-51).

---

75. "Esse termo não incita a busca de nenhum começo; não associa a análise a nenhuma exploração ou sondagem geológica. Ele designa o tema geral de uma descrição que interroga o já dito no nível de sua existência; da função enunciativa que nele se exerce, da formação discursiva a que pertence, do sistema geral de arquivo de que faz parte. A arqueologia descreve os discursos como práticas especificadas no elemento do arquivo" (FOUCAULT, Michel, *A arqueologia do saber*, Rio de Janeiro, Forense Universitária, [7]2010, 149).

76. Jean Bonnot de Mably (1696-1761), irmão do filósofo Gabriel Bonnot de Mably (1709-1785). O preboste era um agente do rei encarregado da justiça e administrador das propriedades reais. Seus filhos foram François-Paul-Marie Bonnot de Mably (Sainte-Marie), de seis anos, e Jean-Antoine Bonnot de Mably (Condillac), de cinco anos de idade.

A partir das obras que se seguiram após a "iluminação", tanto musicais, como a ópera *O adivinho da aldeia*, estrelado em 1752[77]; ou literárias, como o romance *Júlia ou a Nova Heloísa*; ou ainda as filosóficas, Rousseau passou a ser visto como um traidor do Iluminismo e da "República" à qual pertencia. Situação que piorou com sua crítica ao ateísmo, corrente no meio intelectual; e seu ataque às figuras famosas da época, como Rameau, influente e querido por todos; e La Fontaine[78], que gozava de adoração por suas fábulas. Além do mais, recusou as pensões oferecidas, abandonou a peruca e a roupa nobre e foi viver de forma simples. Até então, muitos, como Voltaire, já o criticavam, faziam comentários sarcásticos e jocosos, mas toleravam essa figura excêntrica. A gota d'água foi a publicação da *Carta a D'Alembert*, do *Emílio* e do *Contrato social*, as quais geraram ataques de todos os lados, inclusive do Parlamento de Paris e de sua idealizada Genebra, que condenaram suas obras ao fogo. E quando seu discurso inflamado e seu posicionamento crítico se intensificaram nas obras subsequentes, como a *Carta a Christophe de Beaumont*, as *Cartas escritas da montanha* e as *Confissões*, tanto a consagração quanto o opróbrio o acompanharam até o túmulo. Situação que só começou a mudar em outubro de 1794 quando seus restos mortais foram levados, sob grande fes-

---

77. A música agradou a corte, e principalmente ao rei Louis XV, que lhe ofereceu uma pensão, recusada por Rousseau. Estima-se que durante o século XVIII a ópera tenha sido apresentada em Paris quatrocentas vezes, assim como nas principais cidades da Europa. Aos doze anos, o compositor Mozart (1756-1791) compôs o canto pastoral *Bastien e Bastienne*, inspirado em Rousseau.

78. No *Emílio*, Rousseau analisa linha por linha a fábula da Raposa e o Corvo. Nela, o corvo é seduzido pelos elogios da raposa ao seu canto, conseguindo que o pássaro abra o bico e solte seu pedaço de queijo. Rousseau comenta que ninguém gosta de ser humilhado e por impulso do amor-próprio vai querer se identificar com o personagem mais atrativo.

tejo, para o Panteão, em Paris, onde se encontram até hoje, paradoxalmente de frente ao túmulo de Voltaire.

Mas antes disso, por um certo tempo o genebrino aproveitou da celebridade, independentemente das consequências, fossem elas boas ou más. Na *Correspondance littéraire*, Grimm (1878) comenta que suas aparições provocavam grande alvoroço e quase sempre multidões se formavam onde quer que ele fosse. Rousseau nunca quis fazer como os demais iluministas, que se escondiam sob pseudônimos para publicar suas obras[79]. Pelo contrário, orgulhava-se de assinar: "Jean-Jacques Rousseau – cidadão de Genebra". Mesmo assim, foi, aos poucos, fugindo do convívio com o público, como ocorreu na Inglaterra quando estava sobre a proteção de David Hume[80], entre 1766 e 1767, e mesmo depois, quando de sua volta à França. Um percurso previsto desde o início, tendo em vista que Rousseau tinha uma natureza melancólica e sua vida foi quase toda de solidão, amarguras e doenças, sem esquecer a timidez e uma constante sensação de proximidade da morte. Como afirma Cranston (1991a), dificilmente alguém teria sucesso nas relações sociais com tal temperamento.

Mesmo assim, por muito tempo Rousseau tentou trazer o público para seu lado, principalmente com as obras autobiográficas[81], às quais se dedicou no final de sua vida e com

---

79. "Rousseau é sem dúvida o escritor do século XVIII que mais divulgou seu patronímico, até o ponto de fazer dele um dos elementos essenciais de sua postura autoral e de sua relação com o discurso filosófico" (LILTI, Antoine, Reconhecimento e celebridade, Jean-Jacques Rousseau e a política do nome próprio, *Topoi*, v. 15, n. 29 (2014), 635-649, aqui, 638).

80. David Hume (1711-1776), filósofo empirista e historiador britânico, nascido na Escócia.

81. As principais são as *Confissões*, cobrindo os 53 primeiros anos de sua vida (1712-1765). A obra foi iniciada aproximadamente em 1762, em Môtier, na Suíça, e terminada em 1770, mas publicada somente em 1782, quatro anos depois de sua morte; depois, *Rousseau juiz de Jean-Jacques*, es-

as quais inaugurou a autobiografia moderna, porém desistiu do intento ao final de seus dias, após as manifestações contrárias a suas *Confissões* e, posteriormente, ao texto *Rousseau juiz de Jean-Jacques*, preferindo mesmo a solidão e a ignomínia. Em 1776, dois anos antes de sua morte, quando começou a escrever sua última obra, *Os devaneios de um caminhante solitário*, anotou no início da *Primeira caminhada*: "Eis que me encontro, então, sozinho na Terra, não tendo outro irmão, próximo, amigo ou sociedade além de mim mesmo. O mais sociável e o mais afetuoso dos humanos foi dela proscrito por um acordo unânime" (2017, 15)[82]. E nesse mesmo tom trágico, completa, reafirmando a si mesmo a existência da conspiração contra si: "Procuraram nos refinamentos de seu ódio que tormento poderia ser mais cruel à minha alma sensível, e romperam violentamente todos os laços que me uniam a eles" (2017, 15). Sentimento que se aprofundou com o acidente sofrido[83], bem como com a intensificação de sua doença uriná-

---

crita entre 1772 e 1776; e, por fim, *Os devaneios de um caminhante solitário*, iniciada em 1776 e interrompida com sua morte em 1778, quando ainda escrevia a Décima caminhada. Como afirma Antoine Lilti (*Reconhecimento e celebridade*, 636): "Todos os textos de seus últimos anos testemunham uma profunda dificuldade em assumir o olhar lançado sobre ele pelo público para o qual escreveu".

82. Embora não cite a presença constante de Thérèse Levasseur, sua criada e companheira até o final de sua vida, em seu testamento é o nome dela que aparece como sua única e universal herdeira (ROUSSEAU, 1959, O.C., t. I, 1222-1225). Oficializou o matrimônio em 12 de agosto de 1767, em Bourgoin, próximo de Lyon.

83. Bem relatado na *Segunda caminhada* de *Os devaneios*, Rousseau foi atropelado por um cachorro de uma carruagem, em 24 de outubro de 1776, numa pequena rua de uma vila próxima a Paris (hoje parte da cidade) cuja queda causou-lhe muito dano – tanto físico quanto moral. Propagou-se a notícia que havia morrido da queda e até o jornal *Courrier d'Avignon*, de 20 de dezembro de 1776 chegou noticiar sua morte.

ria[84]. Apesar de tudo, o retiro, o isolamento e a solidão lhe proporcionaram um *dolce far niente*[85] que lhe deu a tão desejada paz interior. Quando habitou a Ilha de São Pedro, no meio do Lago de Bienna, em 1765, costumava deixar os convidados à mesa do jantar e ia com um barco ao meio do lago onde se deitava para contemplar o céu e as estrelas[86]. Rousseau assim confessa no final da *Sexta caminhada* (2017, 82): "O resultado que posso tirar de todas essas reflexões é que nunca fui realmente adequado à sociedade civil, em que tudo é constrangimento, obrigação, dever". Por isso que diz, ao escrever a Malesherbes[87]: "Não comecei a viver a não ser a partir de 9 de abril de 1756", data em que deixou Paris "para nunca mais ali habitar", como ele disse nas *Confissões* (O.C., 1959, t. I, 403), passando a viver na Ermitage[88], a pequena propriedade cedida por Mme. d'Épinay, em Montmorency.

Certamente que não existia um conceito de personalidade, como utilizamos hoje, mas Rousseau deu os primeiros passos

---

84. Não há um consenso sobre essa enfermidade. O doutor Androutsos (*Les troubles génito-urinaires de Jean-Jacques Rousseau*, 452) afirma: "Rousseau parece ter sofrido de uma doença desconhecida da medicina de sua época, talvez uma porfiria aguda intermitente".

85. Expressão italiana, utilizada por Rousseau em *Os devaneios*, significando o não fazer nada, o ócio prazeroso e até produtivo.

86. "...enquanto os outros ainda estavam a mesa, esquivava-se e ia lançar-me sozinho num barco que eu conduzia até o meio do lago, onde a água estava calma. Lá, deitado no barco e com os olhos voltados para o céu, deixava-me arrastar e vaguear lentamente ao sabor da correnteza, por vezes durante horas, mergulhado em mil devaneios confusos mas deliciosos, e que, sem qualquer objeto determinado ou constante, não deixavam de ser, para meu gosto, cem vezes preferíveis a tudo que eu encontrara de mais doce naquilo que se denominam os prazeres da vida" (ROUSSEAU, Jean-Jacques, *Os devaneios de um caminhante solitário*, São Paulo, Edipro, 2017, 67).

87. *Troisième lettre à Malesherbes*, 26 janvier 1762 (ROUSSEAU, 1826, p. 1138).

88. Demolida em 1956.

nesse sentido ao refletir, nas *Confissões*, sobre os episódios de sua vida, buscando assim compreender-se e tentar explicar por que agia de uma forma ou de outra. Uma das explicações que dá, na *Sexta caminhada* de *Os devaneios* (2017, 82), sobre a recusa às ofertas de pensão e de proteção dos nobres é a seguinte: "Enquanto ajo livremente, sou bom e faço apenas o bem; mas logo que sinto o jugo, quer da necessidade, quer dos homens, torno-me rebelde, ou, antes, indócil, e então sou inexistente". Isso explica a animosidade criada com seus amigos de Paris, com Hume[89] e com tantos outros que tentaram prestar-lhe favores, mas que, para ele, eram sempre acompanhados de segundas intenções, fazendo-o afastar-se deles e, como diz Damião (2006)[90], de si mesmo. A malsucedida tentativa de Hume em ajudá-lo pode ter tido início na noite de 8 de janeiro de 1766 quando, após terem partido para a Inglaterra, na manhã do dia 4, tiverem que pousar no meio do caminho, antes de chegarem a Calais. Rousseau afirma ter ouvido, à noite, Hume murmurar repetidamente, enquanto dormia: *Je tiens Jean-Jacques Rousseau* (Tenho comigo Jean-Jacques Rousseau).

---

89. Sobre o relacionamento entre Rousseau e Hume, Cf. EDMONDS, David; EIDINOW, John, *O cachorro de Rousseau, Como o afeto de um cão foi o que restou da briga entre Rousseau e David Hume*, Rio de Janeiro, Nova Fronteira, 2008; e ZARETSKY, Robert; SCOTT, John T., *The philosophers' quarrel, Rousseau, Hume, and the limits of human understanding*. New Haven, London, Yale University Press, 2009. Além do mais, nas cartas publicados por Hume (*A concise and genuine account of the dispute between Mr. Hume and Mr. Rousseau*, London, Forgotten Books, 2017, 12), ele diz: "Nós nos entregamos a todos os seus caprichos; perdoamos todas suas singularidades; suportamos todos seus humores; enfim, nada foi poupado para proporcionar-lhe o que ele desejou".

90. "O outro torna-se o inimigo; em Rousseau, a sociedade e seus costumes o afastaram em direção contrária ao impulso mais profundo de seu 'eu' verdadeiro. Depositar no outro as razões do desconhecimento de si faz com que o verdadeiro 'eu' permaneça oculto e não questionado" (DAMIÃO, Carla Milani, *Sobre o declínio da "sinceridade"*, *Filosofia e autobiografia de Jean-Jacques Rousseau a Walter Benjamin*, São Paulo, Loyola, 2006, 39).

O convívio não durou muito, não apenas porque Rousseau não falasse inglês e nem gostasse da Inglaterra ou dos ingleses, mas porque os afagos iniciais foram logo substituídos por desentendimentos e acusações mútuas, motivadas pela possível violação de correspondência de Rousseau, por parte de Hume, além de outras ações suspeitas que fizeram o genebrino abandonar a bela morada de Wootton, no interior da Inglaterra, no ano seguinte[91]. Assim, perambulou um pouco e retornou a Paris, em 1770, quando, ainda gozando de prestígio, foi procurado por aristocratas poloneses para escrever algumas considerações políticas sobre aquele país[92], resultando na obra *Considerações sobre o governo da Polônia*. Persistindo na ideia de falar a verdade, apegando-se ao lema de sua – *vitam impendere vero*[93] –, deu prosseguimento às *Confissões* para retratar a realidade dos fatos e ainda promoveu leituras públicas, as quais, certamente revoltaram os ali retratados. Como ele diz, "dei o primeiro e o mais difícil passo no labirinto obscuro e lodoso das minhas confissões" (1968, 37). Porém considerou que aquela seria a melhor forma de se defender dos ataques e tentar depurar a imagem monstruosa que criaram dele, principalmente por Voltaire que, em 1764, lançou um panfleto chamando Rousseau de hipócrita, pai impiedoso[94] e amigo ingrato. Pior do que isso foi o prema-

---

91. Maio de 1767, quando voltou à França sob o pseudônimo de Jean-Joseph Renou para evitar a condenação ainda em vigor. Só em 1770 que volta a usar seu nome e se estabelece em Paris.
92. Inicia as *Considerações sobre o governo da Polônia*. Terminandas no ano seguinte, são publicadas postumamente em 1782.
93. "Consagrar a vida à verdade", frase do poeta satírico romano Juvenal. Sobre essa frase, Rousseau diz nas *Confissões*, em referência às relações que estabeleceu em Turim, em sua adolescência: "Creio que foi desde então que experimentei aquele jogo maligno de interesses ocultos em que esbarrei toda a vida e que provocou em mim uma bem natural aversão pela ordem aparente que os gera" (ROUSSEAU, *Confissões*, 98).
94. Crítica motivada pelo fato de que Rousseau colocou no orfanato seus cinco filhos, tidos com Thérèse Levasseur (1721-1801). Nas *Confissões*,

turo obituário feito por um jornal[95] em consequência de seu acidente quando caminhava para realizar sua costumeira herborização. Jogado ao chão por um grande cão dinamarquês que acompanhava uma carruagem, naquela tarde de 24 de outubro de 1776, Rousseau ficou inconsciente, teve sangramento e inchações. A partir daí, sua saúde começou a declinar, mas nada justificava o anúncio do falecimento feito pelo jornal. Assim, doente, chegou ao ponto de que até a escrita lhe era penosa. O tom sombrio de suas últimas obras são reveladores de uma alma angustiada, como ele deixa claro no *Rousseau juiz de Jean-Jacques* (O.C., t. I, 664): "É nesse estado de dor e angústia que fui colocado, cada vez que algum novo ultraje, forçando minha repugnância, me fazia fazer um novo esforço para retomar este escrito tantas vezes abandonado".

Desse modo, contando com poucos admiradores, e sem muita perspectiva, recebeu de um deles, o Marquês de Girardin, em 1778, o convite para habitar em sua bela casa, em Ermenonville, ao norte da capital, a fim de descansar e desfru-

---

ele tenta justificar o ato por sua condição de enfermidades e pobreza, além de afirmar que era costume da época e era aplaudido no salão quem mais contribuía com a "roda dos expostos". Em 1746, o ano do primeiro filho de Rousseau, havia 2324 crianças abandonadas nas ruas de Paris e 950 foram recebidas no orfanato e cuidadas por enfermeiras (CRANSTON, 1991a, 245).

95. O *Courrier d'Avignon*, edição de 20 de dezembro; desmentido depois na edição de 31 de dezembro do mesmo ano. O obituário, dizia: "O sr. J.-J. Rousseau morreu das consequências de sua queda. Viveu pobre, morreu miseravelmente, e a singularidade de seu destino o acompanhou até o túmulo. Estamos desolados por não podermos falar dos talentos desse escritor eloquente: nossos leitores devem sentir que o abuso com que os empregou nos impõe aqui o mais rigoroso silêncio. É caso para acreditar que o público não será privado de sua vida e que se encontrará até o nome do cão que o matou". Numa carta de 26 de dezembro, a Florian, Voltaire escreve: "Jean-Jacques fez muito bem em morrer". Ambos os textos estão disponíveis em: <http://gazetier-universel.gazettes18e.fr/numero/courrierdavignon/261-22>. Acesso em: 04 abr. 2020.

tar o jardim copiado do Eliseu, da *Nova Heloísa*[96]. Aceitando de imediato, Rousseau para lá se mudou e se encantou com o jardim à inglesa que passou a ter à sua disposição. Ali termina seus dias, decepcionado com tudo e com todos, dizendo em seu *Os devaneios*: "Eis que me encontro, então, sozinho na Terra, não tendo outro irmão, próximo, amigo ou sociedade além de mim mesmo" (2017, 15). O que reafirma, no final de sua vida, um gosto pela solidão desenvolvida desde sua adolescência, quando no longo poema *Le verger de madame la baronne de Warens* (O pomar da senhora baronesa de Warens), o autor, além de prestar um tributo à mulher que o acolhera, celebrou a solidão[97] do ambiente idílico que o jardim-pomar lhe proporcionava e louvou os dias deliciosos gozados sob as sombras e o frescor das árvores[98], onde poderia, segundo seus versos, passar o resto de sua vida[99]. Nesse poema encontram-se os seguintes versos:

---

96. Trata-se da propriedade de René-Louis de Girardin (1735-1808), marquês de Girardin, talvez o último discípulo de Rousseau e o primeiro a criar um jardim à inglesa na França, influenciado pelas ideias do mestre.

97. O terceiro e quarto versos do poema já dizem logo: "Solidão encantadora, asilo da paz; / Feliz pomar, jamais poderia te deixar" (O.C., t. II, 1124). E na *Sétima caminhada* de *Os devaneios*, Rousseau diz: "tornei-me um solitário ou, como dizem, insociável e misantropo, pois prefiro a mais selvagem solidão à companhia dos homens maus que se alimentam apenas de traições e de ódio" (ROUSSEAU, *Os devaneios*, 89)

98. "Tinha à frente um jardim formando terraço, em baixo uma vinha, defronte uma pequena mata de castanheiros, e prados para alimento do gado; tudo, enfim, o que era preciso para o pequeno lar campestre que aqui queríamos fundar. Tanto quanto posso lembrar-me da época e da data, tomámos posse dela pelos fins do verão de 1736. Fiquei entusiasmado no primeiro dia que lá dormimos" (ROUSSEAU, *Confissões*, 232).

99. "Ó Mamã, disse eu à minha encantadora amiga, abraçando-a e inundando-a de lágrimas de ternura e de alegria, esta moradia é a morada da felicidade e da inocência! Se não as encontrarmos aqui na companhia um do outro, é inútil procurá-las onde quer que seja" (ROUSSEAU, *Confissões*, 232).

Pomar querido do coração, lugar da inocência
Honra dos melhores dias que o céu me dispensa
Solidão encantadora, asilo da paz;
Feliz pomar, jamais poderia te deixar.[100]

Concluindo, no cômputo de sua vida e obra, mesmo beirando o quadro da irracionalidade, provocado pelo sofrimento e pela perseguição sofrida[101], Rousseau, com sua extrema sensibilidade, conseguiu oferecer uma inteligente análise de seu tempo (SHKLAR, 1985), apontando os principais problemas do homem e da sociedade. Porém, como diz May no início da obra *Rousseau par lui-même*, o filósofo "acabou sendo vítima da própria ficção e prisioneiro da imagem que produziu de si mesmo" (1961, 5). Sem deixar de comentar que por essas e outras razões sua obra foi alvo de má interpretação e vilipendiamento. Cranston (1997) diz no início de seu livro que o filósofo de Genebra já foi considerado um profeta do fascismo e do comunismo, além de inimigo da ciência, um charlatão psicótico e uma aberração. Por outro lado, também já foi considerado o campeão do individualismo e pai do liberalismo moderno e até do absolutismo[102]. Mas desde quando a bomba atômica destruiu a ilusão iluminista e positivista de que a ciência poderia nos salvar, bem como a natureza começou a cobrar as agressões

---

100. *Verger cher à mon coeur, séjour de l'innocente, / Honneur des plus beaux jours que le ciel me dispense. / Solitude charmante, Azile de la paix; / Puissai-je, heureux verger, ne vous quitter jamais* (O.C., t. II, 1123-1129).

101. Perseguição que Rousseau achava ter sido arquitetada por Voltaire e seus amigos foi, na verdade, conduzida pelos poderes eclesiásticos de Paris e Genebra. Cf. SHKLAR, Judith N., *Men & citizens, A study of Rousseau's social theory*, New York, University of Cambridge Press, 1985.

102. Cf. DERATHÉ, Robert, *Rousseau e a ciência política de seu tempo*, São Paulo, Barcarolla; Discurso, 2009.

sofridas, o pensamento visionário de Rousseau renovou sua vitalidade e sua importância. Talvez ele não esteja assim tão só em sua caminhada e em seus devaneios, uma vez que hoje participamos intensamente dessa forma de caminhar, sempre em busca de nós mesmos e das virtudes que em nós, ou na sociedade, podem amenizar os problemas e possibilitar um mundo melhor.

Comentário
CARLOTA BOTO

Expresso minha alegria em atuar como debatedora dessa primeira sessão de um importante ciclo de formação. Fico feliz porque é sempre uma oportunidade de diálogo sobre um autor que nos é comum, por quem somos ambos apaixonados. Fico feliz também pela admiração que tenho pelo seu trabalho, desde que eu li o livro que contemplava a dissertação do mestrado, mesmo antes da brilhante defesa do doutorado, de cuja banca fiz parte. A reconstituição do histórico pessoal, profissional e acadêmico de Rousseau resultou nesse brilhante texto de uma fruição intelectual e maturidade incomum. É o que a apresentação dessa primeira conferência confirma, isto é, de fôlego, de elevadíssima qualidade, embora eu ache que a experiência de Rousseau como preceptor no início dos anos de 1740 poderia ter sido destacada. Fico a pensar: como será que essa experiência fracassada teria impactado na construção posterior do seu *Emílio* em meados de 1760? Por que isso é importante? Talvez por nos ajudar a entender como Rousseau – que escreveu o mais célebre tratado sobre educação de todos os tempos – pôde abandonar seus cinco filhos na roda dos expostos. O que parece ser uma questão despropositada, é comumente colocada em pauta. A resposta que ele nos oferece é a de que não se sentira preparado para a tarefa de educar. Isso não me convence. Eu já li biógrafos que teriam dito que Rousseau julgava ser estéril e que, portanto, ele supunha que os filhos não fossem dele. Roque Spencer Maciel de Barros dirá, a propósito desse tema, que a moralidade do *Emílio* compensa as faltas de Rousseau.

Outra questão que me faz pensar é sobre o lugar de Rousseau no movimento iluminista. Como justamente ele, que recusa o primado da razão na configuração da condição humana, para dar o destaque à dimensão da vontade, tornou-se efetivamente o mais importante teórico das Luzes para os revolucionários de 1789? Essa é uma questão, dentre outras, que há tempos nos acompanha. Outra é a seguinte: Eu costumo dizer que, em virtude da prática de auto-narrar, Rousseau criou para si uma posteridade antecipada. A reconstituição que até hoje fazemos de sua história de vida é bastante tributária e devedora da maneira como ele mesmo narrou os episódios de sua trajetória. Será que os intérpretes de Rousseau não seriam excessivamente reféns do relato de suas confissões? Essa é uma intriga que me move, porque, se há alguém que se pode dizer que tenha uma vida atada a sua obra, essa pessoa é Rousseau. O que você pensa sobre isso?

Resposta

A alegria é minha em tê-la como comentadora desta conferência. Agradeço pelos argutos comentários e pelas questões desafiadoras que me colocaram numa "saia-justa". A questão do abandono dos filhos é sempre colocada. Para isso, é preciso analisar três perspectivas: o contexto histórico, a motivação pessoal e a relevância que pode ter. Analisando o contexto, é preciso considerar que a polêmica em torno da roda dos expostos não foi inaugurada por Rousseau, pois era um tema recorrente. Essa instituição de caridade, administrada pela Igreja, servia para evitar o abandono de crianças nas ruas e o aborto, os quais eram comuns. Rousseau comenta nas *Confissões* que em uma ocasião, na casa da Senhora de La Selle, em Paris, ele descobriu que quem mais contribuísse para o povoamento do orfanato seria o mais aplaudido nas rodas de conversas. A infância como entendemos hoje, com todo o seu valor e especificidade, não existia e isso, bem como o alto índice de abandono, é um fato que pode ser confirmado por historiadores, como Philippe Ariès. A condição de vida das crianças era insalubre e trágica, pois muitas viviam nas ruas. Em Paris, só para citar um exemplo, em 1746, ano que Rousseau teve seu primeiro filho, havia mais de 2.300 crianças abandonadas, tendo sido recolhidas apenas um pouco mais de 900 delas.

No convívio com uma sociedade na qual pessoas de bem, amáveis e direitas se gabavam por povoar a roda dos expostos, Rousseau comenta nas *Confissões* que isso o convenceu e, já que era costume da terra, procurou assim se adaptar a ela. Ele diz ainda que gostaria de te sido sustentado como os filhos o foram, indicando que a instituição cuidava bem, ou que a adoção tinha sido bem encaminhada. Existe ainda a questão da possível infertilidade, como você apontou e é comentada por seus biógrafos. O que possibilita a leitura de que os filhos talvez não fossem dele, ou que pudessem ser considerados bastardos, uma vez que sua companheira era concubina e não esposa – o que veio ser depois. Para além de seu problema urinário, que pode ter provocado a infertilidade, Thérèse Levasseur não era fiel. O inglês James Boswell, por exemplo, um admirador de Rousseau, relata o caso que teve com ela. Tudo isso acontecia com nobres e não há a mesma cobrança.

O que nos leva à questão da relevância. De fato, é preciso cobrar de Rousseau seus deslizes, uma vez que foi um filósofo moral, além de ter propagado que seu lema de vida era a frase *Vitam impendere vero*, ou seja, *viver pela verdade*. Mas penso que às vezes a cobrança é somente sobre ele, deixando e lado outros filósofos que agiram de forma igual ou pior. Karl Marx, tido como o grande teórico da justiça social, não reconheceu o filho que teve com a empregada e nem aceitava que ela e o filho comessem à mesa com ele. Isso pode até desmerecer a pessoa, mas não diminui o valor da obra. Nem, tampouco, o fato de ele não ter sido um preceptor de grande carreira ou sucesso. Rousseau teve experiências pedagógicas, como professor de música, mas sem dúvida que a mais importância foi essa como preceptor dos filhos do Sr. de Mably, a partir da qual escreveu suas primeiras reflexões sobre educação. Não dei destaque aqui por se tratar de tema que será abordado na última conferência, bem como numa futura obra, que deverá abordar comparativamente o *Emílio* e o *Projeto para a educação do senhor de Sainte-Marie*.

Se nessa obra Rousseau defende o uso da razão com as crianças, alinhado à perspectiva iluminista, no *Emílio* defende a sensibilidade. Essa é uma bipolaridade que se desdobra em outros polos, como a natureza e a sociedade, o homem natural e o homem civil. Um pensamento bipolar que permitiu que ele contribuísse com a *Enciclopédia*, ao mesmo tempo que podia discordar de algumas das ideias dos enciclopedistas. Por isso que o chamo de o "patinho feio" dos *philosophes*, porque era de fato diferente. Algo que os revolucionários não entenderam e lançaram mão, como o fez Robespierre, de conceitos rousseaunianos para justificar a tirania. E, de volta ao tema da razão, em Rousseau o que há é o desenvolvimento da razão sensitiva, pois é a razão que prevalece, mas "molhada" pelo sensível, isto é, desenvolvida pela sensibilidade.

Diferente da leitura romantizada de seu pensamento no século XIX, hoje temos uma leitura mais ponderada, crítica e menos ficcional, embora as *Confissões* continuem sendo uma grande referência. Penso que em suas *Confissões*, obra que inaugura a autobiografia moderna, quis imitar Santo Agostinho, registrando os fatos verdadeiros, bons ou ruins, que tenham atingido sua alma. E mesmo que a memória lhe tenha falhado e tenha exagerado ou fantasiado alguns fatos, como o casamento dos pais, a perseguição contra ele etc., essa obra é fundamental. Não somos tão somente nós os reféns ou vítimas dessas narrativas, mas seu próprio autor, pois, como diz Georges May, no livro *Rousseau par lui-même*, Rousseau acabou vítima de sua própria ficção. Mas também vale dizer que biógrafos Trousson, Cranston e Damrosch têm confirmado grande parte desse relato ao trazer os livros e as cartas de outros, além de fontes variadas. Acho que Rousseau não queria ser mal interpretado no futuro e por isso antecipou nas *Confissões* algumas coisas que nos ajudam a elucidar seus paradoxos.

Segunda conferência
SOB O CARVALHO
Visões da natureza e do homem natural

Desde a Grécia Antiga, ou antes dela, a ideia de *natureza* tem sido ricamente explorada pela produção literária e filosófica. Os sentidos obviamente variam muito e vão desde a perspectiva pagã de uma ordem cosmogônica, criadora e espontânea, a qual encontramos nos poemas homéricos e no conceito de φύσις dos pré-socráticos[1], até o conceito de princípio e movimento interior que conserva no ser humano a obra de Deus, presente no pensamento de Agostinho de Hipona[2], de Tomás

---

1. O termo φύσις (*physis*) aparece nos escritos homéricos apenas uma vez (Cf. Murachco, Henrique Graciano, O conceito de physis em Homero, Heródoto e nos pré-socráticos, *Revista Hypnos*, n. 2 (1997)), cujo significado é basicamente o mesmo dos pré-socráticos, com a diferença do componente mítico de Homero. *Physis* vem da raiz *phy*, que significa surgir, brotar. O termo usado em latim é *natura*, mais amplo e engloba o sentido ecológico de *natureza* como o conjunto dos fenômenos físicos e biológicos e da exuberância do mundo em seu estado original – para a qual os gregos usaram κόσμος (*kósmos*).

2. Aurelius Augustinus (354-430) foi bispo católico de Hipona, no Norte da África, de 396 a 430. Desiludido com o maniqueísmo que se alastrava, Agostinho desenvolve, sob influência do dualismo platônico, o

de Aquino³ e da grande maioria dos teólogos cristãos, tanto do catolicismo quanto do protestantismo. Enfim, o termo se torna polissêmico e se desenvolve de forma controversa e variada ao longo dos séculos, de modo que o *Dictionnaire* da Academia Francesa apresenta, no século XVII, sete⁴ definições para a palavra *natureza*. No século XVIII, o assunto se torna um dos principais objetos de discussão entre os intelectuais, embora reduzido à estrutura do visível, como diz François Jacob, em *La logique du vivant* (1970). De qualquer forma, esse diálogo não poderia, evidentemente, ter escapado à atenção de Jean-Jacques Rousseau. Porém, embora a palavra atravesse toda a sua obra, constituindo-se como uma de suas mais importantes categorias de análise, é talvez a menos definida e a que, segundo Burgelin (1965), mais o tenha assombrado.

Embora as definições apresentadas pelo *Dictionnaire* tragam um pouco das visões históricas sobre a natureza, como a do materialismo epicurista e a do naturalismo panteísta, tais perspectivas foram, no contexto europeu, eclipsadas pela in-

---

conceito de *natura creata* do qual se depreendem os sentidos de *natura naturans* (o mundo do Criador) e a *natura naturata* (o mundo criado), usados na Idade Média e bem desenvolvidos depois por Espinosa (1632-1677).

3. Tomás de Aquino (1225-1274), frade católico dominicano, doutor da Igreja e professor da Universidade de Paris, para quem *natura* se remete à *physis*, no sentido de criação, mas não no sentido da *arché*, dos pré-socráticos. Além de origem, *natura* é princípio interno de movimento e essência, como fim. No caso do homem, que tem um apetite natural, sensitivo, rebela-se contra o apetite racional, a razão, se não tem a graça.

4. Cf. EHRARD, Jean, *L'idée de nature en France dans la première moitié du XVIIIe siècle*, Paris, Albin Michel, 1994, 16 (Tradução livre): 1º O conjunto do universo, todas as coisas criadas; 2º Aquele espírito universal que se reflete em cada coisa criada e pela qual todas as coisas têm seu início, seu meio e seu fim; 3º O princípio interno das operações de cada ser; 4º O movimento pelo qual cada homem é levado em direção às coisas que podem contribuir para sua conservação; 5º As feições e o temperamento; 6º Uma certa disposição da alma; 7º O estado de natureza do homem, em oposição à graça.

terpretação existencialista do cristianismo, a qual a remete à ideia do princípio do ser, do ato primeiro e da disposição interna como resultado da ação de um Criador, portanto, do estado de graça. Entretanto, na evolução da interpretação eclesiástica, o termo *natura* foi aos poucos se distinguindo do conceito de *gratia*[5] e acabou desenvolvendo um sentido negativo, no qual o estado natural do homem sem a graça passa a ser visto como pecaminoso. Essa imagem é fiel à hermenêutica bíblica do Gênesis, cujo homem do paraíso, Adão, gozava de imortalidade, porém o pecado fez com que sua natureza se tornasse animal, corruptível e mortal. Sem a graça, esse homem é, como bem define Pascal (1967)[6] um "monstro" e um "verme da terra". A linguagem de Pascal é, evidentemente, metafórica; mas a figura da monstruosidade resulta de um campo semântico muito amplo, no qual estão inseridos tanto os aspectos morais quanto os biológicos.

A primeira perspectiva, a que abarca preceitos morais, é bastante antiga, pois a transfiguração do homem como um animal selvagem e bruto pela ausência da cultura está retratada tanto na literatura quanto na filosofia gregas. Na *Odisseia*, por exemplo, os ciclopes possuíam os mesmos elementos de selvageria atribuídos aos "bárbaros"; na *Política*, Aristóteles deixa claro que a humanidade não se realiza fora da *polis*; e na fábula *O camponês e a serpente*, de Esopo, o personagem, após ter salvado uma cobra e em seguida ter sido picado mortalmente por ela, chega à seguinte conclusão: "Aprendi com o meu trágico destino que nunca deveria apiedar-me de alguém que *por*

---

5. Que tem início nos escritos de Agostinho, principalmente no *De natura et gratia liber unus*. Agostinho define bem a diferença entre *natura creata* e *summa essentia*, sendo sua definição de natureza rica e complexa. Aos interessados sugiro a seguinte leitura: RÊGO, Marlesson Castelo Branco do, *O conceito de natureza em Santo Agostinho*, Tese de Doutorado em Ciências Humanas, Florianópolis, UFSC, 2015.

6. Blaise Pascal (1623-1662), filósofo e matemático francês, inventou a primeira máquina de calcular.

natureza já nasceu mau..." (grifo meu). Portanto, a ideia de maldade original já está presente na Grécia Antiga e se repete ao longo dos séculos, como por exemplo na obra do dramaturgo romano Plauto[7], do segundo século antes de Cristo, em cujo texto vamos encontrar a famosa frase *Lupus est homo homini lupus*: o homem é o lobo do próprio homem. A frase, utilizada e divulgada por Thomas Hobbes[8] no século XVII, reforçará entre teólogos e filósofos a ideia de que o homem é vilão de si mesmo sem a graça divina ou sem o incremento da lei e da ordem social.

A segunda perspectiva, isto é, a biológica, advém de duas fontes: de um lado, as imagens apresentadas por anatomistas e cirurgiões que descreviam as doenças congênitas numa etiologia fantástica. Exemplo disso é o cirurgião francês Ambroise Paré[9], em sua famosa obra *Des monstres et prodiges*, que apresenta ilustrações realmente prodigiosas, como sereias,

---

7. Tito Mácio Plauto (254-184 a.C.), que na peça *Asinaria* apresenta a frase *homo homini lupus*, reproduzida pelo filósofo inglês Thomas Hobbes (1588-1679), na obra *Do Cidadão* e no *Leviatã*.

8. "Não iremos, sobretudo, concluir com Hobbes que, por não ter nenhuma ideia de bondade, seja o homem naturalmente mau" (ROUSSEAU, Jean-Jacques, *Discurso sobre a origem e os fundamentos da desigualdade entre os homens*, São Paulo, Nova Cultural, 1999b, 75). No entanto, Hobbes não diz que o homem é naturalmente mau, mas antes procura ter um posicionamento imparcial diante do problema, com diz na *Epístola dedicatória* da obra *Do cidadão*: "Para ser imparcial, ambos os ditos são certos – que o homem é um deus para o homem, e que o homem é lobo do homem" (HOBBES, Thomas, *Do cidadão*, São Paulo, Martins Fontes, ³2002, 3). Na perspectiva do filósofo inglês, se todos são iguais por natureza e possuem todos os mesmos direitos, o conflito de interesses – fora da sociedade civil e sem a força de um pacto – leva os homens a um constante estado de guerra (HOBBES, *Do cidadão*, 33).

9. Cirurgião-barbeiro francês, cujo biografia obscura data seu nascimento entre 1509 e 1518 e falecido em 1590. Além dele, outros publicam obras semelhantes, como: *Histoires prodigieuses* (1560), de Pierre Boaistuau; *De monstrorum natura, causis et differentiis libri duo* (1616), de Fortunio Liceti;

unicórnios, homens sem cabeça e até um potro com cabeça humana. O que corroborava, por outro lado, com os relatos dos viajantes, que disputavam entre si quem conseguia produzir a figura mais monstruosa dos seres que habitavam os mares e as terras distantes, ou quem chocasse seus leitores com o hábito mais exótico que pudessem relatar. Mas essa história não nos é estranha, pois a carta de Cristóvão Colombo, de 1492, acerca da descoberta do Novo Mundo, relatava o estranho hábito de canibalismo dos indígenas – prática que foi confirmada por outros escritos, como a detalhada história de Hans Staden[10], o alemão que caiu prisioneiro dos tupiniquins em terras brasileiras[11]. Enfim, se tomarmos os relatos dos navegantes portugueses, que eram os que mais viajavam, encontraremos em suas cartas de viagem homens com cabeça de cão e enormes cobras que lançavam fogo pela boca[12] como se fossem a mais pura verdade. Ou seja, era muito tênue a separação entre o factual e o ficcional em muitas das produções literárias e científicas desse período. Como diz Foucault (2000), a história natural nessa época estava no mesmo jogo que a linguagem[13] e, por isso, essas peças de ficção gozavam de tamanha credibilidade.

Monstrorum historia cum Paralipomenis historiae omnium animalium (1658), de Ulisses Aldrovandi, entre outros.

10. Hans Staden de Homberg (1525-1576), aventureiro mercenário alemão que veio ao Brasil por duas vezes, em 1549.

11. Na *Enciclopédia*, para descrever o verbete *Caraibes ou Cannibales*, Diderot se baseia nos *Ensaios*, de Montaigne, o qual considerava não os habitantes das Antilhas, como menciona Diderot, mas da França Antártica, isto é, do Brasil.

12. Relatos de Diogo Gomes (1402-1420? - 1502), Duarte Pacheco Pereira (1460-1533), citados em Fonseca, Luiz Adão da, O imaginário dos navegantes portugueses nos séculos XV e XVI, *Revista de Estudos Avançados*, v. 6, n. 16 (1992) 35-51.

13. "É por isso, sem dúvida, que a história natural, na época clássica, não se pode constituir como biologia. Com efeito, até o fim do sé-

Enfim, o que se desenvolveu no contexto europeu foi um conjunto de tradições descritivas das anormalidades biológicas como resultado de causas naturais ou sobrenaturais. Em todos os casos, o selvagem é animalesco e monstruoso[14], e todo tipo de monstruosidade resulta ou do capricho da natureza ou do castigo divino sobre as transgressões morais. Tema que foi explorado por alguns autores em descrições que lembram os quadros macabros de Bosch ou de Brueghel[15], ou ainda o relato de Foucault (1972) na *História da Loucura* sobre a *Stultifera Navis* (Nau dos loucos)[16], que tinha o mesmo objetivo dos leprosários, isto é, o de afastar os monstros, tirá-los da visibilidade, pois a população acreditava que certamente os loucos tinham sido visitados pela ira de Deus.

Entretanto, uma outra perspectiva também se desenvolveu ao longo dos três primeiros séculos da Modernidade: a ideia do "bom selvagem". Embora pareça ser criação de Rousseau, essa expressão vem do século anterior[17] e ele nunca a utilizou. Como uma espécie de nostalgia da natureza perdida, os cronistas passaram a reproduzir em seus escritos a utopia do paraíso terrestre e do homem natural. A Europa foi igualmente invadida por relatos de viajantes, cartas e livros que

---

culo XVIII, a vida não existe. Apenas existem seres vivos" (FOUCAULT, Michel, *As palavras e as coisas, Uma arqueologia das ciências humanas*, São Paulo, Martins Fontes, 2000, 222).

14. Basta mencionar que somente em 1537 aparece a bula papal *Sublimis Deus*, de Paulo III, considerando os indígenas como homens e não como animais.

15. Hieronymus Bosch, pseudônimo de Jeroen van Aken (1450-1516), pintor brabantino. Pieter Bruegel (1525/1530-1569), pintor renascentista holandês. Ambos pintavam de forma caricatural cenas de pecado, tentação e monstruosidades.

16. A *Stultifera navis* era um barco usado durante a Idade Média que deslizava os rios da Alemanha conduzindo uma carga de loucos.

17. Segundo Atkinson (*Les relations de voyages du XVIIe Siècle et l'évolution des idées*, Paris, Libraire Ancienne Édouard Champion, 1924).

procuravam descrever o nativo das Américas de tal modo que, aos poucos, a imagem do selvagem cruel e violento foi sendo substituída por uma figura mais dócil, inocente e cheia de bondade. A *História da missão dos padres capuchinhos na Ilha do Maranhão e terras circunvizinhas*, de Claude d'Abbeville, editado em 1614; e a *Voyage dans le nord du Brésil*, de Yves d'Evreux[18], editado de forma fragmentada somente em 1864 relatando a viagem que fizeram ao Brasil em 1612, são alguns exemplos das primeiras tentativas de descrever os indígenas em sua forma natural, seu modo de vida e até suas regras de higiene. E, como observa Franco (1937), é interessante que as antigas lendas de selvagens, antes fixadas na Índia, vão aos poucos sendo transportadas para América, mais precisamente para o Brasil[19]. Obviamente que isso foi um processo longo, mas mais longo ainda foi o processo de transição das descrições míticas para as descrições etnográficas. Até o século XVII ainda era possível encontrar publicações que falavam de gigantes, anões e sereias, como a *Chronica da Companhia de Jesu*, do jesuíta Simão de Vasconcellos, a qual menciona uma nação de anões por nome de Goayazis[20]. Entretanto, diferente

---

18. Claude d'Abbeville (s/d-1632) e Yves d'Évreux (1577-1632) eram religiosos e entomólogos franceses que participaram de uma expedição em 1612 ao Brasil, organizada pelo governo da França.

19. Não apenas da Índia, mas de outras terras. Fénelon, por exemplo, no romance *As aventuras de Telêmaco*, louva as belas terras do Egito e a harmonia da vida de seus habitantes. O autor diz: "sempre se aprende algo útil ao tomar conhecimento dos costumes e dos preceitos de povos longínquos" (Fénelon, François de Salignac de La Mothe, *As aventuras de Telêmaco, filho de Ulisses*, São Paulo, Madras, 2006, 21). E, como diz Franco (*O índio brasileiro e a Revolução Francesa*, 241), "esse modelo, que os filósofos vêm buscar na América e, principalmente, no Brasil, é o que vai servir de base à teoria da bondade natural dos homens".

20. Simão de Vasconcellos (1597-1671), clérigo jesuíta português, educador, chegou a ser reitor dos colégios da Bahia e do Rio de Janeiro. Citado por Franco (*O índio brasileiro e a Revolução Francesa*, 13).

das anteriores, esses relatos mais reais passaram a descrever o selvagem como um ser dócil, inocente e feliz. Assim descrito, esse ser humano galardoado pela bondade natural e vivendo em um paraíso terrestre era, portanto, mais perfeito que o deformado pela civilização (FRANCO, 1937).

Esta longa e talvez exaustiva divagação têm o propósito de levantar o pano de fundo que influenciou Rousseau e outros filósofos europeus, os quais projetaram em suas utopias os comportamentos e as condições ideais de uma boa sociedade. Por exemplo, a descrição de uma vida simples, como a dos selvagens americanos, sobretudo os das ilhas do sul, em seus costumes ditos "naturais", como o de deixar as crianças livres, sem faixas, ou o de banhá-las nas fontes frias e de amamentá-las, já estava presente na *Utopia*, de Thomas Morus[21]. Inclusive, o filósofo inglês se vale dessas cartas e desses relatos para elogiar alguns comportamentos tidos como exóticos a fim de criticar os costumes europeus de sua época. O que é feito também por Rousseau, que louva os selvagens por serem contrários ao excesso do uso de faixas nas crianças, algo comum na França e em toda a Europa. Ele denuncia esse costume europeu escrevendo no *Emílio* um libelo à liberdade: "mal a criança sai do seio da mãe, mal goza a liberdade de se mexer e distender seus membros, já lhe dão novas cadeias. Enrolam-na em faixas, deitam-na em faixas (...), envolvem-na em toda espécie de panos e tiras que não lhe permitem mudar de posição" (1973, 17). E sentencia, na página seguinte: "os países onde enfaixam as crianças são os que mais exibem corcundas, mancos, cambaios, raquíticos, aleijados de todo o tipo" (1973, 18). Além dessa clara apologia à liberdade, vários são os trechos nos quais o autor faz

---

21. Thomas Morus (1478-1535), filósofo e diplomata inglês, autor da célebre obra *Utopia*.

também uma apologia ao gosto simples e à forma de vida selvagem. O que vai substancialmente constituir os principais elementos da visão que Rousseau tem da natureza e do homem natural.

No entanto, mesmo tendo toda essa produção literária como pano de fundo, Rousseau tenta refletir sobre um estágio anterior ao dos selvagens da América. Embora os caraíbas sejam, como diz ele (1999b), o povo que menos tenha se distanciado do estado de natureza, sua vida gregária já é diferente da cena do paraíso descrita por ele no *Segundo discurso*:

> Concluamos que, errando pelas florestas, sem indústrias, sem palavra, sem domicílio, sem guerra e sem ligação, sem nenhuma necessidade de seus semelhantes, bem como sem nenhum desejo de prejudicá-los, talvez sem sequer reconhecer alguns deles individualmente, o homem selvagem, sujeito a poucas paixões e bastando-se a si mesmo, não possuía senão os sentimentos e as luzes próprias desse estado (1999b, 81).

Conhecedor da obra de Morus e de outros escritos dessa natureza[22], Rousseau transporta para outros livros muitos elementos dessa perspectiva paradisíaca, como faz no poético romance *Júlia ou a Nova Heloísa*[23]. Colocados num ambiente rural – o mais próximo possível da natureza – os personagens dessa novela se deleitam com a paisagem campestre, com a vida simples de uma pequena comunidade e com o distanciamento da intensa vida citadina. Como um "espelho da socie-

---

22. Ao escrever ao seu editor Duchesne, em Motiers, ele diz: "Se tiverdes sob a mão a *Utopia* de Thomas Morus e a *História dos Sevarambios*, peço-vos para incluí-las" (*Correspondance Générale*, vol. 12, 164).

23. Iniciado aproximadamente em 1756, o romance epistolar foi publicado pela primeira vez em 1761 e até 1800 teve em torno de cem edições, ou seja, em termos atuais, um *best-seller*.

dade da época"²⁴, apresenta não apenas a estrutura social e os costumes da vida cotidiana, como também os dilemas vividos por essa sociedade cuja comunidade de Clarens, uma versão da utopia, é um microcosmo onde as virtudes humanas são possíveis de serem colocadas em prática.

Em obras anteriores, como o *Ensaio sobre a origem das línguas* e nos dois "discursos": o *Discurso sobre as ciências e as artes*, pelo qual ganhou o prêmio da Academia de Dijon; e o *Discurso sobre a origem e os fundamentos da desigualdade entre os homens*, o autor vai em busca de um estado, digamos, mais utópico ainda. Mas ele não se importa, pois isso faz parte de seu método: "Comecemos, pois, por afastar todos os fatos, pois eles não se prendem à questão. Não se deve considerar as pesquisas, em que se pode entrar neste assunto, como verdades históricas, mas somente como raciocínios hipotéticos e condicionais" (1999b, 52). De modo geral, o que resulta desse exercício hipotético é o estado primitivo, em sua total constituição original e o homem do estado de natureza, antes do desenvolvimento dos grupos sociais, da ciência, das artes e até mesmo da linguagem e do raciocínio²⁵, isto é, da cultura. Embora Lévi-Strauss (1972) considere o *Segundo discurso* um relato antropológico da passagem da natureza à cultura, do sentimento ao conhecimento e da animalidade à humanidade (1972, 13), a descrição do estado puro de natureza, ou seja, em sua disposição inicial, transcende a realidade dos fatos e não coincide com a situação dos selvagens conhecidos e divulgados pelos viajantes. Procura-se definir esse homem natural, segundo Pissarra (1996, 17), como um homem "livre

---

24. Segundo Fulvia M. L. Moretto, na introdução de *Júlia ou a nova Heloísa* (ROUSSEAU, Jean-Jacques, *Júlia ou a Nova Heloísa*, São Paulo, Hucitec, ²2006).

25. "Não se começou raciocinando, mas sentindo" (ROUSSEAU, *Ensaio sobre a origem das línguas*, São Paulo, Nova Cultural, 1999a, 265).

dos limites geográficos, sem nacionalidade, universal: 'o bom selvagem' de que Rousseau falará nos seus textos, e que tem seu correspondente no homem ideal e sem nacionalidade que Condillac descrevia, isto é, o homem da natureza".

Antes de aprofundar esse tema, vale ressaltar que toda e a construção rousseauniana acerca da natureza e do homem natural gerou uma circularidade nas influências, tendo Rousseau como pivô desse movimento. Pois a visão romântica que se desenvolveu do século XVII ao XIX na Europa foi subsidiada pelos escritos dos viajantes que passaram pelas terras americanas[26] e, ao mesmo tempo, alimentaram os poetas românticos americanos do século XIX e XX. A produção literária de Thoreau, Emerson e de Melville[27], dos Estados Unidos, por exemplo, foram fortemente influenciados pelo sentimentalismo de Goethe[28] e de Lord Byron[29], cujas raízes estão nas obras rousseaunianas. Igualmente, no Brasil, é fácil encontrar fortes traços dessa estética romântica no poema *Lira dos*

---

26. Embora não possamos esquecer que essa literatura se vale de escritos mais antigos, chegando até a Grécia antiga, com a paisagem campestre da Arcádia, do Peloponeso, reforçando um lirismo bucólico que é possível encontrar em diversos autores ao longo dos séculos. No *Decamerão*, por exemplo, Boccaccio coloca na boca de uma das jovens que fogem da peste as seguintes palavras: "Podemo-nos ir embora e passar algum tempo bem e honrosamente nas casas de campo que todas nós possuímos". E completa da seguinte forma: "Lá, ouvem-se cantar os pássaros, veem-se planícies e colinas cobrirem-se de verdura".

27. Henry David Thoreau (1817-1862), escreveu a obra *Walden ou a vida nos bosques* relatando sua experiência afastado do convívio humano; Ralph Waldo Emerson (1803-1882); Herman Melville (1819-1891).

28. Johann Wolfgang von Goethe (1749-1832), escritor e uma das maiores figuras da literatura alemã.

29. George Gordon Byron (1788-1824), poeta inglês e um dos nomes mais influentes do romantismo. Em uma análise comparativa entre o terceiro canto do poema *Childe Harold's Pilgrimage* e a *Nova Heloísa*, é possível verificar que ambos tinham a mesma concepção de natureza.

vinte anos, de Álvares de Azevedo[30]. Para exemplificar, ele diz na décima terceira estrofe da *Cantiga do sertanejo*:

> E da noitinha as aragens
> Bebem nas flores selvagens
> Efluviosa fresquidão!
> Os olhos têm mais ternura
> E os ais da formosura
> Se embebem no coração!

Além dele, outros autores podem ser citados, como Santa Rita Durão, Basílio da Gama, Tomás Antônio Gonzaga, Joaquim Manuel de Macedo, Gonçalves Dias e José de Alencar[31], nos quais são fortes os mesmos traços de lirismo que remetem diretamente à *Nova Heloísa*, assim como a outras obras nas quais Rousseau desenvolveu tais ideias, como o ideal da simplicidade, do refúgio no campo e do máximo de proximidade com a natureza.

Ainda na produção brasileira, outro exemplo está no poema *Caramuru*, um épico à moda de Camões[32], em que o frei José de Santa Rita Durão louva a terra descoberta, suas condi-

---

30. Manuel Antônio Álvares de Azevedo (1831-1852), escritor ultrarromântico brasileiro.

31. Frei José de Santa Rita Durão (1722-1784), religioso agostiniano luso-brasileiro, autor do poema épico *Caramuru*; José Basílio da Gama (1741-1795), poeta luso-brasileiro, autor do poema *O Uraguai*; Tomás Antônio Gonzaga (1744-1810), poeta árcade brasileiro, autor de *Marília de Dirceu*; Joaquim Manuel de Macedo (1820-1882), médico e escritor brasileiro, autor do romance *A moreninha*; Antônio Gonçalves Dias (1823-1864), poeta brasileiro da corrente indianista, autor dos poemas *I-Juca-Pirama* e *Canção do exílio*; José Martiniano de Alencar (1829-1877), também da corrente indianista, foi o autor de *O guarani*.

32. Escrito em 1781, o poema narra a vida de Diogo Álvares Correia (1475?-1557), o Caramuru, que viveu entre os Tupinambás. Dada sua importância na construção da identidade brasileira, Torres (Diogo Alvares

ções primitivas e narra o relacionamento da índia Paraguaçu[33] com um náufrago português. Ele comenta sobre suas peripécias e fala de sua beleza, dizendo (Canto segundo, LXXVIII):

> Paraguaçu gentil (tal nome teve),
> Bem diversa de gente tão nojosa;
> De cor tão alva como a branca neve;
> E donde não é neve, era de rosa:
> O nariz natural, boca mui breve,
> Olhos de bela luz, testa espaçosa;
> De algodão tudo o mais, com manto espesso,
> Quanto honesta encobriu, fez ver-lhe o preço.

São alguns exemplos da lavra romântica brasileira que, no entanto, como ressalta Candido (2004)[34], ficou mais na expressão do nacionalismo e pouco explorou a ideia de natureza.

É improvável que Santa Rita Durão ignorasse a obra do maior escritor europeu de sua época e é mais improvável ainda que todos esses românticos não tenham bebido na fonte de Rousseau, principalmente em sua visão da natureza e do homem natural. Embora, volto a salientar, o homem natural rousseauniano não seja sinônimo do bom selvagem concebido pelos escritores antes ou depois dele, mesmo que ele tenha mencionado os caraíbas e o solitário Robinson Crusoé, da obra de Defoe[35]. O próprio Rousseau fez questão

---

Caramuru e os primórdios da evangelização no Brasil. *Revista Theologica*, 2ª série, n. 45, v. 2 (2010)) considera esse poema como *Os Lusíadas* do Brasil.

33. Nativa convertida e batizada como Catarina Álvares Paraguaçu (1495-1583), de etnia Tupinambá, foi oferecida por seu pai, o cacique Taparica, a Diogo Álvares.

34. Cf. CANDIDO, Antonio, *O romantismo no Brasil*, São Paulo, Humanitas/FFLCH, 2004.

35. Daniel Defoe (1660-1731), escritor e jornalista inglês, autor do livro *Robinson Crusoé*. No *Emílio*, Rousseau afirma que é o único livro que

de ressaltar essa diferença em vários de seus escritos, sendo um exemplo, no qual ele deixa isso claro, o *Dictionnaire de musique*, no verbete *canto*, de sua autoria, quando diz assim: "O canto não parece natural ao homem. Embora os selvagens da América cantem, por que falam, o verdadeiro selvagem não cantou nunca".

Também, mesmo que os selvagens descritos por muitos estivessem bem próximos do estado original, no *Segundo discurso* Rousseau comenta que eles "viviam *quase* nus" e "*armados* unicamente de flecha e arco" (1999b, 60. Grifo meu). O advérbio "quase", que aparece em outros trechos do mesmo *Discurso*, bem como o adjetivo "armados" indicam a presença do artifício (indumentária, arco e flecha, agregação tribal, cabanas etc.), que não existe no homem natural do estado de natureza primitivo de Rousseau, para quem as condições eram isentas de traços culturais e, de um certo ponto de vista, harmoniosas e perfeitas. Ele mesmo diz, no *Ensaio sobre a origem das línguas* (1999a, 294) que "as condições eram tão boas que a Providência teve que forçar os humanos a se ajuntarem". E esse é um ponto *sui generis* de Rousseau, ao qual nem os mais extremados poetas árcades ou os ultrarromânticos byronianos chegaram.

Talvez a tese que mais tenha se aproximado da perspectiva rousseauniana seja a da obra *Os costumes dos selvagens americanos comparados aos costumes dos tempos primitivos*, do padre Lafitau[36], publicada em 1724, quando Rousseau ainda ti-

---

Emílio lerá. Essa recusa dos livros está presente também na obra *Os sofrimentos do jovem Werther*, de Goethe (São Paulo, Abril, 2010, 16), nela, o personagem comenta em uma de suas primeiras cartas ao amigo da seguinte forma: "Pergunta-me se deve me enviar livros?... Em nome do céu, amigo, mantenha-os longe de mim!".

36. Joseph-François Lafitau (1681-1746), padre jesuíta francês, etnólogo e naturalista que trabalhou no Canadá. Título original: *Moeurs de Sauvages Amériquains comparés aux Moeurs des Anciens Temps*.

nha apenas 12 anos. Mesmo assim, por mais natural que seja o estereótipo dos tupis, iroqueses, caraíbas e de qualquer aborígine de outras tribos do Novo Mundo, referidas por Lafitau ou por outros viajantes, literatos e filósofos, não há coincidência com o homem natural dos escritos rousseaunianos. Seu selvagem habita uma natureza virgem, que o machado jamais a tenha mutilado e onde, como ele diz, "a terra esteja abandonada à fertilidade natural e coberta por florestas imensas" (1999b, 58). O que é, certamente, uma visão radical que pavimenta a tese cética de Rousseau de que o homem não é naturalmente um ser social; bem como reforça sua premissa crucial sobre a bondade da natureza humana: "Ora, nada é mais meigo do que o homem em seu estado primitivo, quando, colocado pela natureza a igual distância da estupidez dos brutos e das luzes funestas do homem civil" (1999b, 93). Mas é na *Carta a Christophe de Beaumont*[37], inserida nas *Oeuvres Complètes* (t. IV, 935), ele é mais taxativo: "O princípio fundamental de toda moral", diz ele, "é que o homem é um ser naturalmente bom". E acrescenta: "não há nenhuma perversidade originária em seu coração". Evidentemente, a referência é ao homem natural e não ao civilizado, o qual, como aparece no *Segundo discurso*, não é diferente do espécime hobbesiano[38].

Mas o que é a bondade natural? Rousseau não dá uma definição precisa e em diversas partes de sua obra emprega o termo de forma obscura e ambígua. Porém, ao citar Sêneca, na abertura do *Emílio*[39], deixa clara a influência dos estoi-

---

37. Christophe de Beaumont du Repaire(1703-1781) foi um clérigo francês que se tornou bispo de Bayonne, arcebispo de Vienne e depois arcebispo de Paris.

38. Melzer (1998, 36. Tradução livre) diz: "Longe de afirmar a bondade do homem civilizado, o princípio de Rousseau é, então, uma nova e incisiva forma de explicar sua extraordinária maldade".

39. Lucius Annaeus Seneca (4 a.C. - 65 d.C.), filósofo romano. Na epígrafe do *Emílio*, Rousseau coloca a seguinte citação de Sêneca: "Sofre-

cos, como a recusa do dualismo psicológico, a defesa de uma alma unificada e a doutrina da ordem natural. A partir daí é possível afirmar que se trata de uma qualidade humana que, sendo inata, manifesta-se na constituição da pessoa garantindo sua própria preservação (amor de si mesmo), um sentimento interior de autossuficiência e até uma certa afeição ao outro (piedade). E mesmo evoluindo em alguma habilidade (perfectibilidade), sua alma não possui nenhuma propensão à violência, ao orgulho, à inveja e às demais manifestações da corrupção humana. É, portanto, como diz Audi (2008, 55), "uma determinação ontológica", pois dá qualidade ao ser e determina sua essência universal. É ainda, segundo o mesmo autor (2008, 56), "a substância da própria realidade". A partir daí podemos entender que há os "naturalmente bons", que é o caso dos primitivos do estado de natureza; e os "essencialmente bons", que é o caso do homem natural da *Idade do Ouro*[40], bem como os congêneres americanos e até do homem natural que porventura possa viver em sociedade, como é o caso do Emílio. E há, ainda, o "potencialmente" bom, que é homem civilizado e corrompido, cujas qualidades naturais sobrepujadas pelo amor próprio permanecem, entretanto em sua alma, mesmo de forma velada e latente[41]. Tal é,

---

mos de uma doença curável, e, nascidos para o bem, somos ajudados pela natureza em nos querendo corrigir".

40. A ideia da *Idade do Ouro*, *Idade de ouro*, ou *Era dourada*, é antiga e vem da mitologia grega, sendo utilizada por Empédocles (495-430 a.C.), como um estado ideal do início da humanidade, no qual reinava a paz, a harmonia e a prosperidade, mesmo com a existência de famílias, grupos e tribos. Hesíodo, em *Os trabalhos e os dias*, fala de um período em que Cronos reinava e os mortais dourados viviam em paz e harmonia com os deuses. O termo era de uso comum no século XVIII, sendo bastante utilizado no *Discurso sobre a origem e os fundamentos da desigualdade entre os homens*, de Rousseau.

41. Os conceitos de *amor de si* e de *amor-próprio* era uma discussão antiga, mas é Rousseau quem melhor os diferencia, classificando o primeiro

fundamentalmente, o sentido do *Emílio*, pois, como afirma o "Francês", que é o personagem que representa o leitor esclarecido na obra *Rousseau juge de Jean-Jacques*: "esse livro tão lido, pouco entendido e pouco apreciado, não é mais que um tratado da bondade original do homem" (O.C., t. I, 934)[42]. A teoria da bondade natural evidencia a contradição da sociedade e isenta a natureza humana do pressuposto da maldade original. Eis aqui o cerne da filosofia de Rousseau e o pressuposto educativo do *Emílio*[43].

Nesse aspecto, diversos trechos de suas obras repetem as mesmas premissas, e, de forma poética, pintam um quadro harmonioso do estado de natureza no qual aparece essa figura humana dócil, descansando sob a sombra de uma árvore ou refrescando-se no riacho e satisfazendo todas suas necessidades no meio da floresta. E nelas, mesmo valendo-se de descrições e reflexões como os textos escritos por D'Abbeville, por D'Evreux ou por Morus, Rousseau radicaliza a ideia do selvagem ao ponto de colocá-lo fora de todo agrupamento, num estágio pré-social e vivendo em simbiose com a natureza, num

---

como um princípio bom e o segundo como uma tendência negativa. Perspectiva que discordava, por exemplo, da de Voltaire, para quem o amor-próprio era um sentimento natural de todos os homens e que tinha a ver com a vaidade, não trazendo nenhum malefício (Cf. VOLTAIRE, *Oeuvres de Voltaire, Dictionnaire Philosophique I*, t. XXVI, Paris, Didot Frères, 1829).

42. "O *Emílio* é antes, um relato, uma metáfora, uma suposição ou categoria operatória, que, enquanto tal, remeteria às essências. Sendo assim, não teria jamais a pretensão de ser aplicado como método educativo de crianças reais" (BOTO, Carlota, O Emílio como categoria operatória do pensamento rousseauniano, In: MARQUES, José Oscar de Almeida (Org.), *Verdades e mentiras 30 ensaios em torno de Jean-Jacques Rousseau*, Ijuí, Unijuí, 2005, 370).

43. "O que sua doutrina tem de única e decisiva não é outra coisa que o conceito do sentimento de existência e, antes de tudo, sua nova teoria da contradição da sociedade, a qual lhe permite desculpar a natureza humana" (MELZER, 1998, 105. Tradução livre).

estado de inocência. E, como diz Gouhier (1970, 24), "esse estado de inocência nada tem a ver com uma apologia do bom selvagem, os quais vivem numa sociedade histórica determinada". O bom selvagem de Rousseau não mutilou a floresta não porque não tinha machado, mas porque não tinha nenhum tipo de arte, isto é, nenhum tipo de artifício.

Segundo o estudo de Jean Ehrard (1994), desde a antiguidade até os tempos modernos o pensamento ocidental lidou com a ideia de natureza em contraposição à arte. Malgrado os diversos sentidos que a palavra natureza foi ganhando ao longo dos séculos, chegou a possuir, conforme comenta Starobinski (1987), mil facetas e a ser entendido de inúmeras maneiras, dificultando a compreensão de seu sentido. Mas, em termos gerais podemos dizer que natural é tudo aquilo que o artifício humano ainda não alterou, como define Ehrard (1994, 742) sem se distanciar da concepção de Rousseau. E é essa a perspectiva que inspira poetas, artistas e filósofos em diversos tempos, o que possibilitou uma idealização da vida primitiva e das condições naturais. Bastante expressiva no século XVIII, essa apologia à *nature naïve* alimentou um sentimento de recomeço e de imitação da natureza, uma vez que poderia ser contraposto ao quadro de desordem social, bem como o de corrupção e degradação humana. Starobinski (1987, 115) diz: "No século XVIII o homem que quisesse provar que estava certo invocaria a natureza; traria a natureza para seu lado" e a colocaria no centro de sua filosofia. Malgrado as "mil facetas"[44] empregadas, foi o que fez Rousseau em

---

44. Afinal, como diz Ehrard (*L'idée de nature*, 787. Tradução livre), "a ideia de natureza responde a tudo. É o *lócus* geométrico das contradições dessa época, de suas aspirações, de suas crenças, de suas ousadias e de sua timidez". Derathé (*Rousseau e a ciência de seu tempo*, 114. Grifo do autor. Tradução livre), por sua vez, diz que "a palavra natural é ambígua e

suas obras, principalmente nos dois *Discursos*, no *Emílio*, na *Nova Heloísa* e em *Os devaneios de um caminhante solitário*.

Assim, diversos outros autores concordam, como Paul Bénichou o faz em um de seus textos[45], que a ideia de natureza está no centro do pensamento rousseauniano, embora seja o conceito de mais difícil compreensão. Entretanto, de modo geral, quando Rousseau fala de *nature*, dependendo do contexto, pode estar se referindo à φύσις, ou às condições primitivas da humanidade, ou à paisagem, ou à natureza interior, ou mesmo ser sinônimo da Divindade. Ou seja, Rousseau guarda um pouco a compreensão aristotélica da natureza como a ordem das coisas; mas, guarda também a compreensão moderna da natureza como paisagem. Entretanto, quando parte para a natureza humana, a natureza interior, sua abordagem é um tanto quanto peculiar, pois o termo ganha um sentido um pouco metafísico, divinizado, que sugere a ideia de sublime e de absoluto, o que era praticamente estranho aos homens do século XVIII[46], ou seja, a ideia de sublimidade na natureza, num sentido superlativo do belo, evocando, por exemplo, a beleza do universo, da montanha ou de grandes espaços abertos da campanha. Se "a pai-

---

Rousseau não evita essa ambiguidade: nele, o termo natural significa tanto o que é autêntico ou essencial à natureza do homem, como o que é original e primitivo".

45. Cf. BÉNICHOU, P., *Réflexions sur l'idée de nature chez Rousseau*, in: BÉNICHOU, P. et al., *Pensée de Rousseau*, Paris, Seuil, 1984.

46. Segundo Soreil (*Introduction à l'histoire de l'esthétique Française, Contribution à l'étude des theories littéraires et plastiques en France de la Pléiade au XVIIIe siècle*, Ed. rev., Bruxelles, Palais des Académies, 1955, 89), o sublime praticamente não existia antes do século XVIII, no sentido da expressão de uma vivência extraordinária que, através das imagens mais nobres e dos mais altos sentimentos, eleva a alma acima das ideias originais de grandeza buscando atingir o sentimento do que, na natureza, possa encantar e provocar tanto os sentimentos da alma.

sagem bela nos incita ao juízo do gosto", como afirma Scruton (2013, 82), a descrição da paisagem feita por Rousseau cumpre essa função estética e, mais do que isso, leva-nos a apreciar a sublimidade da natureza. Ainda segundo Scruton (2013, 82), "a visão do sublime nos convida a outro tipo de julgamento, no qual medimos a nós mesmos à luz da infinidade assombrosa do mundo e tomamos ciência de nossa finitude e fragilidade". Como pode ser compreendido a partir de *A profissão de fé do vigário saboiano*, contida no *Emílio*, bem como de outras partes, a natureza assume a posição de criadora, possui vontade e prescreve a maneira de viver, comandando os animais e distribuindo dons. Rousseau (1973, 62) diz: "Assim é que a natureza, que tudo faz da melhor maneira, o institui inicialmente". O que acaba sendo, como diz Ortega y Gasset (2002, 40), "o reino do estável, do permanente", possuindo em si o suficiente para ser o elemento fundador do que é e do que deve ser.

A partir dessa perspectiva, afirmo (PAIVA, 2007) que o termo natureza até poderia ser grafado – quando utilizado no sentido acima mencionado – com "n" maiúsculo: *Natureza*[47], pois assume, nesse caso, uma condição sublimada e quase di-

---

47. Os tradutores geralmente grafam "natureza", com "n" minúsculo. Porém, repetidas vezes no original francês a palavra vem grafada com inicial maiúscula. Exemplo: No texto do *Segundo discurso* traduzido por Lourdes de Santos Machado, editado pela Nova Cultura e publicado na coleção *Os Pensadores*, um trecho vem escrito da seguinte forma: "(...) são, todos, indícios funestos de que a maioria de nossos males é obra nossa e que teríamos evitado quase todos se tivéssemos conservado a maneira simples, uniforme e solitária de viver prescrita pela *natureza*" (ROUSSEAU, Jean-Jacques, *Discurso sobre a desigualdade*, 61. Grifo meu). No original, publicado pela Gallimard na Coleção *Oeuvres Complètes*, tomo III, está escrito assim: "Voilà les funestes garands que la pluspart de nos maux sont notre propre ouvrage, et que nous les aurions presque tous évités, en conservant la manière de vivre simple, uniforme, et solitaire qui nous étoit prescrite par la *Nature*" (O.C., t. III, 138. Grifo meu).

vinizada da ordem natural, de onde podemos refletir melhor sobre a natureza humana: Pois, como filhos da Natureza, os homens carregam os traços de sua perfeição, de sua bondade e de sua harmonia. Isto é, a natureza humana se constitui de uma essência subjetiva e absoluta que permanece, mesmo coberta de artifícios (AUDI, 2008). Se, por esses artifícios, os homens se corromperam ao longo da história e a condição humana acabou revelando um estado em que as paixões se inflamaram e o desregramento moral tornou-se a norma, a solução estaria na busca pela Natureza que se manifesta visivelmente na harmonia natural, na simplicidade do camponês (mais próximo das condições naturais) e no coração dos homens, como verdadeiro guia da consciência[48]: "quem a segue obedece à natureza e não receia perder-se" (ROUSSEAU, 1973, 326).

Mas, no geral, essa força primitiva possui um sentido tridimensional: o primeiro sentido traduz a realidade biofísica do cosmo, com seu conjunto de astros, partículas, moléculas, plantas e animais enquanto emanada do Criador. O segundo tem mais a ver com as inquietações dos pré-socráticos quanto às origens e aos elementos originários da existência, bem como carrega forte relação com o animismo estoico de

---

48. "É opinião de Rousseau que a 'voz' da consciência é uma expressão, uma percepção, das exigências dessa própria ordem interior do homem, a qual constitui sua verdadeira necessidade e seu verdadeiro bem, e o orienta para agir bem de acordo com os desígnios providenciais de Deus para todos os seres humanos" (DENT, Nicholas John Henry, *Dicionário Rousseau*, Rio de Janeiro, Jorge Zahar, 1996, 78). Tal opinião nos leva a concordar com Mondolfo (*Rousseau y la conciencia moderna*, Buenos Aires, Universitária de Buenos Aires, 1962, 32) que toda a mística rousseauniana é uma reivindicação da interioridade humana, porque resulta na busca e na compreensão de si mesmo, logo, "quem separa o sentimento místico da natureza do sentimento da interioridade renuncia a compreender Rousseau em seu espírito romanesco" (Tradução livre).

um princípio ativo e imanente na natureza física. E o último sentido, quando combinado com a ideia de liberdade, é ontológico e diz respeito não apenas à interioridade do homem, mas também à sua essência universal. Desde o sentido mais simples, ou seja, o que se relaciona à natureza física com sua exuberância natural, que, por sinal, envolve e inspira o filósofo nas florestas que tornaram seu abrigo, até a concepção transcendente que se aproxima da ideia de entidade metafísica criadora, a qual aparece em alguns trechos do *Emílio*, pode-se afirmar, resumindo, que, para Rousseau, *nature* é a disposição primitiva e originária da ordem existente. Esta é a causa primeira. Mesmo sendo calvinista, Rousseau não entra no mérito teológico da criação, na qual, segundo o relato do Gênesis, Deus criou no princípio os céus e a terra, e "a terra era sem forma e vazia" (Gn 1,2), ou seja, era o caos. Rousseau não parte do caos, mas da ordem. Em resumo, *natureza* pode ser "um fenômeno histórico e uma realidade transcendental" (EHRARD, 1994, 751), bem como uma hipótese romântica que embasa toda a filosofia de Rousseau.

Segundo sua hipótese, foi a própria Natureza quem possibilitou a *démarche* antropológica que alterou a alma à medida que o homem se afastava das condições primitivas e criava artifícios que velaram sua originalidade. E este é o tema que Rousseau desenvolve em seu *Segundo discurso*, escrito em 1754 para concorrer a outro concurso da Academia de Dijon, lançado no ano anterior, com a seguinte questão: Qual a origem da desigualdade entre os homens e será ela permitida pela lei natural? Assim, instigado por essa nova reflexão, o filósofo genebrino se afastou de Paris e permaneceu o dia todo numa floresta a fim de procurar, como ele diz nas *Confissões*, a imagem dos primeiros tempos quando reinava a bondade natural, a liberdade e as disposições originárias da própria natureza. O que resulta numa descrição poética do homem natural, o qual pode ter habitado as campinas num estágio pré-societário, quando ainda não existia a família, a tribo e nenhum tipo de sociabilidade e/ou autoridade. Nisso, repito, Rousseau vai além de todos os escritores e pensadores[49] que se dedicaram a esse tema, e descreve o homem verdadeiramente natural. Se existiu ou não, isso não importa, pois ao afastar os fatos o autor se encontra livre para desenvolver poeticamente sua hipótese e imaginar seu "bom selvagem", como bem entendesse e com o qual dificilmente o leitor não se apaixonaria: "Vejo-o fartando-se sob um carvalho, refrigerando-se no primeiro riacho, encontrando seu leito ao pé da mesma árvore que lhe forneceu o repasto e, assim, satisfazendo a todas as suas necessidades" (ROUSSEAU, 1999b, 58)[50]. E na mesma página, o autor continua, fazendo uma descrição da paisagem onde esse homem natural se insere:

> A terra abandonada à fertilidade natural e coberta por florestas imensas, que o machado jamais mutilou, oferece, a cada passo, provisões e abrigos aos animais de qualquer espécie. Os homens, dispersos em seu seio, observam, imitam sua indústria e, assim, elevam-se até o instinto dos animais, com a vantagem de que, se cada espécie não possui senão o seu próprio instinto, o homem, não tendo talvez nenhum que lhe pertença

---

49. Ao criticar Aristóteles, Hobbes e os demais, Rousseau diz: "Os filósofos que examinaram os fundamentos da sociedade sentiram todos a necessidade de voltar até o estado de natureza, mas nenhum deles chegou até lá. (...) Enfim, todos falando incessantemente de necessidade, avidez, opressão, desejo e orgulho, transportaram para o estado de natureza ideias que tinham adquirido em sociedade; falavam do homem selvagem e descreviam o homem civil" (ROUSSEAU, *Discurso sobre a desigualdade*, 52).

50. A tradução de Lourdes Santos Machado é perfeita, pois consegue manter a poética da escrita original: "Je le vois se rassasiant sous un chêne, se désalterant au premier Ruisseau, trouvant son lit au pied du même arbre qui lui a fourni son repas, et voilà ses besoins satisfaits" (O.C., t. III, 135).

exclusivamente, apropria-se de todos, igualmente se nutre da maioria dos vários alimentos que os outros animais dividem entre si e, consequentemente, encontra sua subsistência mais facilmente do que qualquer deles poderá conseguir.

Esse homem é, portanto, autossuficiente, saudável e não necessita de remédios ou médicos. Seu instinto basta para suprir suas necessidades e as únicas paixões são o *amour de soi* e a *pitié*. O único bem "que conhece no universo são a alimentação, uma fêmea e o repouso; os únicos males que teme, a dor e a fome" (1999b, 66). Para além disso, "o coração nada lhe pede" (1999b, 66), aliás, nem a comunicação oral ou escrita. Basta-lhe o "grito da natureza"[51] (1999b, 70), pois não há nenhuma manifestação cultural, nenhuma convenção ou acordo simbólico. Sua inserção individual se dá pelo instinto e mais precisamente pelo *amour de soi*[52], sentimento inato de amor de si mesmo, que ele define, no Livro IV do *Emílio*. É o princípio pelo qual o homem se preocupa em preservar sua própria vida e assegurar seu bem-estar. Outro instinto comportamental também instintivo e também anterior à razão é a *pitié*. Traduzida por piedade, compaixão ou comiseração, é o sentimento que "nos inspira uma natural repugnância por ver perecer ou sofrer qualquer ser sensível e especialmente nossos

---

51. "A primeira língua do homem, a língua mais universal, a mais enérgica e a única de que se necessitou antes de precisar-se persuadir homens reunidos é o grito a natureza" (ROUSSEAU, *Ensaio sobre a origem das línguas*, 70).

52. Para Waksman (*El laberinto de la libertad, Política, educación y filosofia em la obra de Rousseau*, Buenos Aires, Fondo de Cultura Económica, 2016) o amor de si (ou *amor a si*) é o fio condutor da filosofia rousseauniana e que, para Melzer (1998, 79) tem um sentido ontológico, pois, segundo ele: "La théorie rousseauiste de l'amour de soi donne lieu à un type radicalement nouveau d'individualisme, puisque celui-ci n'est pas seulement politique mais également, si l'on peut dire, ontologique".

semelhantes" (O.C., t. III, 126; 1999b, 47). Preservado no coração humano em um estágio mais evoluído, a *pitié* pode induzir à prática da clemência, da generosidade e da cooperação, e ainda ser capaz de combater o *amour-propre*, que é o sentimento que se desenvolve a partir dos encontros humanos.

A famosa frase rousseauniana de que o "o homem é bom por natureza" resume o pressuposto, para além da hipótese, que se cristaliza em várias passagens e tem sua explicação no fato de que nesse estado, se não há nenhuma relação moral, os homens "não poderiam ser bons nem maus ou possuir vícios e virtudes" (1999b, 75). O sentido de "bondade" é o de ausência do mal, numa perspectiva de neutralidade, e não no sentido moral. Absorto assim na natureza, contemplando o repasto, esse homem não se diferencia muito dos animais, a não ser pela intensidade perceptiva mais forte[53] e pelo fato de estar animado por uma substância imaterial, de acordo com o *terceiro artigo de fé* do vigário saboiano[54], comentado no *Emílio*. Condição essa que possibilita mais dois outros qualificativos determinantes nessa diferenciação: o livre-arbítrio e a *perfectibilité*, isto é, a perfectibilidade, a capacidade inata do aperfeiçoamento, caso seja sua escolha, em suma, a perspectiva determinante para a diferenciação entre a besta (animal irracional) e o homem (animal pré-racional) e a fundamentação de sua liberdade.

Mais à frente, no relato que faz no *Segundo discurso*, Rousseau detalha o mau uso que o homem fez de sua liberdade e os momentos em que o intercurso humano começou a ter

---

53. "Todo animal tem ideias, visto que tem sentidos; chega mesmo a combinar suas ideias até certo ponto e o homem, a esse respeito, só se diferencia da besta pela intensidade" (Rousseau, *Discurso sobre a desigualdade*, 64).

54. "O homem é livre em suas ações e, como tal, animado por uma substância imaterial" (Rousseau, *Emílio*, 318; O.C., t. IV, 587).

problemas. Quando as primeiras palavras surgiram e houve acordo sobre seu significado, já não era mais o estado natural, mas a sociabilidade em processo, cuja passagem por um período chamado de Idade do Ouro, permitiu os primeiros ajuntamentos, sem haver aí a sociedade propriamente dita, mas que, no limite da natureza, pudesse gozar um ajuntamento feliz, sem o fogo do amor-próprio[55]. Ao descrever esse estágio, no Ensaio sobre a origem das línguas (1999a, 295) o autor diz: "Reúnem-se em torno de uma fogueira comum, aí se fazem festins, aí se dança. Os agradáveis laços do hábito aí aproximam, insensivelmente, o homem de seus semelhantes e, nessa fogueira rústica, queima o fogo sagrado que leva ao fundo dos corações o primeiro sentimento de humanidade" (1999a, 295). Está aqui o fim da juventude do mundo, à qual, segundo Rousseau o homem parece ter sido criado para nela permanecer e que, lamentavelmente, "todos os progressos ulteriores foram, aparentemente, outros tantos passos para a perfeição do indivíduo e, efetivamente, para a decrepitude da espécie" (1999b, 93).

Assim como em sua vida pessoal o jovem Jean-Jacques teve que abandonar o "paraíso" para seguir em frente e inaugurar uma nova fase em sua vida; o homem primitivo, em sua alegoria, busca ajuntar-se aos outros para desenvolver artifícios, abater o mamute e vencer outros obstáculos, malgrado a doçura dos cenários pitorescos e o desejo de neles permanecer. Com o desenvolvimento da linguagem e do raciocínio, o aperfeiçoamento se torna irreversível. Enquanto as paixões não se desenvolviam ao ponto de infla-

---

55. Embora o *amor próprio* seja o elemento que fomenta as paixões que podem provocar a desagregação entre as pessoas, ele é também o elemento agregador por excelência. Isto é, "uma faca de dois gumes", como diz Bloom (*Love & Friendship*, New York, Simon & Schuster, 1993, 52): "It is, in his view, a two-edged sword".

mar o amor-próprio, na chamada *Idade do Ouro*, ao redor da fogueira, os primitivos se aqueciam ao som de canções e gritos tribais que, certamente, proporcionavam o gozo coletivo do fruto da caça, da comida compartilhada e de sentimentos recíprocos. O efeito que a fogueira produzia era o mesmo que os poços d'água nas regiões áridas, que tiveram que ser cavados por um grupo de pessoas e que, certamente, depois foram compartilhados por todos. No *Ensaio sobre a origem das línguas*, Rousseau comenta sobre os poços d'água e seu papel na sociabilidade, dizendo:

> Aí se formaram os primeiros laços de família e aí se deram os primeiros encontros entre os dois sexos. As moças vinham procurar água para a casa, os moços para dar de beber aos rebanhos. Olhos habituados desde a infância aos mesmos objetos, começaram aí a ver outras coisas mais agradáveis. O coração emocionou-se com esses novos objetos, uma atração desconhecida tornou-o menos selvagem, experimentou o prazer de não estar só. A água, insensivelmente, tornou-se mais necessária, o gado teve sede mais vezes: chegava-se açodadamente e partia-se com tristeza. Nessa época feliz, na qual nada assinalava as horas, nada obrigava a contá-las, e o tempo não possuía outra medida além da distração e do tédio. Sob velhos carvalhos, vencedores dos anos, uma juventude ardente aos poucos esqueceu a ferocidade. Acostumaram-se gradativamente uns aos outros e, esforçando-se por fazer entender-se, aprenderam a explicar-se. Aí se deram as primeiras festas – os pés saltavam de alegria, o gesto ardoroso não bastava e a voz o acompanhava com acentuações apaixonadas; o prazer e o desejo confundidos faziam-se sentir ao mesmo tempo. Tal foi, enfim, o verdadeiro berço dos povos – do puro cristal das fontes saíram as primeiras chamas do amor (1999a, 297).

Até o final do estado de natureza e o início da *Idade do Ouro* os encontros furtivos e os primeiros artifícios não foram suficientes para colocar em risco a espécie, pois as paixões não haviam sido ainda inflamadas e nem o poder usurpado em benefício de alguns em detrimento de outros. Na evolução natural do homem, e no progresso fomentado pelas primeiras necessidades, o processo de agregação e até mesmo de sedentarização inicial tinha ainda a bondade original e a compaixão como os únicos elementos legitimadores dos encontros.

A saída do "jardim", entretanto, não se dá por uma teodiceia religiosa, como no relato bíblico. Ao isentar Deus, talvez por influência de Platão[56], Rousseau se coloca de forma contrária à posição de Voltaire e dos demais *philosophes*, jogando no homem esclarecido a origem do mal. Na *Carta a Voltaire*[57], ele escreve: "Não vejo como se possa buscar a fonte do mal moral em outro lugar que não no homem livre, aperfeiçoado, portanto, corrompido". Nesse aspecto, o princípio da bondade natural afasta definitivamente a ideia do mal no homem originário e, segundo Melzer (1998, 42), "encoraja um autêntico amor à humanidade, fundado na compaixão". Resta, porém, a questão da teodiceia que, em minha opinião,

---

56. O termo teodiceia vem de *theo* (Deus) e *dike* (justiças). Platão relata n'*A República* os argumentos que Sócrates utiliza na busca da justiça e injustiça dizendo: "Então, o bem não é causa de todas as coisas; é a causa do que é bom e não do que é mau. Assim, Deus, dado que é bom, não é a causa de tudo, como se pretende vulgarmente; é causa apenas de uma pequena parte do que acontece aos homens, e não o é da maior, já que os nossos bens são muito menos numerosos que os nossos males e só devem ser atribuídas a Ele, enquanto para os nossos males devemos procurar outra causa, mas não Deus" (PLATÃO, *A República*, São Paulo, Nova Cultural, 2004, 67-68).

57. Cf. *Carta de J.-J. Rousseau ao Senhor de Voltaire (Carta sobre a Providência)*, escrita em 18 de agosto de 1756 (In: ROUSSEAU, Jean-Jacques. *Carta a Christophe de Beaumont e outros escritos sobre a religião e a moral*, São Paulo, Estação Liberdade, 2005, 123).

é resolvida com maestria e de forma *sui generis*: a origem do mal não deve ser imputada a Deus, uma vez que ele é bom e justo: "Deus é bom, nada mais evidente; (...) Deus é justo, disso estou convencido, trata-se de uma consequência de sua bondade" (ROUSSEAU, 2005, 70). O mal, a injustiça e a desigualdade são obras humanas que resultaram das relações sociais. Quando Rousseau afirma de forma exaltada: "Homem, não procures mais o autor do mal; és tu mesmo esse autor" (1973, 320); ou ainda na *Carta a Christophe de Beaumont* (2005, 70) que "a injustiça dos homens é obra deles, não de Deus", não está se referindo ao homem original, o qual continua bom por natureza, mas ao "homem em relação" (1973, 31), ou seja, ao homem social que tudo desfigura e transforma, conforme Rousseau lamenta na abertura do *Emílio*:

> Tudo é certo em saindo das mãos do Autor das coisas, tudo degenera nas mãos do homem. Ele obriga uma terra a nutrir as produções de outra, uma árvore a dar frutos de outra; mistura e confunde os climas, as estações; mutila seu cão, seu cavalo, seu escravo; transtorna tudo, desfigura tudo; ama a deformidade, os monstros; não quer nada como fez a natureza, nem o homem; tem de ensiná-lo para si, como um cavalo de picadeiro; tem que moldá-lo a seu jeito como uma árvore de seu jardim (1973, 9; O.C., t. IV, 245).

Mas, então, onde é que está o problema? O problema está precisamente no momento em que o homem natural deixa de beber a fresca água do riacho mais próximo, deixa de apreciar a verdura de seu repasto e se levanta da sombra do carvalho com o intuito de assentar estacas além das fronteiras estabelecidas pelo seu estado, e marcar sua presença. Esse é precisamente o momento quando entram em jogo o parecer e a luta pelo reconhecimento, desenvolvendo o que

Neuhouser (2013) chama de *teodiceia do amor-próprio*. Quanto a esse momento, Rousseau mesmo diz (1999b, 92): "Cada um começou a olhar os outros e a desejar ser ele próprio olhado, passando assim a estima pública a ter um preço". E continua: "Aquele que cantava ou dançava melhor, o mais belo, o mais forte, o mais astuto ou o mais eloquente, passou a ser o mais considerado, e foi esse o primeiro passo tanto para a desigualdade quanto para o vício". O problema é que, saindo do mundo sensitivo pelo desenvolvimento da faculdade de aperfeiçoar-se, ou seja, pelo desenvolvimento da perfectibilidade, o homem adentra um mundo de relações morais e se deprava. Isto é, o progresso gera a degradação. Das primeiras representações sígnicas, como o uso da linguagem para representar os pensamentos, e da escrita para representar a expressão oral, passando pela própria *pitié* como faculdade *representadora*[58], o homem cria símbolos representativos para todas as situações, inclusive para si mesmo e provoca uma condição de dualismo entre sua condição real, concreta e autêntica enquanto homem, e uma condição fictícia, ilusória e inautêntica. É quando o homem põe a máscara e deixa que apenas os símbolos, ou seja, os signos representativos tomem conta da cena, do palco e de todo o teatro, tornando-se o *homem do homem*.

Ao desenvolver todas suas faculdades, esse homem tem em sua frente uma multidão de novas necessidades e acaba, fatalmente, deixando a liberdade e a independência que go-

---

58. Na opinião de Salinas Fortes (*Paradoxo do espetáculo, Política e poética em Rousseau*, São Paulo, Discurso, 1997, 59-62), a *pitié* é representadora porque concede ao homem a capacidade de se superar e de transcender em direção ao outro, promovendo uma abertura e um transporte imaginário para fora, ou seja, para o semelhante. Dessa forma, ela acaba sendo a "matriz última de toda *sociabilidade*", mas num plano de positividade e conservação do bem comum.

zava no estado natural para poder tornar-se escravo de suas próprias ilusões e de seus semelhantes. É o ápice do conflito consigo mesmo porque se aliena aos elementos exteriores e tanto o conforto como sua felicidade passam a depender desses elementos, de objetos, de coisas, da mercadoria (numa visão marxista) e dos outros. É o ápice do conflito porque depende do outro e, ao mesmo tempo, sua ambição o leva à rivalidade, às disputas, às paixões desenfreadas e, por fim, como reconhece Rousseau (1999b, 98), a um "tremendo estado de guerra". Nesse aspecto, o filósofo chega à seguinte conclusão: "O gênero humano, aviltado e desolado, não podendo mais voltar sobre seus passos nem renunciar às aquisições infelizes que fizera, ficou às portas da ruína por não trabalhar senão para sua vergonha, abusando das faculdades que o dignificam" (1999b, 98).

Porém, como Rousseau afirma no prefácio do *Segundo discurso* que o estado de natureza "talvez nunca tenha existido [e] que provavelmente jamais existirá" (1999b, 44), o longo devaneio que ele faz pelas campinas da existência humana tem o objetivo de penetrar os meandros da alma para "separar o que pertence à sua própria essência daquilo que as circunstâncias e seus progressos acrescentaram a seu estado primitivo ou nele mudaram" (1999b, 43). Então, o sentido de recomeço que aparece na obra de Rousseau não significa uma redescoberta do paraíso perdido – no sentido cristão[59] – ou, necessariamente, um retorno ao estado puro de natureza, embora alguns trechos do *Segundo discurso* possam ter sido erroneamente interpretados como uma apologia ao primitivismo real. Evidentemente, isso revela mais a habilidade retórica e o inconfundível estilo literário de Rousseau que propriamente

---

59. Até porque a ideia de uma "moral natural" substitui a ideia de "moral revelada" (EHRARD, *L'idée de nature*, 788).

o desejo de regresso às condições primitivas no sentido literal do termo. Não podemos esquecer a afirmação do *Terceiro diálogo* de *Rousseau juiz de Jean-Jacques*: "A natureza humana não retrocede e jamais podemos voltar a ver os tempos de inocência e de igualdade quando uma vez dela nos afastamos" (O.C., t. I, 935. Tradução livre).

Sendo assim, o resgate humano deve ser pedagógico, realizado ao sabor da cultura e à graça da arte. Entretanto, o processo precisa ser desenvolvido gradualmente, *pari passu*, tal como Rousseau nos mostra em seu tratado educacional. O Emílio é criado desde novo no campo. A intenção é de aí proporcionar uma aproximação às condições naturais e a possibilitar uma semiologia do belo natural o qual será trabalhado ao longo de sua formação, sobretudo no período de vinte a vinte cinco anos, quando a educação do gosto se faz necessária. O preceptor afirma sobre essa ação com seu discípulo: "Tratarei de conservar nele um gosto puro e sadio" (1973, 398), optando obviamente por uma pedagogia do gosto que "toca o coração", passando pela *poiesis* das afeições naturais. Como diz o tutor: "Meu principal objetivo, ensinando-lhe a sentir e amar o belo em todos os gêneros é de nele fixar suas afeições e seus gostos, e impedir que suas tendências naturais se alterem e que ele busque um dia, em sua riqueza, os meios de ser feliz, que deve encontrar perto dele" (1973, 400).

Muito antes de escrever o *Emílio*, aproximadamente dez anos antes, Rousseau já polemizava com seu público com a idealização do homem simples, com o camponês como antítese do homem pervertido da cidade aparecendo em várias de suas obras, inclusive nas artísticas, como em sua ópera, de 1752, *O adivinho da aldeia*[60], na qual procurou apresentar as virtudes de

---

60. Apresentada nesse mesmo ano a Luis V, em Fontainebleau, provocando boas impressões em todos, inclusive no rei, que convocou Rous-

uma vida simples, semelhante à dos camponeses. A personagem Colette é a moça pura, residente do mundo rural, a qual se apaixona por Colin. Já corrompido pela vaidade citadina, Colin tem que renunciar aos laços que o uniam à cidade para reconquistar sua amada. Essa perspectiva tem em Rousseau um dos maiores apoiadores, fortalecendo-se nas tendências românticas e espiritualistas dos séculos seguintes, como afirmei no início. Tanto é que Sertillanges, um filósofo francês que viveu o fim do século XIX e início do XX, dirá em sua obra *A vida intelectual* que: "Um camponês é às vezes muito mais sábio que um filósofo" (2019, 79), afirmação com a qual Rousseau estaria de pleno acordo, acrescentando ainda que a bondade, a simplicidade e a liberdade poderiam ser muito mais facilmente encontradas no homem do campo que no homem da cidade[61].

Por isso, como diz Burgelin (1965), ao envelhecer, Rousseau se tornou o homem da natureza ao buscar a solidão do campo, das ilhas e dos riachos a fim de proclamar o espetáculo da natureza, sua sublimidade mesmo nas coisas mais simples. Caminhando pelos bosques da Ilha de Saint-Pierre, no centro do Lago de Bienne[62], Rousseau diz, em seu *Os devaneios*:

> As árvores, os arbustos, as plantas são o enfeite e a vestimenta da terra. Nada é tão triste como o aspecto de um campo nu e

---

seau para uma audiência a fim de lhe oferecer uma pensão, na qual Rousseau não compareceu.

61. Quando fugiu de Genebra, nos seus dezesseis anos de idade, Rousseau foi acolhido generosamente por diversos moradores das redondezas. Cf. ROUSSEAU, *Confissões*; O.C., 1959, t. I, 46: "vagueei durante alguns dias ao redor da cidade, hospedando-me na casa dos camponeses conhecidos, os quais me recebiam mais generosamente do que o faria a gente da cidade. Acolhiam-me, hospedavam-me, davam-me de comer com demasiada bondade para se dar ao mérito. Não se pode chamar isso de esmola, pois não se sentiam superiores em fazê-lo" (Tradução livre).

62. Localizado ao norte do lago de Nêchautel.

sem vegetação, que somente expõe diante dos olhos pedras, limo e areias. Mas, vivificada pela natureza e revestida com seu vestido de núpcias no meio do curso das águas e do canto dos pássaros, a terra oferece ao homem, na harmonia dos três reinos, um espetáculo cheio de vida, de interesse e de encanto, o único espetáculo no mundo de que seus olhos e seu coração não se cansam nunca (2017, *Sétima caminhada*).

Concluindo, quando se toma as perspectivas ou visões da natureza, do homem natural e, enfim, de todos os aspectos das condições originais, o homem sob o carvalho não é muito diferente desse homem na solidão de um barco no meio do Lago de Bienne. A diferença é que este último resultou não apenas da escolha livre que a humanidade teve, mas, também, de sua própria escolha em ser um homem natural residindo os espaços do homem civil.

Comentário
HELENA ESSER DOS REIS

Cumprimento a todas e a todos. Agradeço o convite que me foi feito pelo professor Wilson Paiva para participar desta jornada sobre o pensamento de Jean-Jacques Rousseau comentando o seu belo e delicado artigo acerca da natureza e do homem natural.

O longo caminho que Paiva percorre investigando os vários sentidos da palavra/ideia "natureza" na tradição filosófica enriquece e prepara a abordagem das ideias de Rousseau. Evidenciando a riqueza semântica da palavra "natureza", apresenta diferentes perspectivas cosmogônicas, panteístas, pagãs, cristãs, que remetem seja à movimentos interiores aos seres, seja ao princípio do ser, seja à ação de um Criador e à graça.

A estas ideias juntam-se duas outras que se contrapõem e compõem ainda a polissemia da palavra. São elas, a noção de pecado e corrupção, e a noção de artificial, artifício. Um exemplo desta concepção multifacetada que incorpora a tensão pode ser visto no livro Gênesis (Bíblia cristã ou judaica), por meio das figuras de Adão e Eva, criaturas de Deus, mas pecadoras.

Paiva segue mostrando que a desfiguração humana pela corrupção de sua natureza transparece tanto em aspectos biológicos como morais. A monstruosidade física e a brutalidade dos costumes são associadas à ausência da graça divina, da fé, de valores morais e da cultura. Segundo Paiva, a frase "o homem é o lobo do homem, utilizada e divulgada por Thomas Hobbes" teve como consequência a intensificação – entre os teólogos e filósofos da época – da concepção "de que o homem é vilão de si mesmo, sem a graça divina ou sem o incremento da lei e da ordem social".

Naquela época, os viajantes e os médicos ofereciam relatos de seres exóticos com hábitos extravagantes. Assim como na Europa da Idade Média, as "mulheres barbadas", os corcundas ou portadores de deformidades físicas e deficiências mentais eram exibidos em feiras e, frequentemente, sobre eles eram lançados objetos para machucá-los; com as grandes navegações, sobretudo nos séculos XVII e XVIII, indígenas das Américas e negros da África foram também levados para Europa e exibidos em feiras, circos e museus. O "diferente" era causa de horror e associado a uma mescla de atributos morais e físicos considerados pecaminosos ou "sem a graça". Não havia muita distinção entre o fato e a ficção. As ciências não dispunham das "ferramentas" que hoje temos à mão e, na verdade, o propósito não era exatamente acessar um conhecimento e/ou revelar um fato, mas orientar as ações humanas. Orientar no sentido de reforçar ideias e condutas em acordo com aquilo considerado adequado, bom, correto.

Devemos lembrar que estas ideias estão na origem das teorias raciais ditas científicas, que surgiram no século XIX, como a Frenologia, que pretendia determinar a personalidade individual a partir de análises cranianas. Ou ainda, a Teoria do Criminoso Nato, desenvolvida por Cesare Lombroso, que buscou a essência do criminoso por meio da pesquisa empírica de traços físicos e mentais, com pessoas encarceradas e doentes mentais.

Impressionante é que semelhantes concepções ainda gozem de credibilidade, não apenas porque as linguagens ficcional/factual, literária/científica, biológica/moral mantenham proximidade, mas também porque as pessoas ainda estão dispostas, assim como naquela época, a acreditar que o monstruoso resulta do capricho da natureza ou do castigo divino sobre as transgressões morais. Ou porque, tal como os viajantes e médicos do passado, têm interesse em divulgar concepções nas quais a ficção e o fato se misturam. Interesse que está ligado ao domínio, ao controle, à subordinação, como ocorre ao dizer, mesmo ingenuamente: "não vá lá porque tem um monstro" – para impedir a iniciativa temerária de uma criança; ou, como correu nas redes sociais brasileiras a divulgação que "vacinas chinesas implantam chip de controle" – para dissuadir as pessoas de reivindicarem vacinas contra a COVID-19.

Outra perspectiva que também se desenvolveu ao longo da modernidade foi a ideia romântica que resguarda a associação da natureza ao bom e ao belo. Mais uma vez, é também por meio dos relatos de viajantes, artistas e cientistas que os corpos robustos e vigorosos "selvagens", adornados pela própria natureza, são associados a um espírito ingênuo, autêntico e livre. Os inúmeros escritores e cronistas citados por Paiva são alguns exemplos de como a ideia do "bom selvagem" reintroduziu a utopia do paraíso terrestre e do homem natural como uma figura dócil, inocente e cheio de bondade.

Aproximando-se, então, mais diretamente do pensamento de Rousseau, Paiva explica que a longa divagação acerca dos sentidos da natureza e do homem natural teve o propósito de compreender o "pano de fundo" sobre o qual se desenvolveram as ideias do autor. Conhecedor das fábulas e ficções dos viajantes ao Novo Mundo, a apologia à liberdade e à autonomia, ao gosto simples e à forma de vida selvagem constituem importantes aspectos da concepção rousseauniana de natureza e de homem natural. Rousseau não pretende que sua narrativa acerca do estado de natureza e das pessoas que vivem neste estado seja uma verdade factual, mas tampouco a considera mera ficção. Rousseau propõe "afastar todos os fatos, pois eles não se prendem à questão", para então desenvolver uma narrativa sobre o estado de natureza, que pode ser considerada uma história hipotética verossímil, ou seja, uma história que, não sendo contrária à verdade, é uma possibilidade.

A riqueza de detalhes do pensamento de Rousseau, apresentados por Paiva, dificulta minha tarefa. Sem querer empobrecer sua exposição, vou apenas chamar a atenção a alguns pontos para pensarmos juntos. Sempre me chamou a atenção, na narrativa de Rousseau, a condição original de solidão, pois do meu ponto de vista sempre pareceu algo anti-intuitivo. Contudo, admitindo este suposto e seguindo o fio das ideias de Rousseau pela condução de Paiva, podemos compreender que é em razão desta solidão originária que a noção de bondade da natureza humana se evidencia. Mas, de que bondade se trata? Apesar de não encontrarmos nenhuma definição precisa, e muitas vezes o emprego da palavra ocorre de forma "obscura e ambígua", Paiva afirma que "se trata de uma qualidade humana que, sendo inata, manifesta-se na constituição da pessoa garantindo sua própria preservação (amor de si mesmo), um sentimento interior de autossuficiência e até uma certa afeição ao outro (piedade)".

Os sentimentos originários e inatos (amor de si e piedade) constituem e preservam o ser natural como ser individual e como membro de uma espécie. Tais sentimentos podem ser compreendidos como uma "determinação ontológica", ressalta Paiva em concordância com a interpretação de Audi, uma marca indelével constituinte da natureza humana. Em consequência devemos compreender que mesmo as pessoas corrompidas pela vida em sociedade, resguardam – dentro de si – a bondade natural. Está silenciada, sobrepujada, mas não se extingue. Esta concepção de bondade natural "isenta a natureza humana do pressuposto da maldade original. [Segundo Paiva], eis aqui o cerne da filosofia de Rousseau".

Supondo a bondade original, Rousseau contraria a concepção do pecado original e da natureza corrupta do ser humano. Entretanto, e este é um dos pontos sobre o qual e também gostaria de comentar, me parece importante ressaltar que não se trata de uma bondade propriamente moral, mas bondade porque em acordo com a natureza como a ordem do mundo. Penso ser neste sentido que os sentimentos originários e inatos devem ser entendidos. Amor de si e piedade conectam imediatamente as pessoas à ordem existente. Estes sentimentos podem ser abafados pela vida social, mas permanecem indelevelmente em cada pessoa.

Embora a condição natural fosse tal que nada exigia que as pessoas deixassem aquele estado originário primitivo, foi a própria a ordem da natureza que, de algum modo – por meio de acasos fortuitos da natureza –, forçou as pessoas se juntarem. A noção de natureza, em Rousseau, assume, portanto, "a posição de criadora, possui vontade e prescreve a maneira de viver, comandando os animais e distribuindo dons", afirma Paiva. Contudo, não é ela a responsável pela corrupção, mas justo o seu oposto, o artifício. Na medida em que as pessoas se reúnem, algumas faculdades (razão, sociabilidade, linguagem) até então adormecidas passam a desenvolver-se com apoio da perfectibilidade e da liberdade humanas. A simplicidade e a autenticidade naturais dão lugar a outros sentimentos e a outros modos de vida.

As pessoas já não se contentam mais com uma cama de palha, com a caça oportuna para alimentarem-se, nem com a serenidade existente na ausência de ambições. A convivência instiga cada uma a ver a si mesma a partir da expectativa da outra. Submetida a uma multidão de novas necessidades, acaba, fatalmente, deixando a condição originária (força, vigor, independência, liberdade) que gozava no estado natural para tornar-se escrava de suas próprias ilusões. Mais importante é a maneira como cada uma aparece socialmente do que a independência e o sentimento de autossatisfação. Surge um jogo de aparências e representações que desloca as pessoas da harmonia consigo mesma para a incessante busca de atender à outra, que a prende e a submete ao grupo em busca da sua aprovação.

Não é mais um ser autêntico, "um homem", mas o "homem do homem". E, aqui, encontra-se o "ápice do conflito", segundo Paiva, porque cada um torna-se dependente do outro e, ao mesmo tempo, rival, pois sua ambição o leva a querer superá-lo. Este é outro ponto para o qual eu quero chamar atenção: a tensão entre uma pessoa e outra leva a uma situação de tamanha violência e violação, que a ruptura da ordem natural se torna também corrupção moral. Já não há harmonia com a natureza nem interna nem externa. A capacidade pessoal de, sendo a si mesma, conviver e integrar-se no mundo e com as demais seres fica sufocada. Essa desordem se reflete na corrupção moral e, então, as pessoas parecem desejar o que é mau.

Para finalizar, Wilson Paiva não nos abandona à angústia da corrupção, mas tece considerações sobre a possibilidade de o "regate humano" acontecer gradualmente, "ao sabor da cultura e à graça da arte". Desta vez, o artifício vem em socorro à natureza. Valendo-se do *Emílio*, Paiva lembra uma frase que Rousseau coloca na boca do preceptor imaginário daquela obra: "Tratarei de conservar nele [no menino Emílio] um gosto puro e sadio". A afirmação do preceptor remete ao método negativo de educação, ou seja, em lugar de oferecer ao educando uma série de saberes e preceitos, que lhe modelem a inteligência e a conduta, a ação educacional do preceptor servirá como anteparo a estas exterioridades. A arte da educação é posta à serviço da natureza. Impedindo aquisições exógenas, aguarda o surgimento da necessidade que estimula o desenvolvimento "puro e sadio" da curiosidade, responsável pela busca de conhecimentos e pela emergência de valores importantes para a vida e para o convívio das pessoas no mundo.

Sobre este "resgate" das pessoas a uma ordem natural no âmbito da vida social cabe perguntar: em que medida as situações fictícias, criadas artificialmente, não são elas mesmas exterioridades e, portanto, mero simulacro da ordem natural? Em que medida o preceptor, membro da sociedade, pode ser ele mesmo "agente" da natureza? Ou, ainda, ampliando a situação descrita no *Emílio* para outras obras/personagens de Rousseau – como o legislador do *Contrato Social* ou o Sr. de Wolmar da *Nova Heloísa* – como admitir e até justificar nesse processo a primazia de uns sobre os outros? Como anteparo contra o exógeno capaz de proteger o desenvolvimento da natureza, o que autoriza o preceptor, o legislador ou o Sr. de Wolmar a tomarem o lugar do "educador"?

Rousseau foi duramente criticado (por Constant, Russell, Talmon, Berlin, Arendt – apenas para citar alguns importantes pensadores em diferentes épocas) por submeter a pessoa individual à coletividade, por criar uma ficção que autoriza a submissão da liberdade do indivíduo às determinações do grupo. Com escapar a estas críticas respondendo de modo consistente? Mais do que solicitar uma resposta neste momento, desejo – antes – provocá-lo, querido Wilson, para uma próxima conferência.

Obrigada!

Resposta

Quero agradecer-lhe primeiramente pela preciosa participação, com observações muito interessantes repletas de questões implícitas que todos nós, leitores de Rousseau, geralmente levantamos. Por exemplo, quanto à questão da ambiguidade, que se verifica no marco hipotético da passagem, é difícil definir o momento em que o homem deixa o estado natural, ou se esse movimento foi instintivo, impulsionado pela própria natureza, ou se houve uma vontade. Ademais, acho que essa e outras tantas são questões que o próprio Rousseau levantou a si mesmo, pelo fato de que ele as vivenciava ao sabor de suas ambiguidades. Aliás, em busca do sentido de natureza, alimentado pela genial "iluminação" de Vincennes, Rousseau se aprofundou tanto que teve dificuldades em retornar. Como uma "droga", os efeitos inebriantes da natureza produziram nele uma espécie de valoração bipolar, isto é uma "bipolaridade" que supera a ambiguidade e os paradoxos, na qual a dimensão da natureza e a da vida social gozam do mesmo valor, como sugerem suas obras. Embora a Natureza, como ideia de divindade, possa ter proporcionado essa passagem, parece que Rousseau também admite a ideia de uma vontade. Se homem é diferente do animal pela maior intensidade das ideias, por mais que tenha sido impulsionado pela natureza, o momento de liberdade é quando esse homem natural resolve se agrupar e viver em comunhão, deixando sua vida solitária para ter uma esposa e uma casa.

De modo que, como não há um retorno à natureza, o processo pedagógico deve ter como objetivo resgatar os elementos naturais no homem social, o que entendo como reconfiguração, isto é, uma ação propedêutica, gradual – e não revolucionária – no homem social depravado, resgatando-lhe o humano em um processo de desvelamento de sua essência, como aconteceu com a estátua de Glauco. O papel da educação é, portanto, a retirada do véu da corrupção e da degradação a fim de restaurar os elementos que lhe dão a beleza natural. Uma estética do belo que transcende como objeto mesmo da educação. Nisso, o papel do educador se reveste de uma importância incomparável. Pois, além desse resgate estético, há o resgate político, que é o de promover a liberdade. O que nos leva a outra ambiguidade, que se materializa em sua pedagogia e é constante nas obras dos pedagogos dos séculos XIX e XX, qual seja: a da maior ou menor liberdade ao aluno. Exemplos de educadores que leram a obra de Rousseau como uma defesa da não-diretividade, como Alexander Neill[63] ou o próprio Lombroso[64], que você citou, só podem ser contrastadas com leituras mais recentes, dos pedagogos escolanovistas, por exemplo, ou mais recentes ainda, como os intérpretes que vão às obras de Derathé, de Starobinski, entre outros, para uma leitura um pouco diferente. Tomando Emílio como referência, o menino tem uma certa liberdade, mas todas as ações são coordenadas pelo preceptor, o qual "se-

---

63. Alexander Sutherland Neill (1883-1973), educador e escritor escocês e fundador da escola Summerhill, localizada em Leiston, no condado de Suffolk, Inglaterra. Nela as crianças e os jovens têm liberdade de escolher o que aprender.

64. Cesare Lombroso (1835-1909), cientista italiano que se dedicou à criminologia e inspirou a Escola Positiva de Direito Penal.

duz" (DOZOL, 2003) o educando com o que podemos chamar de "artimanhas moralmente plausíveis". Entretanto, se essa possível sedução ou artimanha é usada no sentido de resgatar no aluno os elementos naturais, como disse antes, vejo no preceptor um verdadeiro "agente da natureza", pois além de ser ele mesmo um homem social, está preparando o menino Emílio para viver em sociedade, devidamente armado com as dádivas da natureza, restauradas pela ação de seu tutor.

Talvez seja essa a chave para entender o papel pedagógico do Sr. de Wolmar e do Legislador, os quais, enquanto figuras também extraordinárias, devem usar de "artimanhas plausíveis" para assegurar no estado social as virtudes necessárias para seu desenvolvimento. Como "educadores sociais", plasmam uma sociedade em que a liberdade civil substitui a liberdade natural e garantem na dimensão coletiva a dimensão do indivíduo, sua liberdade, seus bens e sua pessoa, como o próprio Rousseau garante que seja o objetivo do *Contrato Social*. E aí adentramos um tema também ambíguo, que é a relação indivíduo e coletividade – criticado de forma justa, até certo ponto, ao meu ver, por esses autores que você citou. De fato, o tema é complexo e deve ser deixado para uma outra conferência. Mas, adiantando, penso que aqui se repete a ideia da bipolaridade. Pois, como afirma Spector (2012a), Rousseau não opõe as duas dimensões e oferece uma liberdade republicana, entendida como aquela que os indivíduos gozam sob a tutela da lei a qual os livra da dependência pessoal. O que passa disso é retórica para chamar a atenção quanto à importância de um corpo social coeso e de uma sociedade virtuosa.

Terceira conferência
AO REDOR DA FOGUEIRA
O brilho do outro e o ardor da sociabilidade

Apesar de a solidão ser a condição preferível para se gozar a liberdade, fartando-se sob um carvalho, o homem do estado de natureza tem diante de si o outro. Sobre isso, Rousseau comenta que as próprias condições naturais se encarregaram de promover o encontro que levou esse selvagem às trocas simbólicas ao redor da fogueira. Antes dela, porém, tal como ocorreu com Robinson Crusoé, o famoso personagem da obra do escritor inglês Daniel Defoe (1660-1731), que se inquietou ao encontrar um dia na areia o sinal da existência de outra pessoa em sua ilha deserta[1] – os primeiros encontros, conforme descritos por Rousseau, devem ter sido conflituo-

---

1. "De uma feita, dirigia-me, lá pelo meio-dia, para o lugar do barco, quando tive a enorme surpresa de ver distintamente, na areia da praia, a marca de um pé humano descalço. Estanquei como que fulminado ou como se tivesse visto um fantasma. (...) Não, não era ilusão, lá estava, bem nítida, a marca de um pé, com artelhos, calcanhar e tudo mais. Como aparecera ali eu não sabia, nem tinha mínima ideia. Passou-me pela cabeça um tumulto de pensamentos. Perplexo, em pânico, voltei para minha fortaleza. A terra parecia fugir-me debaixo dos pés, tamanho era o terror de

sos². A crise psicológica do selvagem entre o estar só e o estar acompanhado nos faz também lembrar do conflito existencial de Hamlet, no drama shakespeariano: "ser ou não ser, eis a questão", (SHAKESPEARE, 2014, 56) cuja paródia aqui seria: ser ou não ser social, eis a questão.

O que nos leva à suposta contradição de Rousseau entre o *Segundo discurso* e o *Contrato social*. Por um lado, o autor louva a condição do selvagem, dizendo que "nada é mais meigo do que o homem em seu estado primitivo" (1999b, 93); e, ao lamentar os problemas advindos de sua saída do estado de natureza, diz que são todos "indícios funestos" dos males que teríamos evitado se "tivéssemos conservado a maneira simples, uniforme e solitária de viver prescrita pela natureza" (1999b, 61). Por outro lado, no *Contrato social*, ao comentar a saída do estado de natureza, diz que o homem "deveria sem cessar bendizer o instante feliz que dela o arrancou para sempre e fez, de um animal estúpido³ e limitado, um ser inteligente e um homem" (1999a, 77), resultante de seu processo de aperfeiçoamento (*perfectibilité*)⁴.

Na conjectura antropológica de Rousseau, desenvolvida no *Ensaio sobre a origem das línguas* e nos dois *Discursos*, a hu-

---

que fiquei possuído" (DEFOE, Daniel, *Robinson Crusoé*, S. Paulo/Rio de Janeiro/Porto Alegre, W. M. Jackson Inc., 1947, 128).

2. "Um selvagem, encontrando outros, inicialmente ter-se-ia amedrontado" (ROUSSEAU, *Ensaio sobre a origem das línguas*, 267).

3. O adjetivo *stupide* (estúpido) pertence à mesma raiz de *stupéfaction* (estupefação), que vem de *stupeur* (estupor, entorpecimento) e que melhor se aplica à situação do homem natural. Por isso, preferimos o termo "estupefação", que se aproxima do sentido de admiração e êxtase, ao taxativo termo "estupidez". Derathé (*Jean-Jacques Rousseau et la science politique de son temps*, Paris, Vrin, 1992, 378) diz que *stupide* e *stupidité* são palavras que "saem da pluma de Rousseau" para caracterizar o estado mental dos primitivos, dada sua existência solitária e puramente animal.

4. Neologismo criado por Rousseau e depois utilizado por outros pensadores, como Condorcet e Comte.

manidade também teve seus momentos e passagens características do processo de aperfeiçoamento. Antes do crepitar da fogueira, o estado do homem era o da inocência original, sem as luzes da reflexão ou o ardor dos sentimentos inflamados. Sendo, pois, bom por natureza, seus desejos não ultrapassavam as necessidades imediatas, nem seu coração pedia algo além disso, até porque sua imaginação também era limitada e tudo o que precisava estava em seu entorno, à sua disposição. Tal é a condição pré-social que aparece em seus escritos e nos indica que esse estágio era o menos deteriorado possível. Pois o agrupamento primitivo que aí se formou não poderia ser contrário à natureza, uma vez que o homem ainda não havia desenvolvido a capacidade de reflexão e a arte de transformar tanto as disposições naturais como a si mesmo. Porém, despertada a faculdade do aperfeiçoamento, já não é mais possível manter o animal insólito, que vive por si mesmo sem necessidade do esforço reflexivo e do auxílio de seus semelhantes[5].

É bem provável que o homem natural, com o passar do tempo, possa ter desenvolvido armas para sua defesa, como uma simples pedra, um galho de uma árvore, um tacape ou objetos mais apropriados. E é mais provável ainda que tenha experimentado a vantagem de um ataque aos lobos devidamente acompanhado de um grupo, cujo número de pessoas e armas deve ter sido mais eficiente para dar um fim às possíveis ameaças. Algo fortuito, mas que proporcionou o de-

---

5. "O homem selvagem, abandonado pela natureza unicamente ao instinto, ou ainda, talvez, compensado do que lhe falta por faculdades capazes de a princípio supri-lo e depois elevá-lo muito acima disso, começará, pois, pelas funções puramente animais. Perceber e sentir será seu primeiro estado, que terá em comum com todos os outros animais; querer e não querer, desejar e temer, serão as primeiras e quase as únicas operações de sua alma, até que novas circunstâncias nela determinem novos desenvolvimentos" (ROUSSEAU, *Discurso sobre a desigualdade*, 65).

senvolvimento das ideias e das habilidades de tal modo que o aperfeiçoamento pessoal concorreu para o progresso da espécie, a saber, para a invenção de armas e de instrumentos agrícolas, para o surgimento de estratégias de caça; e, por fim, para o desenvolvimento da linguagem e das formas de agregação. Para tanto, o concurso das "causas fortuitas", como as intempéries e toda sorte de dificuldades naturais, foi fundamental ao longo período de desenvolvimento que culminou com o despertar da razão[6]. Período de modificações cognitivas e psicológicas que possibilitou a fabricação de ferramentas, armas e utensílios básicos para a sobrevivência e melhor adaptabilidade. No entanto, diz Rousseau que:

> Quanto mais se medita sobre esse assunto tanto mais aumenta, aos nossos olhos, a distância entre as puras sensações e os mais simples conhecimentos, sendo impossível conceber-se como um homem teria podido, unicamente por suas forças, sem o auxílio da comunicação e sem a premência da necessidade, vencer intervalo tão grande. Quantos séculos talvez tenham decorrido antes de chegarem os homens à altura de ver outro fogo que não o do céu! Quantos acasos não lhe foram necessários para aprender os usos mais comuns desse elemento! (1999b, 67).

Malgrado o tempo que esse processo deve ter levado, pode-se dizer, de forma geral, que necessidade e comunicação

---

6. "A racionalidade humana não é, portanto, o ponto de partida, mas o resultado da ação das necessidades sobre as paixões e destas sobre aquela. O que equivale a dizer que o homem é, potencialmente, um ser racional: sua capacidade intelectual só será desenvolvida se ele for despertado por suas faculdades inferiores" (PISSARRA, Maria Constança Peres, *História e ética no pensamento de Jean-Jacques Rousseau*, Tese de Doutorado em Filosofia, São Paulo, USP, 1996, 107).

estão, portanto, na raiz do aperfeiçoamento em todos os sentidos. Em resposta à premência da necessidade instrumental temos as armas mais eficazes, como o arco e a flecha; as ferramentas rudimentares e os utensílios básicos que significam o *artifício*[7] inicial que os homens desenvolvem mesmo sem a concorrência dos outros de sua espécie ou, quando muito, no estágio dos primeiros encontros. As condições originárias descritas por Rousseau não nos deixam dúvidas quanto ao estado intelectual do homem. Ele é, nesse estágio, incapaz de raciocinar, de combinar as ideias refletidamente ou guardar na memória de forma significativa os momentos de suas experiências. Sem memória, sem linguagem e sem uma vivência grupal estabelecida, o homem é incapaz de traçar qualquer juízo moral ou mesmo refletir sobre a própria condição em que se encontra. Apesar de livre e feliz, vivendo sob as condições prescritas pela natureza, como declara Rousseau em seus escritos, é preciso lembrar que o homem nesse estágio não passa de um animal "estúpido e limitado"[8]. Dada essa limitação, não tem como desenvolver um *ethos* – por mais primitivo que seja – porque não existe nem mesmo uma vontade de convivência duradoura com seus semelhantes. Mesmo o acasalamento é circunstancial, instintivo, e não resulta em nenhum dever ou compromisso. Convivência, relações sociais, comunidade e compromissos são todos indícios da cultura, inexistente no estágio primitivo, mas resultado do processo de aperfeiçoamento da mentalidade humana e, consequentemente, de seus atributos.

---

7. Como afirma Starobinski (*Jean-Jacques Rousseau, A tansparência e o obstáculo*, 38): "Cronologicamente, são o trabalho e o fazer instrumental que precedem o desenvolvimento do juízo e da reflexão".

8. Cf. ROUSSEAU, Jean-Jacques, *Contrato social*, Livro I, Capítulo VIII, São Paulo, Nova Cultural, 1999a.

O paradoxo da existência, apresentado por Rousseau, revela na verdade um pensamento híbrido, com elementos do individualismo[9] e do holismo ao mesmo tempo. Revela, por assim dizer, os dois ideais que interligam sua obra e despontam como referenciais máximos de seu pensamento, aos quais abraça por toda a vida: a natureza e a sociedade; formando o que podemos chamar de tripé existencial rousseauniano: homem, natureza e sociedade. Presentes em sua concepção de *homme*, tais ideais se transformam em elementos constitutivos de um ser que, saindo do estado de natureza através do aperfeiçoamento, e adentrando o estado de sociedade, mantém, contudo, sua natureza. Essa duplicidade encontra na obra de Jimack (1960, 96) uma interpretação mais ampla, quando afirma: "Ele não é duplo, é composto". Tal afirmação reverbera a declaração de Rousseau, na primeira versão do *Emílio* (*Manuscrit Favre*), quando diz que não somos duplos, mas compostos[10]. E, nesse aspecto, os escritos de Rousseau permitem uma exegese da qual podemos tirar uma verdadeira semiologia do fenômeno da humanização. Partindo de um "Crusoé" muito mais primitivo como referência, Rousseau julga o homem real, existente em sua época. A partir de uma visão negativa, seu julgamento detecta uma deterioração do humano exercida pela sociedade ao longo do processo histórico. Felizmente, sua visão se torna positiva quando projeta um futuro no qual uma outra natureza pode-se transformar no elemento de recuperação da autenticidade do homem e da salvação mesma da humanidade. Não é caso de retorno ao estado de natureza, mas de realizar a humanização pela via do social e da educação.

---

9. Como diz Streck (*Educação para um novo contrato social*, Petrópolis, Vozes, 2003, 48), em Rousseau, "a emergência do indivíduo está vinculada à luta contra o absolutismo da época, fundado no direito divino".

10. "Nous ne sommes pas précisément doubles mais composés" (*Oeuvres complètes*, t. IV, 57).

Porém, no julgamento do homem real, Rousseau aponta o problema da representação, dando a entender que o homem fez de sua composição uma duplicidade, isto é, o homem produziu seu duplo no intricado simbolismo da representação. Para tanto, argumenta que a dicotomia ser e parecer se revelou historicamente como o alimento das artes, das ciências, dos costumes e de toda a ação humana. Diferente do início, e também do drama shakespeariano, a frase mais apropriada para traduzir o conflito seria: ser, ou parecer, eis a questão. E seu sentido não tem muito a ver com a situação enfrentada por Hamlet, ou seja, a da reflexão em torno das condições reais e necessárias da vida, mas gira em torno da falsificação e do mascaramento do real. Se o mundo não é mais sua própria realidade, mas um teatro[11], o homem está, por assim dizer, inteiro em sua máscara. No palco os atores encenam a tragédia da condição humana que, subjugada pelas paixões não naturais e minada pelos eventos históricos, despe-se cada vez mais de sua própria natureza. O homem do homem, mergulhado numa espécie de segunda natureza, cuja característica principal é o poder da representação, proporciona um espetáculo no qual domina uma trama de signos convencionais que desde o *Primeiro discurso* é evidenciada por Rousseau como pura degeneração:

> Um habitante de certas paragens longínquas, que procurasse formar uma ideia dos costumes europeus tomando por base o estado das ciências entre nós, a perfeição de nossas artes, a decência de nossos espetáculos, as nossas demonstrações perpétuas de benevolência e esse tumultuoso concurso de homens de todas as idades e de todos os estados que parecem ávidos,

---

11. Cf. uma análise mais aprofundada sobre o tema em: SALINAS FORTES, *Paradoxo do espetáculo*.

desde a aurora até o deitar do sol, de se obsequiarem reciprocamente, descobriria a respeito de nossos costumes exatamente o contrário do que são (1999b, 193).

Diante dessa constatação, podemos afirmar que não existe ainda nenhum conflito nesse ser sensitivo que se aquece ao redor da fogueira, cujas relações são estabelecidas apenas com aquilo que o cerca. No entanto, esse aparente grau zero de humanização possui também em potência as inquietações próprias do ser humano, que, mesmo virtuais, podem se desenvolver dependendo das situações circunstanciais e eventuais da própria natureza. Podemos inferir, a partir daí, que o conflito também existe em potencial e se desenvolve gradativamente à medida que o homem se afasta de seu estado primitivo e se aproxima do outro, até estabelecer a vida em sociedade. "É então que o homem se encontra fora da natureza e se põe em contradição consigo mesmo" (ROUSSEAU, 1973, 232).

Aqui cabe um aparte elucidativo de um problema que a rápida leitura das obras rousseaunianas pode suscitar. Trata-se da possível má interpretação do esquema dialético utilizado pelo ilustre cidadão de Genebra como recurso literário e método de análise. Conforme Starobinski (1991, 97): "Rousseau não é um dialético por gosto pela dialética. Ao contrário, a dialética só se impõe a ele porque, de início, postula satisfações demasiado incompatíveis para que possam ser combinadas simultaneamente, mas das quais deseja precisamente a simultaneidade". Explicando melhor: o problema é que, saindo do mundo sensitivo pelo desenvolvimento da faculdade de aperfeiçoar-se, ou seja, pelo desenvolvimento da perfectibilidade, o homem adentra um mundo de relações morais e se deprava. Isto é, o progresso gera a degradação. E nesse aspecto surgem as interrogações: Como pode uma faculdade deteriorar o homem no momento mesmo em que o aperfeiçoa? Não é um paradoxo? A essa postura dialética de Rousseau poderíamos chamar de *paradoxo do progresso*, e, partindo dela, afirmar que ele cai em contradição. No entanto, como bem pontua Starobinski (1991), mesmo postulando elementos *demasiado incompatíveis*, o raciocínio do autor busca a *simultaneidade*. Melhor dizendo, sua aparente contradição carrega latente uma posição teleológica de unidade.

A questão é que, como vimos, o homem possui a faculdade de se aperfeiçoar e de desenvolver sua imaginação e as demais faculdades. No entanto, dotado de livre arbítrio, o homem não soube fazer as melhores escolhas e suas ações criaram um dilema existencial ao fomentarem o desenvolvimento do "império da imaginação", como diz Rousseau em *Rousseau juiz de Jean-Jacques*[12]. Portanto, a *perfectibilidade* não induz a erro ou a depravação e poderia ter conduzido a humanidade a melhores destinos, caso as escolhas fossem melhores. Como faculdade natural, a *perfectibilidade* faz jus ao próprio nome e proporciona o aperfeiçoamento das capacidades humanas. Infelizmente, algumas paixões são mal utilizadas pelo homem em sociedade e, junto com os vícios, acabam conduzindo a humanidade por estranhos caminhos. Na realidade, não há contradição nem mesmo paradoxo, embora haja um conflito. De fato, o que há é um esquema dialético bem formulado que confirma a colocação de Starobinski (1991): o homem natural como tese, o homem civil como antítese e o cidadão como síntese. Essa espécie de "dialética" em Rousseau não é uma ciência, como em Platão, nem tampouco um instrumento auxiliar do método de análise, como

---

12. "Tal é em nós o império da imaginação e tal é sua influência que dela nasce não somente as virtudes e os vícios, mas os bens e os males da vida humana" (O.C., t. I, 815-816).

em Aristóteles, mas funciona como esquema orientador para uso prático da razão em sociedade.

Esquema do qual não fogem nem os personagens da literatura mencionados por Rousseau, os quais, certamente influenciaram o genebrino na elaboração do esquema psicológico e social do menino Emílio. Pois, assim como o personagem de Defoe não suportou a solidão por muito tempo, o menino órfão teve seu preceptor por companhia, além de outras crianças e, por fim, buscou contrair matrimônio. Ou seja, a criação do pequeno Emílio não objetiva a vida solitária, pois como afirma o próprio autor, Emílio é feito para viver com os homens (1973, 379). Afinal, como Franco (1937, 186) infere, "o estado natural tem seus encantos, mas o homem, abandonando-o pelo estado civil, se elevou e elevou o seu próprio destino". Foi por isso que Crusoé deu todo apoio aos náufragos dando-lhes local em sua ilha para viverem, usufruto e até participação no governo. O solitário soube viver para si e, quando foi preciso, viveu também para os outros. Frase que pode ser aplicada também ao personagem Emílio.

E, a partir de então, é a virtude que deve guiar todo seu processo de autolocalização no sistema de coisas e na autolocalização no sistema dos homens. Para Derathé (1984), esse movimento trata-se da expansão da autenticidade do homem dado que engloba toda a natureza. Rousseau mesmo deixou as pistas quando analisou a arte musical – principalmente no estudo compilado junto ao *Ensaio sobre a origem das línguas* – e das quais podemos deduzir que em analogia ao soprano, ou seja à melodia de uma composição, o homem é quem deve dar o sentido ao todo. A harmonia é a beleza da relação, da convenção e da melhor combinação de diferentes elementos em voz uníssona. E como os sons (ou talvez todas as coisas) são sinais de nossas afeições e sentimentos, o componente moral deve ser o condutor (maestro) dessa constante busca do homem autêntico e do autêntico sentido da vida social.

A obra de Daniel Defoe possui o traço marcante e característico das obras humanistas e renascentistas: a busca incessante de retratar o protótipo virtuoso do homem de sua época, do europeu com seu espírito prático, criativo, persistente e aventureiro. Mais do que isso, procura refletir sobre o desenvolvimento da interioridade e do espírito humano numa íntima ligação com a natureza na qual o clímax é descobrir que só é possível governar os outros após ter aprendido a governar-se a si próprio[13]. Sua história excepcional chama a atenção para uma profunda discussão em torno do homem, suas limitações e suas potencialidades. E pela riqueza de seu conteúdo e significações, Rousseau chega a considerar o único livro que se deve colocar nas mãos de uma criança[14].

Como a primeira obra da biblioteca do jovem Emílio, o livro permite contemplar uma espécie de metáfora da condição humana e visualizar um cenário aproximado do estado

---

13. DEFOE, *Robinson Crusoe*. Cf. a introdução de Douglas Knight, na versão inglesa.

14. "Esse romance, despojado de toda a sua farragem, começando com o naufrágio de Robinson perto de sua ilha e acabando com a chegada do navio que o deve recolher, será a um tempo o divertimento e a instrução de Emílio durante a época de que se trata aqui. Quero que a cabeça lhe vire, que se ocupe sem cessar com seu castelo, suas cabras, suas plantações; que aprenda pormenorizadamente, não nos livros e sim com as coisas, tudo o que é preciso saber em tais casos; que pense ser Robinson ele próprio; que se veja vestido de peles, com um grande boné, um grande sabre, todo o equipamento grotesco da imagem, salvo o guarda-sol de que não precisará. Quero que se inquiete com as medidas, com isto ou aquilo de que venha a carecer, que examine a conduta de seu herói, que procure ver se nada omitiu, se não podia fazer melhor; que anote atentamente os erros e que disso se aproveite para não os repetir, pois não duvideis de que não projete atirar-se a semelhante proeza; é o verdadeiro castelo na Espanha dessa idade feliz, em que não se conhecem outras felicidades senão o necessário e a liberdade" (ROUSSEAU, *Emílio*, Livro III, 198-199).

de natureza. Portanto, um instrumento pedagógico que permite refletir sobre um possível estado anterior à organização social no qual abundava a felicidade, a inocência e a tão discutida e velha ideia da bondade natural do homem. Mas divergindo um pouco de inúmeras obras que auxiliaram na criação do mito e da teoria do bom selvagem, mormente durante o Renascimento, o livro de cabeceira do aluno de Rousseau insere em seu enredo o mal selvagem, representado pela tribo dos canibais que sempre atormentava o herói Crusoé. Mais do que isso, a história rompe um pouco a barreira do maniqueísmo ao dispersar a bondade e a maldade entre os diversos personagens. Sexta-Feira, o selvagem, torna-se bom pela convivência com Robinson, assim como o europeu mau, o náufrago Atkins, torna-se bom após uma longa estada na ilha e uma profunda convivência com sua esposa índia. Esse duplo sentido do homem e da própria existência é bastante explorado por Rousseau em quase todas as suas obras, assim como por outros autores. No romance de Fénelon (2006, 24) *As aventuras de Telêmaco*, o jovem Telêmaco ouve uma voz divina dizendo-lhe que seria grande na medida em que fosse moderado e tivesse coragem para vencer as paixões.

Embora Rousseau não seja um teórico específico das relações humanas e seus escritos exaltem a independência e a autossuficiência, um clamor à sociabilidade também é claro em suas obras políticas, tal como no *Contrato social*; e até nas obras autobiográficas, como em *Os devaneios de um caminhante solitário*, cuja abertura é um lamento contra aqueles que "forçaram" o "mais sociável dos homens" a viver proscrito, longe do convívio social (O.C., 1959, 995. Tradução livre). Esse paradoxo começa a se dissipar quando passamos a entender que há no pensamento de Rousseau uma bipolaridade ontológica que acaba por respaldar uma leitura antropológica também bipolar. São bem conhecidas as passagens do *Se-

gundo discurso nas quais Rousseau exalta as condições primitivas do homem natural, comentando de forma poética o gozo da liberdade e da autossuficiência. No primeiro caso, não há sociabilidade que incida em uma vivência participativa, fracionária. Nesse estado, o homem é uma unidade e qualquer sentimento é para consigo mesmo ou para com a espécie em condições de perigo que exijam a cooperação momentânea – o que pode fortalecer os laços de humanidade, mas não os laços civis, que são parte de uma nação constituída contratualmente, uma pátria.

Portanto, na perspectiva desse paradoxo (ou bipolaridade), há um ponto de encontro significativo para a constituição do sujeito e para o estabelecimento de uma ordem social: a conectividade. Essa capacidade de conectar-se com o outro está presente tanto no estado natural quanto no estado civil, sendo no primeiro caso uma conexão furtiva para a reprodução da espécie e da possível relação de ajuda ao outro em perigo, motivado pelo sentimento de piedade (*pitié*). Isso seria entendido apenas como uma ação instintiva, puramente animal. O homem é um agente livre e, por sua própria escolha, pode fugir da regra prescrita pela Natureza (ROUSSEAU, 1999b). A partir daí, Rousseau começa a delinear, no *Segundo discurso*, a multiplicação das ideias e o desenvolvimento de novos sinais comunicativos até atingirem um nível de linguagem articulada. Como as faculdades se desenvolvem conforme a necessidade, saindo de seu estado potencial, a necessidade imediata que se coloca no estágio pré-social é a da comunicação e das trocas significativas – portanto, da conectividade. A energia e o calor com os quais Rousseau escreveu seus *Discursos* já estavam presentes muito antes, quando algumas peças poéticas saíram de sua pena, entre os anos de 1733 e 1737. Mas, tratava-se de um outro tipo de calor, um que era abrasado pelo nascente fogo da paixão juvenil e pela admiração, digamos telúrica, da paisagem e dos espaços naturais que vai dominá-lo o resto da vida.

O *pathos* sociocultural só é gerado quando o *amor a si mesmo* se torna o *amor-próprio*, ou seja, quando o homem passa a ter a consciência e o orgulho de sua superioridade[15], deixando que a vaidade tome seu coração. A partir daí, o homem procura ser melhor na caça, na pesca, na luta e em todas as ações que possam destacá-lo dos demais, colocando-o em posição vantajosa para sua própria pessoa e não mais para a comunidade. Nesse ponto, o *amor-próprio* é agressivo, controlador e dissimulador, porque passa a reivindicar um reconhecimento diferenciado perante os outros, um prestígio pessoal que possa, na maioria dos casos, render glória e poder. À medida que os sentimentos se multiplicam, o que é mera distração e lazer, como as reuniões em torno de uma fogueira diante das cabanas, a entoação dos cânticos e a realização das danças, passa a ser espetáculo e fermentação dos sentimentos torpes, como a inveja, a vaidade e outros semelhantes. Sobre isso, Rousseau diz:

> Cada um começou a olhar os outros e a desejar ser ele próprio olhado, passando assim a estima pública a ter um preço. Aquele que cantava ou dançava melhor, o mais belo, o mais forte, o mais astuto ou o mais eloquente, passou a ser o mais considerado, e foi esse o primeiro passo tanto para a desigualdade quanto para o vício; dessas primeiras preferências nasceram, de um lado, a vaidade e o desprezo, e, de outro, a vergonha e a inveja. A fermentação determinada por esses novos germes produziu, por fim, compostos funestos à felicidade e à inocência (1999b, 92).

---

15. "Assim, o primeiro olhar que lançou sobre si mesmo produziu-lhe o primeiro movimento de orgulho" (ROUSSEAU, *Discurso sobre a desigualdade*, 89).

Em tal condição, não há como bem conduzir as relações humanas. O desejo de prestígio e o sentimento de superioridade desaloja o *amor de si mesmo* ou o sobrepuja pelo *amor-próprio*. De qualquer forma, como adverte Warner (2015), a partir daí esse homem é social. Por isso que, pela teoria rousseauniana do reconhecimento, as escolhas precisam ser bem direcionadas, caso contrário, as paixões se inflamam e deterioram o *amor-próprio*. No desejo de sermos reconhecidos, amados e respeitados, a ação pode ser realizada de forma errada, de forma agressiva e impositiva. É o que acontece geralmente com o *bullying* – um fenômeno que só recentemente passou a ter a devida atenção dos educadores. Não muito diferentes das comparações feitas ao redor da fogueira, de quem cantava melhor ou caçava o maior animal, consideradas por Rousseau como o primeiro passo para as desigualdades e a fermentação rumo ao vício, como compostos funestos à felicidade, as comparações no ambiente escolar que levam ao *bullying* geralmente terminam em agressões verbais e físicas violentas, sempre vitimando os mais fracos, como forma de adquirir o respeito e o reconhecimento. No início, o homem se compara aos animais e se vê superior, capaz de dominá-los. Em seguida, compara-se ao seu semelhante, buscando demonstrar-se melhor em alguma atividade, provocando uma oposição viciosa.

Nesse ponto, o homem natural[16] já não é mais o mesmo em sua autonomia, pois a partir daí depende do olhar do outro. Assim, todo o processo de aperfeiçoamento no caminho

---

16. Em cuja classificação entram o possível homem originário, os selvagens e até mesmo os camponeses e as crianças. Como define o *Dicionário*, de Furetière de 1694, citado por Starobinski (*As máscaras da civilização*, Ensaios, São Paulo, Companhia das Letras, 2001, 21): "*Civilidade*: maneira honesta, suave e polida e agir, de conviver. Deve-se tratar todo mundo com civilidade. Ensina-se às crianças a civilidade infantil. *Apenas os cam-*

da polidez e do refinamento resulta tão somente numa civilidade hipócrita, cujo conhecimento (ciências e artes) em vez de melhorar os costumes em geral, contribuiu com o distanciamento do homem para com suas origens. Rousseau se coloca nesta posição e, antecipando algumas questões que desenvolve no *Segundo discurso*, no *Primeiro*, que é o *Discurso sobre as ciências e as artes*, ele diz: "Eis como o luxo, a dissolução e a escravidão foram, em todos os tempos, o castigo dos esforços orgulhosos que fizemos para sair da ignorância feliz na qual nos colocara a sabedoria eterna" (1999b, 198). Radicalizando a questão, o selvagem de Rousseau é o homem em toda sua originalidade primitiva, antecipando todo e qualquer processo civilizador[17]. Sem essa radicalidade, não é possível, do ponto de vista de Rousseau, conhecer o homem tal como o formou a natureza, nem, tampouco, separar o que é original, próprio dessa natureza, e o que foi modificado ou acrescentado pelo artifício, a fim de guiar o trabalho de reconfiguração do homem desfigurado, devolvendo-lhe os principais traços dados pela natureza: "O essencial é ser o que nos fez a natureza; somos sempre demais o que os homens querem que sejamos" (ROUSSEAU, 1973, 453).

O desenvolvimento das faculdades intelectuais coloca em curso o processo da desnaturação e define, dessa forma, a saída do estado de animalidade e estupefação[18] e a entrada

---

poneses, as pessoas grosseiras, carecem de civilidade. (...) Os camponeses não são civilizados como os burgueses" (Grifo meu).

17. Como já foi citado, é bom lembrar que nesse estágio a terra estava "abandonada à fertilidade natural e coberta por florestas imensas, que o *machado jamais mutilou*" (ROUSSEAU, *Discurso sobre a desigualdade*, 58. Grifo meu).

18. Embora Rousseau empregue no *Contrato social* um grande esforço argumentativo em favor do Estado civil, chegando a dizer que o homem "deveria sem cessar bendizer o instante feliz que dela [natureza] o arrancou para sempre e fez, de um animal *estúpido* e limitado, um ser inteligente e um

numa nova fase da vida humana. Esta, caracterizada principalmente pelos artifícios criados para vencer os obstáculos naturais, desencadeia uma sucessão de eventos cujo teor psicológico e sociológico põe fim ao homem da natureza e faz nascer o homem do homem, que é por excelência o homem da cultura. Com o despertar da razão o progresso[19] é inevitável, uma vez que a capacidade de reflexão do selvagem nessa nova fase supera a simples adaptabilidade às condições adversas do meio, passa pelo progresso individual da cognição e chega ao progresso do gênero humano, isto é, à socialização e ao processo

---

homem" (ROUSSEAU, *Contrato social*, 77. Grifo meu), sua crítica pode não ser tão negativa quanto parece. Vale lembrar que o adjetivo *stupide* (estúpido) pertence à mesma raiz da palavra *stupéfaction* (estupefação), que vem de *stupeur* (estupor, entorpecimento) e que talvez venha a definir melhor a situação do homem natural. O bom selvagem estava mais para um animal estupefato, entorpecido diante da grandiosidade da natureza e dos fenômenos naturais incompreensíveis à limitada combinação de ideias que possuía, que, precisamente, um animal idiota, parvo e imbecil. Por isso, preferimos o termo "estupefação", que se aproxima do sentido de admiração e êxtase, ao taxativo termo "estupidez". Derathé (*Jean-Jacques Rousseau et la science politique de son temps*, 378) diz que *stupide* e *stupidité* são palavras que "saem da pluma de Rousseau" para caracterizar o estado mental dos primitivos, por causa de sua existência solitária e puramente animal.

19. No sentido de aperfeiçoamento das faculdades humanas e não no sentido que Augusto Comte (1798-1857) utiliza, como o "desenvolvimento da ordem", guiado pelo conhecimento científico (Cf. ABBAGNANO, *Dicionário de Filosofia*, São Paulo, Martins Fontes, ⁴2000, 776-777). Segundo Gouhier (*Les méditations métaphysiques de Jean-Jacques Rousseau*, Paris, Vrin, 1970, 22), Comte concebe a perfectibilidade segundo a lei dos três estados, a qual tem sua origem na natureza e fixa o rumo da história. Não há, portanto, na concepção positivista uma separação entre natureza e cultura tal como ocorre no pensamento do filósofo genebrino. Segundo Starobinski (*As máscaras da civilização*, 17), "para Rousseau o processo da civilização não é sustentado por um desígnio consciente e constante, constrói-se por meio das consequências imprevistas dos conflitos, dos trabalhos, das inovações pontuais, com o concurso de 'circunstâncias' que os homens dominam apenas imperfeitamente". Sobre Rousseau e Comte, cf. GOUHIER, Henri, *Le temps de la refléxion*, Paris, Gallimard, IX, 1983.

histórico. Mesmo que esse desencadeamento de fatos tenha uma mesma origem e faça parte de uma mesma linearidade histórica, seu desenvolvimento está condicionado a duas fases principais: o progresso do espírito (aperfeiçoamento do indivíduo) e o nascimento da cultura (progresso da espécie).

Atendo-nos à primeira fase, vale lembrar que antes de qualquer alteração, de cunho psicológico ou sociológico, em sua condição natural o homem é dotado de faculdades que o colocam num patamar mais elevado do que o dos outros animais. Como vimos, duas faculdades são ressaltadas no *Segundo discurso* como caracterizadoras do homem tal como saiu da natureza (ou tal com a Natureza o fez): a liberdade e a perfectibilidade. Delas, a primeira permite ao homem uma escolha, o que o diferencia substancialmente dos outros animais. Quanto à perfectibilidade, entende-se que ela é que possibilita o progresso das capacidades e habilidades pessoais e, portanto, a que separa definitivamente o homem das demais criaturas e possibilita o nascimento da cultura. Entretanto, enquanto a liberdade é característica do homem da natureza e está presente desde seus primeiros dias de vida, a perfectibilidade é tão somente uma faculdade virtual que pode ou não receber os estímulos para sua evolução, pois seu desenvolvimento está condicionado a situações desafiadoras que requerem uma maior plasticidade de resposta encontrada somente nos humanos. Diante dos acidentes naturais, como uma chuva torrencial, uma enchente, um incêndio, a erupção de um vulcão ou um cataclismo qualquer, o homem é forçado a responder de forma alternativa a fim de garantir a sobrevivência e a adaptação às novas condições que porventura forem criadas. E é essa plasticidade que permite o despertar do aperfeiçoamento humano e, consequentemente, a insustentabilidade das condições primitivas. Esse desequilíbrio para com a simplicidade e a harmonia da natureza gera a instabilidade[20] que dá início, por bem ou por mal, ao longo e inexorável processo de desnaturação bem como o afastamento das origens. Como diz Rousseau (1999b, 65):

> É a faculdade de aperfeiçoar-se, faculdade que, com o auxílio das circunstâncias, desenvolve sucessivamente todas as outras e se encontra, entre nós, tanto na espécie quanto no indivíduo; o animal, pelo contrário, ao fim de alguns meses, é o que será por toda a vida, e sua espécie, no fim de milhares de anos, o que era no primeiro ano desses milhares.

Nesse sucessivo desenvolvimento das faculdades, o qualificativo humano em distinção com a pura animalidade se caracteriza pelo aperfeiçoamento. Ser humano, nessa perspectiva, é poder realizar uma combinação intensa das ideias e não reagir de forma instintiva diante das necessidades e situações adversas, como faz qualquer animal. O que possibilita, portanto, um maior exercício da criatividade em relação aos recursos naturais, o uso da imaginação para enfrentar os obstáculos naturais e, por fim, o melhor uso da liberdade. Dessa forma, a perfectibilidade não é uma simples faculdade em estado potencial no selvagem, mas a própria humanidade adormecida que pode ser despertada com o concurso de diversos fatores externos. O homem nesse estágio, aliás, não pode ser considerado um animal no pleno sentido do termo, uma vez que o livre-arbítrio lhe permite optar por obedecer ou resistir aos impulsos da natureza: "A natureza manda em todos os animais, e a besta obedece. O homem sofre a mesma influência, mas considera-se livre para concordar ou resistir,

---

20. "O estado de natureza, com efeito, implica uma estabilidade indefinida" (GOUHIER, Henri, La "perfectibilité" selon Jean-Jacques Rousseau, *Revue de Théologie et de Philosophie*, v. 110 (1978) 321-339, aqui 324).

e é sobretudo na consciência dessa liberdade que se mostra a espiritualidade de sua alma" (ROUSSEAU 1999b, 64).

Sendo assim, essa espécie quase-animal, que talvez tenha existido nos tempos remotos, amplia sua percepção e sua cognição de forma gradativa, sem, necessariamente, provocar uma ruptura com a natureza, nos moldes da queda do homem conforme o relato do Gênesis[21]. Enquanto a parábola bíblica dá uma ideia de queda e expulsão imediatas, o bom selvagem rousseauniano passou primeiro por um processo de aperfeiçoamento sensitivo que o auxiliou na conservação e na devida adaptação às diversas condições a que fora submetido pela própria natureza. Em seguida, o concurso de diversos fatores externos alimentou sua imaginação até desenvolver a atividade intelectual, isto é, a reflexão. Na condição de quase-animal, o homem não fica preso à realidade primitiva e tem como superar seus limites e sair de seu imediatismo, como ocorreu com a humanidade, segundo as análises desenvolvidas em seu discurso sobre a desigualdade.

O recurso metodológico que Rousseau emprega para refletir sobre o estado primitivo possibilita não somente a compreensão da natureza e do homem natural, mas também as modificações que foram aos poucos alterando a condição humana até chegar ao estado de sociedade. O retorno hipotético ao estado puro de natureza, esforço empregado tanto no *Primeiro* quanto no *Segundo discurso*, tem precisamente o objetivo de refletir sobre as circunstâncias dos progressos humanos desde seu estado mais anterior

---

21. Pissarra (*História e ética no pensamento de Jean-Jacques Rousseau*, 124) ressalta que a "queda" do homem em Rousseau "não acarreta nenhuma culpa que passe a ser inerente à espécie humana", como defende a teologia cristã sobre da queda de Adão.

possível, traçando sua evolução até chegar ao estado civil[22] a fim de conhecer a origem da desigualdade e a fonte da depravação e da corrupção do homem. No final do prefácio do *Segundo discurso* Rousseau (1999b, 48) deixa claro o valor desse esforço:

> Esse estudo do homem original, de suas verdadeiras necessidades e dos princípios fundamentais de seus deveres, representa ainda o único meio que se pode empregar para afastar essa multidão de dificuldades que apresentam sobre a origem da desigualdade moral, sobre os verdadeiros fundamentos do corpo político, sobre os direitos recíprocos de seus membros e sobre inúmeras questões semelhantes, tão importantes quanto mal esclarecidas.

Nesse aspecto, as reflexões do autor são como um esclarecimento da realidade e a revelação de que o progresso do espírito humano acabou por renegar a inocência e a bondade originais em favor de uma razão domesticada, cativa

---

22. Como diz no *Contrato Social* (Livro I, Cap. VIII): "A passagem do estado de natureza para o estado civil determina no homem uma mudança muito notável, substituindo na sua conduta o instinto pela justiça e dando às suas ações a moralidade que antes lhe faltava. É só então que, tomando a voz do dever o lugar do impulso físico, e o direito o lugar do apetite, o homem, até aí levando em consideração apenas sua pessoa, vê-se forçado a agir baseando-se em outros princípios e a consultar a razão antes de ouvir suas inclinações". O que nos leva a entender que *estado civil* para Rousseau é a condição social do homem, em pleno exercício de sua cultura, sujeito à razão e ao conjunto comum de regras para o governo de sua conduta. Não é qualquer agregação ou associação que se constitui o *estado civil*, mas aquela instituída de forma legítima e que funciona pela *vontade geral*. Segundo Pissarra (*Rousseau, A política como exercício pedagógico*, São Paulo, Moderna, 2002, 74), "o estado civil é um artefato por meio do qual a autoridade política restitui, de forma artificial, a liberdade e a igualdade existentes no estado de natureza".

das paixões e serva da dissimulação[23]. É o momento em que o homem se descobre enquanto espetáculo (SALINAS FORTES, 1997, 50) e esmera na aparência, no luxo, na retórica, na mentira e em todos os recursos que o coloquem em destaque perante seus semelhantes. A artificialidade da vida, que coincide com o gosto pelas artes, pelas letras, pela ciência e pela filosofia, torna-se a tônica de todas as ações humanas de tal forma que o conhecimento humano se volta quase integralmente à alimentação das paixões e das vaidades. O quadro que se apresenta é tão lastimável que o próprio Rousseau chega a aceitar a perversidade humana[24] e comenta no prefácio da comédia *Narciso ou o amante de si mesmo*, escrita em 1733, antecipando a posição que toma, 17 anos depois, quando escreve o *Discurso sobre as ciências e as artes*:

> O gosto pelas letras, pela filosofia e pelas belas-artes enfraquece o amor pelos nossos primeiros deveres e pela verdadeira glória. Quando os talentos conseguem usurpar as honras devidas à virtude, cada qual quer ser um homem agradável e ninguém se preocupa com ser um homem de bem (1999b, 295).

Proposto pela Academia de Dijon, em 1750, o tema de seu concurso chamou a atenção de Rousseau para o problema moral que levantava e que, como vimos, já fazia parte suas reflexões: "O restabelecimento das ciências e das artes

---

23. "Onde não existe nenhum efeito não há nenhuma causa a procurar; nesse ponto, porém, o efeito é certo, a depravação é real, e nossas almas se corromperam à medida que nossas ciências e nossas artes avançaram no sentido da perfeição" (ROUSSEAU, *Discurso sobre as ciências e as artes*, 193).

24. "Os homens são perversos" (ROUSSEAU, *Discurso sobre as ciências e as artes*, 199). Não no sentido de que nascem perversos, mas no de que se tornam perversos.

contribuiu para aprimorar os costumes?" E, como resposta, depôs contra o luxo, as artes e as ciências que, segundo ele, tiveram a mesma origem e não foram positivas para humanidade. Em vez de aprimorar os costumes e desenvolver as virtudes, o progresso cultural alcançado a partir do Renascimento deteriorou a moral e corrompeu as relações mais simples entre os seres humanos.

O erro fundamental dessa deterioração parece ter sido o excessivo valor que os homens deram aos talentos e às habilidades desenvolvidas, em detrimento da virtude. O aperfeiçoamento humano poderia ter sido mais bem encaminhado, não subestimando as ações virtuosas, os talentos úteis e a reflexão, para o benefício da espécie em toda sua harmonia física e intelectual. Até porque, como diz em seu *Discurso sobre as ciências e as artes* (1999b, 191) acerca do estado primitivo, "no fundo, a natureza humana não era melhor, mas os homens encontravam sua segurança na facilidade para se penetrarem reciprocamente, e essa vantagem, de cujo valor não temos mais noção, poupava-lhes muitos vícios". Infelizmente, como o autor lamenta nas páginas subsequentes, o aperfeiçoamento humano foi acompanhado por um processo de corrupção das almas que acabaram sendo desfibradas de suas disposições originais. Tal como o estado originário, a figura do homem primitivo é instrumentalizada no julgamento das coisas. Lembrando ainda de Robinson Crusoé, Rousseau deixa clara sua posição quanto a isso:

> Robinson Crusoé na sua ilha, sozinho, desprovido da assistência de seus semelhantes e dos instrumentos de todas as artes, provendo, contudo, a sua subsistência, a sua conservação, e alcançando até uma espécie de bem-estar, eis um objeto interessante para qualquer idade e que temos mil meios de tornar interessante às crianças. Eis como realizamos a ilha deserta

que me servia a princípio de comparação. Essa situação, convenho, não é a do homem social; com toda verossimilhança não deve ser a do Emílio: mas é segundo essa situação que deve apreciar todas as outras. O meio mais seguro de elevar-se acima dos preconceitos e de ordenar seus julgamentos sobre as verdadeiras relações das coisas está em colocar-se no lugar de homem isolado e tudo julgar como esse homem deve julgar ele próprio, em razão de sua utilidade (1973, 198).

Nasce, a partir daí um posicionamento político, ontológico, antropológico e pedagógico que passa a estruturar o pensamento de Rousseau. Destoando de muitos de seus contemporâneos, seu método opõe sistematicamente natureza e cultura. Posição que abre uma perspectiva de contradição[25] apenas aparente, mas que no final revela uma coerência interna e um esforço pela superação das ambiguidades e dos paradoxos. E é por meio desse posicionamento que Rousseau desenvolve suas principais obras, mormente o *Emílio*, no qual a perfectibilidade é bem conduzida pelo preceptor e permite, ao fim de sua formação, preservar a natureza humana em todas as suas disposições originais na alma do homem da cultura a fim de viver a plenitude de sua humanidade e atingir a felicidade[26] tanto na tranquilidade do campo como na agitação da vida urbana; tanto numa sociedade específica quanto em um mundo de certa forma globalizado, como o atual. Resumindo, a perfectibilidade se desperta para a cultura sem alterar as tendências naturais:

---

25. "É na perspectiva dessa contradição primordial que veremos esse pensamento na plenitude de seu vigor" (SALINAS FORTES, *Rousseau, O bom selvagem*, São Paulo, FTD, 1989, 38).
26. Gouhier (*Les méditations métaphysiques de Jean-Jacques Rousseau*, 34. Tradução livre) afirma que "a educação deve impedir a criança de ser o homem do homem histórico e preparar um novo homem do homem que permaneça fiel à natureza mesmo na cultura".

Meu principal objetivo, ensinando-lhe a sentir e amar o belo em todos os gêneros é de nele fixar suas afeições e seus gostos, e impedir que suas tendências naturais se alterem e que ele busque um dia, em sua riqueza, os meios de ser feliz, que deve encontrar perto dele (1973, 400).

O desafio pedagógico está posto, qual seja, o de educar o *amor-próprio* em seu potencial positivo (NEUHOUSER, 2013), uma vez que não se pode suprimi-lo, de tal modo que a relatividade própria dessa paixão seja entendida na dimensão do respeito e da dignidade humana. Nisto, o filósofo de Genebra é, sim, uma boa referência.

Tendo desenvolvido o *amor-próprio*, nada mais poderá fazer sem a consideração ou a perspectiva do outro. Se a sociedade se estabelece nessa base, claro está que o homem social será sempre um homem fragmentado e totalmente deslocado no novo ambiente que os agrupamentos proporcionam. Muito mais ainda numa sociedade estabelecida, seja por um contrato ou pela força do mais forte, ou mesmo por qualquer outro meio de associação, o homem deixa de ser unidade e passa a ser uma fração, fragmento de um todo maior. É nesse sentido que não apenas o *Contrato social*, mas o *Emílio* e até a *Nova Heloísa* podem ser entendidos como peças de um quebra-cabeça político bem elaborado por Rousseau, no sentido de minimizar essa fragmentação. Destaco aqui o *Emílio* porque é nessa obra que uma pedagogia das relações humanas se desenvolve no sentido de melhor desnaturar o homem. Razão pela qual Vargas (1995) classifica o *Emílio* como um tratado de política natural, porque em vez da defesa do estabelecimento de uma ordem política, ou de uma educação pública *tout court*, o que se propõe nessa obra é a formação educativa de um jovem por um movimento de reconciliação entre seu eu e o mundo ao seu redor. Esse movimento político não é imposto de fora para dentro, mas desenvolvido ao longo da formação humana por meio de situações cuja didática aponta para a preparação do convívio com seus semelhantes, respeitando não apenas o próximo, mas também as instituições e as leis.

Longe de ser uma solução radical ao problema da unidade – perdida para sempre no momento da saída do estado de natureza –, o pensamento pedagógico rousseauniano traça um modo de amenizar o problema pela via da formação do homem, do modo mais natural possível, o qual possa estar pronto para viver por si mesmo, ou para viver em qualquer sociedade. Não se pode esquecer que é esse o desejo expresso também no início do *Emílio*, quando o autor afirma que se "o duplo objetivo puder ser reunido em um só" (O.C., 1969, 251. Tradução livre) isso significará a remoção de um grande obstáculo à realização da felicidade humana. Eis, portanto, as configurações de um novo homem, de um ser que pode ser homem e cidadão ao mesmo tempo e, portanto, um homem "composto", como o denominam Jimack (1960, 96) e o próprio Rousseau, no *Manuscrit Favre* (O.C., 1969, 57), tendo em vista a possível coexistência das duas dimensões e a solução do problema colocado pela cisão entre o ser e o parecer, bem como o das relações humanas deterioradas pelo desenvolvimento e pela exaltação do *amor-próprio*.

Embora no Emílio o despertar para essa realidade aconteça somente no Livro IV, com uma abertura moral-psicológica para o mundo, para o outro e depois para a constituição de uma família, o tutor teve o cuidado de inserir em suas lições precedentes pequenas doses de relações humanas para preparar o espírito da criança sob seus cuidados. Essas doses não são curativas, mas servem apenas como vacina para prevenir o mal, bem na perspectiva da educação negativa, proposta pelo preceptor no início da obra. Nada foi ministrado como forma de adiantar sua sociabilidade ou forçar, contra a natureza, compromissos morais não apropriados à sua idade. No final do Livro III, quando o jovem completa seus 15 anos e deixa para trás a *idade da natureza* e a *idade da força*, sua condição é a de alguém que adquiriu conhecimentos naturais e físicos suficientes para entender o mundo que o cerca e poder, dessa forma, satisfazer-se a si mesmo.

Em termos morais, as virtudes desenvolvidas auxiliaram até aí na expansão do *amor de si* e da *compaixão*, de modo a prepará-lo para conviver minimamente com os outros, estando ainda um ser um tanto quanto solitário entre os outros e "só na sociedade humana" (O.C., 1969, 488. Tradução livre). Desse ponto em diante, ou seja, adentrando a *idade da razão e das paixões*, será preciso expandir-se moral e psicologicamente de modo a conhecer mais sobre as relações com seus semelhantes. Como diz o autor, "para ter também as virtudes sociais, falta-lhe unicamente conhecer as relações que as exigem; faltam-lhe apenas as luzes que seu espírito *está preparado* para receber" (O.C., 1969, 488. Tradução livre; grifo meus). A partir desse momento, as relações humanas são fundamentais para o desenvolvimento de uma pedagogia socializadora. Diferentemente das relações estabelecidas nas cenas pedagógicas, elas não são mais instrumentais, dadas em pequenas dosagens, mas são, como defende Warner (2015), constituintes da identidade, responsáveis por formar as opiniões políticas, os sentimentos morais, as preferências estéticas e as diversas orientações para o bem-viver no meio social.

De qualquer forma, o despertar do sentimento social, que coincide com o despertar do *amor-próprio*, deve ser acompanhado de um minucioso processo de desnaturação, ou melhor, de formação que possa validar uma convivência social recíproca. Afinal, como aparece no Livro IV, do *Emílio*, "queremos obter a preferência que damos; o amor deve ser recíproco. Para ser amado é preciso tornar-se amável; para ser preferido é preciso tornar-se mais amável do que outro, do que qualquer outro, ao menos aos olhos do objeto amado" (O.C., 1969, 494. Tradução livre). Isso quer dizer que a solução para o problema da sociabilidade, sobretudo para lidar com o *amor-próprio*, pode estar na possibilidade de se estabelecer uma dependência direta entre o desejo de aprovação social e o desejo de merecer essa aprovação. O *amor-próprio* em si não é um mal, a não ser quando inflamado pelas paixões deterioradas, como a inveja, o ódio e o desejo de poder. Não sendo, é um sentimento que pode ser canalizado por uma gradual e bem conduzida socialização.

É por isso que as primeiras relações sociais de Emílio são introduzidas apenas após um longo processo de educação natural, quando acontece o desenvolvimento interno dos órgãos e das faculdades, fomentado por experiências educativas simples, indicadas pela própria natureza. Entretanto, para completar a formação de sua identidade moral, seu caráter, outras situações de relacionamento são fundamentais, situações práticas para ilustrar as relações mais complicadas e complexas, sobretudo à criança, as quais podem auxiliar numa boa transição entre as sensações puramente afetivas, próprias das crianças, para o exercício do julgamento, próprio da vida social. Por exemplo, sabendo de antemão que essa vida social é representativa, o preceptor não leva a criança para a intensidade da vida urbana a fim de se relacionar com a multidão, mas tão somente mostra-lhe algumas máscaras, de forma gradativa, isto é, das menos às mais assustadoras para que se acostume e venha até a rir dessa artificialidade grotesca. De qualquer modo, há aí uma expansão gradual do eu em direção ao outro, que lembra o potencial da *piedade*. As discussões sobre a *pitié*, presentes no *Segundo discurso*, no *Emílio* e no *Ensaio sobre a origem das línguas*, quebram o aparente solipsismo do *amour de soi* ao apresentar a *pitié* como uma virtude. Embora natural, o fenômeno da comiseração aponta para a afetividade e a similitude, que pode acontecer numa situação contingencial de sofrimento, abrindo-se como expansão, ou nas palavras de Rousseau, como emanação do *amor de si*[27].

E nessa expansão entre o eu e os outros, o que se destaca nas relações humanas é a *amizade*. Parece estranho falar desse tema num autor que foi incapaz de manter o forte vínculo que possuía com diversos amigos. Como se pode questionar, ao se definir como o "mais sociável dos homens" e lamentar, em *Les rêveries du promeneur solitaire*, que acabou só, sem amigos, porque foram eles que quebraram os laços (O.C., 1959, 995), teria sido ele um ingrato? Sem pretender responder a essa questão, passo a analisar a amizade como uma categoria moral. Se considerarmos que foi a amizade que venceu em *Júlia* e no *Emílio*, e não o amor, todo o relacionamento humano – a nível individual ou social – depende muito mais de uma sólida amizade (*philia*) para se manter do que de um amor-paixão (*eros*) ou, no caso civil, do incondicionado e idealizado amor à pátria (*ágape*), no sentido espartano. Como uma ampliação, ou desenvolvimento ordenado, da *pitié*, a *amitié* deve levar em consideração o bem do outro em sua alteridade e liberdade.

Entretanto, como em todas as demais categorias rousseaunianas, a amizade não goza de estatuto perenal, logo, pode ser corrompida e acabar. Enquanto *philia*, possui, pois, uma dimensão política e necessita ser bem alimentada. Trata-se de um sentimento que só se desenvolve com os outros, e só

---

27. "La bonté, la commiseration, la générosité, ces premieres inclinations de la nature, qui ne sont que des émanations de l'amour de soi" (ROUSSEAU, *Rousseau juge de Jean-Jacques*, In: O.C., t. I, 864).

se mantém por uma constante relação embasada no princípio ético da igualdade, do respeito à lei e à cidadania – o que permite compreender a articulação que existe entre a psicologia, a moral, a política e a educação em Rousseau, sem a qual nenhum contrato social é possível, nem, tampouco, uma mínima convivência em qualquer sociedade.

É certo que o instinto da *pitié* pode garantir um possível bom relacionamento, mas lamentavelmente até mesmo o sentimento humanitário da piedade não escapa da degeneração, chegando a constituir o que Salinas Fortes (1997, 60) chama de *paradoxo da pitié*, lembrando Derrida (2006), cujo efeito no exercício da alteridade faz com que o sentimento deixe a dimensão do mundo natural e instintivo para adentrar o mundo da razão. Pois, para julgar que o outro sofre, no período da *Idade do Ouro*, o homem utiliza sua imaginação para se colocar no lugar do sofredor. É preciso refletir para intervir em favor daquele que necessita. E, como nos lembra Starobinski (1991, 39) "com a reflexão, termina o homem da natureza e começa o homem do homem".

O homem do homem é, portanto, o resultado desse abuso[28], produto desse afastamento da natureza, tornando a humanidade um conjunto de desigualdades morais que, muito além das físicas, pervertem o homem autêntico. Tal artifício é denunciado enfaticamente em toda a obra rousseauniana e traduz as inquietações não apenas de sua época, mas também dos séculos antecedentes. O holandês Desidério Erasmo (1466-1536) já dizia em seu *Elogio da loucura* que as artes e as ciências não tinham vindo da natureza e nem eram conhecidas dos povos da *Idade do Ouro*, mas foram o

---

28. Na *Carta a Christophe de Beaumont*, ele diz: "Segui, por assim dizer, a genealogia e demonstrei como, pela alteração sucessiva da bondade natural, os se tornaram enfim como são" (O.C., t. IV, 936. Tradução livre).

germe da corrupção da inocência e pureza até então existentes (FRANCO, 1937). Porém, na práxis coletiva dos habitantes dessa época, promovida pelos encontros imediatos e descomprometidos, suas estruturas psicológicas já eram capazes de refletir a respeito das diferenças e efetuar julgamento de sua superioridade ou inferioridade. Eis aí um ambiente propício para comparações diversas e para as tentativas de superação com o sentido de chamar para si a atenção dos seus companheiros e ganhar a estima de seus semelhantes. Nesse jogo que faz nascer a desigualdade moral, a luta da humanidade converge para o mundo da parecença, porque demonstrar o que se é na realidade torna-se insuficiente para atrair a atenção e a estima do outro. Nesse caminho errôneo, o homem acaba por adentrar um mundo de figurações representativas para nunca mais voltar.

Concluindo, seja nessa perspectiva ou ainda na perspectiva de uma sociedade contratual, a manutenção de uma estabilidade política recairá sobre uma convivência harmônica e um bom relacionamento entre as partes constituintes. Não é que a teoria política de Rousseau se resuma à amizade, mas à capacidade do homem, mesmo livre, de saber viver em unidade com o outro, isto é, saber viver harmoniosamente com seus semelhantes. Em qualquer estrutura social o indivíduo tem diversas responsabilidades às quais deve adequar seus próprios interesses. Daí o motivo de uma educação repleta de conectividade humana e de situações nas quais esse potencial possa ser desenvolvido, assegurando uma formação moral que prepare o indivíduo a um convívio virtuoso. E isso só será possível se tiver passado, como Emílio passou, por situações em que a compreensão desse aspecto tenha sido interiorizada o suficiente para tornar-se uma norma. Ou seja, a questão é pedagógica, e só por meio do relacionamento humano, devidamente orientado, o indivíduo poderá desenvolver a consciência do problema social e da forma como melhor enfrentá-lo. E isso nos leva de volta à compreensão da amizade como chave para a solução do problema. Uma chave tão importante, mas que, paradoxalmente, foi negligenciada pelo genebrino no trato com seus amigos – o que nos leva a pensar que nunca vamos nos livrar dos paradoxos de Rousseau.

Comentário
GENILDO FERREIRA DA SILVA

Quero começar agradecendo ao Wilson pelo convite e pelo prazer de ler um texto tão interessante e poder acompanhar sua apresentação. Parabenizo pelo texto, pelo estilo leve que conduz a argumentação, num ritmo bastante envolvente, quase poético, principalmente na forma como trabalha as ideias, como tece a narrativa, e pela própria leitura que faz de Rousseau, embasada nos intérpretes, iluminando o texto e envolvendo os leitores. O desenvolvimento da escrita apresenta uma riqueza excepcional, demonstrando uma afinidade sem tamanho com o autor e, ao mesmo tempo, extraindo indagações, desconfianças e até mesmo possíveis contradições e paradoxos. O próprio título já é instigante e estimulante, pois esse "brilho do outro" diz muito e a cena ao redor da fogueira remete à doce lembrança de um luau, de cantos e contos ao redor do fogo. É sabido que essa experiência tão deliciosa é vivida desde os primórdios da civilização, quando os homens criaram o hábito de encontrar-se e celebrar os encontros, quando desfiavam seus mitos, os acontecimentos e as narrativas transmitidas de geração em geração, possibilitando o fortalecimento dos elos afetivos e sociais, ou, no caso de Rousseau, até mesmo sua destruição. Wilson, você consegue, ao estilo rousseauniano, despertar o interesse e a paixão, empolgar o leitor e estimulá-lo à leitura, ou, neste caso, à escuta. Foi ótimo, maravilhoso e tive o prazer de ver seu texto e acompanhar sua fala.

Entretanto, se me permite, gostaria de apontar que sua fala revela uma tendência exageradamente otimista, porque ela atenua a leitura, enquanto Rousseau me parece muito mais ríspido e pouco otimista. Suas perspectivas de civilização são menos animadoras do que você coloca. Rousseau não acredita no homem corrompido. O brilho do outro que ofusca o meu eu, ou a sombra do outro que me abafa, poderia ser o outro lado de seu título, isto é, o outro lado da moeda. O olhar, por exemplo, cria a ruptura, como diz Rousseau: "Cada um começou a olhar o outro e a querer ser olhado", ou seja, vivendo essa experiência do olhar é que o outro aparece ao eu e, reciprocamente o eu aparece ao outro. Então, como você destacou, o olhar resulta na ideia de aparecer, o aparecer daquele que olha, que é olhado, que é julgado etc. Aí você tem o elemento da alteridade, que se torna uma espécie de origem da alienação e, como você destacou bem, os indivíduos passam a ser confundidos com máscaras que personificam os personagens que desempenham um papel, ou seja, o que importa não é mais o ser, mas o parecer.

Fiquei ao mesmo tempo reticente quando você diz que felizmente a visão de Rousseau torna positiva quando projeta um futuro no qual uma outra natureza pode se tornar um elemento de recuperação da autenticidade do homem e de salvação mesma da humanidade. Não é o caso de retorno ao estado de natureza, mas de realizar a humanização pela vida social e pela educação. Ficarei aliviado se você me disser que esse sentimento, esse otimismo que se destaca, esteja presente no primeiro momento da obra rousseauniana. Aí estou de acordo. Mas esse otimismo não sobrevive no resultado da obra de Rousseau, como um todo. Ou seja, no fim,

Rousseau é excessivamente pessimista e ele perde completamente a fé na capacidade do homem de aperfeiçoar-se. Depois das perseguições resultantes das publicações do *Contrato social* e do *Emílio*, quando se exila e passa a viver isolado, Rousseau passa a defender que o homem e seu processo civilizacional não tem saída. Ou seja, o homem em civilização caminha para sua autodestruição. E isso nos remete aos nossos dias, quando a humanidade não tem aprendido com as pandemias, com todos seus exemplos. Penso que o presente configura o pensamento de Rousseau, sem muita perspectiva de otimismo.

Pode ser que minha crítica não se sustente porque você está tratando os primeiros escritos, da crença de Rousseau em buscar uma saída pela educação e pela política, embora pareça que você vá chegar ao momento da desilusão de Rousseau. De modo que fui tocado de maneira positiva pelo seu texto, mas também de maneira negativa nessa questão do otimismo.

Muito obrigado.

Resposta

Eu que agradeço por sua participação. A todos os convidados deixei a liberdade de falarem o que quiserem, até discordar do texto, que é seu caso no que diz respeito a esse ponto do otimismo. Até certo ponto não discordo de sua crítica, pois há de fato essa desilusão em Rousseau, sobretudo no final de sua vida. Porém, a possibilidade de reconfiguração está clara nos primeiros escritos, e vejo essa possibilidade – o que pode ser uma leitura só minha – no *Emílio*, pois a obra é cheia de esperança. Não no sentido de um manual, mas como uma reflexão ampla da perfectibilidade humana, repousando nele uma possível reconfiguração – o que foi o tema de minha tese. Uma exegese positiva própria, talvez "contaminada" pelo vício da paixão pela obra e pela figura de Rousseau, a qual procura, a partir de seus escritos, uma interpretação pedagógica pela via das possibilidades de resgate, de reconfiguração humana e política, por caminhos inusitados, como a conectividade, a amizade, e não pelo contrato ou pela força revolucionária.

Entretanto, no final de sua obra, Rousseau chega até a concordar com Hobbes, considerando a realidade que tinha diante de si, ou seja, de que no âmbito do factual o homem se tornou o lobo do próprio homem. Mesmo assim, em minhas leituras, tento abstrair o máximo possível de sua obra, por uma leitura um pouco mais otimista. Assumo meu otimismo.

Quarta conferência
MAS EU NÃO TENHO JARDIM
Propriedade, vida social e legitimidade

No início do Livro Nono, das *Confissões*, Rousseau diz que o maior desejo de sua vida era o de ter concluído a obra *Instituições políticas*, a qual, segundo ele, teria sido sua grande contribuição à felicidade do gênero humano[1]. Nessa obra estariam, certamente, os princípios de sua filosofia política, concernentes à organização social e ao governo, como também os princípios de sua filosofia moral, concernentes aos costumes e à consciência interior de cada indivíduo. Malgrado a possibilidade de ter concretizado o projeto, esses princípios se encontram presentes em diversos de seus escritos, sobretudo no *Discurso sobre as ciências e as artes* e no *Discurso sobre a origem e os fundamentos da desigualdade entre os homens*.

E é interessante notar que nesses dois textos há uma correlação muito estreita entre a questão política e a questão es-

---

1. "Das várias obras que tinha na forja, aquela em que há mais tempo meditava, em que me ocupava com mais prazer, aquela em que queria trabalhar toda a vida, e que, em meu entender, devia firmar minha reputação, eram as Instituições políticas" (ROUSSEAU, *Confissões*, 402; O.C., t. I, 404).

tética. Pois, se, por um lado, o mais forte impôs-se política ou economicamente sobre os mais fracos; por outro, o mais talentoso usou sua habilidade artística ou intelectual para se destacar no jogo das diferenças, em detrimento do sem-talento. Essa discussão é longa, mas Rousseau chega à conclusão que as ciências, as letras e artes não foram assim tão boas. Segundo ele, elas acabaram estendendo "guirlandas de flores sobre as cadeias de ferro" (1999b, 190) as quais acorrentaram os homens, matando o sentimento original de liberdade e fazendo-os amar a escravidão. Isto é, sem noção do grau de desigualdade e despotismo no qual vive, o homem escravizado se vale dessas "flores" para velar sua condição ou é enganado pela ilusão que elas provocam.

A gênese do problema parece estar em duas coisas imbricadas em uma só: a distinção da força e a diversidade dos talentos. E o problema não está na distinção em si, pois se o homem é diferente em sua constituição física, pode sê-lo também em suas capacidades no campo cultural; mas em seu aspecto fenomenológico, pois foi pelo narcisismo e pelo sentimento de superioridade que o processo se degringolou, ou seja, pela fermentação das paixões que alimentaram o *amor-próprio*, tendo este alimentado as consequentes desigualdades[2]. No *Primeiro discurso* Rousseau questiona: "De onde nascem todos esses abusos senão da funesta desigualdade introduzida entre os homens pelo *privilégio dos talentos* e pelo *aviltamento* das virtudes?" (1999b, 210. Grifo meu). No *Segundo discurso*, há uma passagem que fala dos encontros primitivos em frente das cabanas, ou ao redor de alguma árvore, nos quais o canto e a dança eram o lazer preferido, mas claramente referindo-se ao estágio que antecedeu o sen-

---

2. "*Amour-propre* is the origin and support of inequality" (SHKLAR, *Men & citizens*, 82).

timento narcisista e o jogo das aparências que se seguiram e mudaram esse cenário.

Do mesmo modo que deve ter ocorrido ao redor da fogueira, houve também ao redor da árvore, ou próximo à cabana, um atiçamento do *amor-próprio*, quando o mais talentoso, o mais belo, o mais forte ou o mais astuto ganhou a notoriedade, indicando o primeiro passo para os desentendimentos e para a funesta desigualdade. Como se pode ver, nos dois discursos a questão não é só política, mas também estética. Ou seja, cada qual passou a observar e a querer ser observado, chamando para si a atenção do outro e procurando desenvolver ao máximo seus talentos para se destacar dos demais, impondo de alguma forma sua figura e abrindo espaço para o desenvolvimento do "império da opinião"[3], como Rousseau afirma na *Carta a D'Alembert*. Se, por um lado, esse progresso marcou, certamente, o nascimento da apreciação e do sentimento estéticos, por outro, fez nascer os sentimentos de preferência e desprezo, os quais deterioraram as relações iniciadas nos momentos de agregação. Como diz Rousseau, "a fermentação determinada por esses novos germes produziu, por fim, compostos funestos à felicidade e à inocência" (1999b, 92).

Entretanto, vale salientar que essa "fermentação" advém do "privilégio" dos talentos e do "aviltamento" das virtudes e não dos talentos ou das virtudes em si. Isto é, o problema não advém do estado ou da existência das diferenças, mas do processo mental e social que se desenvolveu nesses encontros. Considerando que nenhuma agregação se mantém sem comunicação, nesse estágio, no qual as pessoas se encontravam para cantar e dançar, a linguagem já estava estabelecida – o que foi primordial para o desenvolvimento dos sen-

---

3. Cf. ROUSSEAU, *Lettre à D'Alembert* (O.C., t. V, 20-21).

timentos morais, dos valores culturais e de uma autoridade política. Desse modo, a imaginação e a preferência serviram, igualmente, como "germes" que possibilitaram o surgimento de novas ideias, práticas e costumes que aos poucos foram definindo a identidade desses grupos, bem como auxiliando as escolhas de matrimônio e de liderança. Além da imaginação, foi preciso audácia e o desenvolvimento do *amor-próprio* para que alguns chegassem a dizer: eu *canto melhor, eu danço melhor, você é ruim, aquele é um fraco, esta é minha mulher, esta é minha vontade* e/ou *isto é meu*. Aos simples que acreditaram na usurpação dos talentos ou da propriedade restou o lamento dos que nada possuíam, como resume a frase do jovem Emílio que, decepcionado diante do hortelão, diz: "Mas eu não tenho jardim" (ROUSSEAU, 1973, 87).

Na verdade, tal desenvolvimento só se deu, como diz Rousseau, pelo "concurso fortuito de inúmeras causas estranhas" (ROUSSEAU, 1999b, 84), sem quais, o homem jamais teria saído de sua condição primitiva. Uma das causas, não tão fortuita, foi o estabelecimento da propriedade privada. Diz Rousseau logo no início da segunda parte do *Segundo discurso*: "O verdadeiro fundador da sociedade civil foi o primeiro que, tendo cercado um terreno, lembrou de dizer *isto é meu* e encontrou pessoas suficientemente simples para acreditá-lo" (1999b, 87). Tais condições marcam, portanto, o fim do estado de natureza e o início de uma situação nova para a qual seria necessário um pacto legítimo, um acordo entre as partes interessadas, para garantir o direito de seus participantes, resguardando as proporções. Caso contrário, os usurpadores tomariam o que não pertencia a ninguém, isto é, a terra, e o que era de todos, isto é, os frutos. Seguindo o relato da segunda parte do *Segundo discurso*, foi exatamente o que aconteceu, pois houve pessoas simples o bastante para acreditar na astúcia e na audácia dos usurpadores, e a desigualdade se estabeleceu a partir da imposição dos limites daquele pedaço de terra[4].

Dito dessa forma, a impressão que se tem é que Rousseau foi radicalmente contrário à propriedade[5]. No entanto, é possível verificar alguns trechos que indicam o contrário, como no *Segundo discurso* a afirmação de que a agricultura compreende a partilha da terra e o reconhecimento da propriedade. Ele diz: "Somente o trabalho[6], dando ao cultivador um direito sobre o produto da terra que ele trabalhou, dá-lhe consequentemente direito sobre a gleba pelo menos até a colheita, assim sendo cada ano; por determinar tal fato uma posse contínua, transforma-se facilmente em propriedade" (1999b, 95-96). Além do mais, está explícito em sua

---

4. Embora Rousseau utilize como pano de fundo uma ideia quem vem do direito romano, a *Terra nullius*, sua posição é próxima à de Locke, da terra como um bem comum e do direito de propriedade pelo trabalho. No *Contrato social*, ele escreve que: "Em geral, são necessárias as seguintes condições para autorizar o direito do primeiro ocupante de qualquer pedaço de chão: primeiro, que esse terreno não esteja ainda habitado por ninguém; segundo, que dele só se ocupe a porção de que se tem necessidade para subsistir; terceiro que dele se tome posse não por uma cerimônia vã, mas pelo trabalho e pela cultura, únicos sinais de propriedade que devem ser respeitados pelos outros, na ausência de títulos jurídicos" (Rousseau, *Contrato social*, 80).

5. Do latim, *proprius*, ou *proprietas*, o que pertence a um indivíduo específico. Para Fromm (*Do ter ao ser*, São Paulo, Manole, 1992, 141) "a maioria dos povos primitivos não tinha propriedade privada, exceto das coisas que servem para seu uso pessoal imediato tais como roupas, adereços, ferramentas, redes e armas de fogo", isto é, havia a precedência da propriedade coletiva, que vai, aos poucos, dando espaço para o domínio da família, como uma unidade econômica, até à positivação do *dominium* individual.

6. Sobre o conceito de trabalho em Rousseau, cf. Vargas, Thiago, *Trabalho e ócio. Um estudo sobre a antropologia de Rousseau*, São Paulo, Alameda, 2018, principalmente o capítulo IV, que trata da formação do Emílio contra a ociosidade.

proposta de contrato social[7] que o objetivo é o de "encontrar uma forma de associação que defenda e proteja a pessoa e *os bens de cada associado* com toda a força comum, e pela qual cada um, unindo-se a todos, só obedece, contudo, a si mesmo, permanecendo assim tão livre quanto antes" (1999a, 69-70. Grifo meu), que é, segundo Althusser (1972), a questão fundamental da vida política. E, no Livro Quinto do *Emílio*, o preceptor diz ao jovem que não é preciso mais que uma mulher e um pedaço de terra para sua felicidade, onde possa inclusive cultivar seu jardim. Diz o preceptor: "Um pedaço de terra *que seja vosso*, caro Emílio! Em que lugar o escolhereis? Em que recanto do mundo podereis dizer: sou aqui senhor de mim e *dono do terreno que me pertence?*" (1973, 540. Grifo meu).

Essa é uma questão que o preceptor se preocupou em adiantar de forma bastante pedagógica. No Livro Segundo do *Emílio*, em pleno desenvolvimento da *educação negativa*[8], pela qual se deve evitar situações sociais que podem induzir ao erro, a criança é submetida a uma experiência que mescla o labor agrícola ao fundamento da propriedade. O episódio[9]

---

7. Termo que deriva do *contratualismo*, antiga doutrina sobre a origem e o fundamento do Estado por meio de uma convenção ou pacto entre seu membros, mas que ganhou forma a partir do século XVI, mesmo que a noção de um contrato remonte a Epicuro e à ideia de aliança sagrada nos textos bíblicos, embora as fontes de Rousseau sejam Grotius, Pufendorf, Barbeyrac e Burlamaqui, distanciando-se delas, porém, por defender a associação e não a submissão no ato da pactuação (KAWAUCHE, Thomaz, Soberania e justiça em Rousseau, *Trans/Form/Ação*, v. 36, n. 1 (2013) 25-36).

8. Conceito que Rousseau apresenta no *Emílio* colocando-se contra uma educação diretiva, verbocêntrica, conteudista etc. entendida como "positiva". Pelo contrário, uma educação negativa não deve dar preceitos, mas fazer com que os estudantes os encontrem por si mesmos: "A educação primeira deve portanto ser puramente negativa. Ela consiste, não em ensinar a virtude ou a verdade, mas em preservar o coração do vício e o espírito do erro" (ROUSSEAU, *Emílio*, 80).

9. Para o "episódio das favas", como ficou conhecido, cf. ROUSSEAU, *Emílio*, Livro Segundo, 85-87.

se resume no seguinte: desejoso de plantar alguma coisa, o pequeno Emílio é conduzido por seu preceptor a um campo; e ali, juntos, aram a terra, semeiam algumas favas, regam e passam prazerosos dias no cuidado da plantação. Diz o preceptor: "faço-lhe sentir que pôs naquela terra seu tempo, seu trabalho, sua pena, sua pessoa enfim; que há nessa terra alguma coisa dela própria..." (1973, 86). Entretanto, um belo dia os dois chegam ao local, veem seu trabalho destruído e descobrem que o terreno já pertencia a um hortelão, chamado Roberto, o qual herdara de seu pai, talvez o primeiro ocupante. A reação da criança é de revolta, de tristeza e de sentimento de injustiça. É quando, tendo sido chamado, o hortelão dá sua versão dos fatos e explica que havia plantado ali sementes de melões de Malta e foi ele quem sofreu o prejuízo, tendo seu trabalho arruinado. Roberto ainda adverte: "Ninguém toca no jardim do vizinho; cada qual respeita o trabalho do outro a fim de que o seu esteja em segurança" (1973, 87). Após os pedidos de desculpa, o hortelão fornece um pequeno pedaço da terra para que cultivem suas favas.

Há diversas interpretações sobre o propósito dessa lição, algumas delas empreendendo uma leitura que às vezes tentam desviar-se do óbvio: Rousseau não era contra a propriedade. Waksman (2016), por exemplo, afirma que a intenção do episódio não é o de ensinar a legitimidade da posse da terra por meio do trabalho, mas a injustiça em torno da propriedade privada[10]. A experiência deve ter, certamente, provocado a sensibilidade do menino contra a injustiça, mas está clara nas palavras do preceptor que sua tentativa era a de inculcar as noções primitivas da proprie-

---

10. "El tutor quiere que el niño sienta la injusticia, la humillación de no tener nada, la indiferencia del proprietario que responde 'que me importa'" (WAKSMAN, *El laberinto de la libertad*, 145).

dade como "direito do primeiro ocupante pelo trabalho" (ROUSSEAU, 1973, 87). Para Céline Spector (2012b), se ao final dessa *mise en scène* chega-se à justificativa de que a propriedade é garantida pela posse do primeiro ocupante, no caso o hortelão, "justificação não é justiça" (2012b, 31). Segundo ela, "o que é primeiro não é originário" e "o princípio de reciprocidade não se pode aplicar a não ser que os que aplicam sejam iguais" (2012b, 33) e, nesse caso, só há aí uma simetria porque Emílio se torna um proprietário[11]. Embora sejam argumentos interessantes, é difícil ver Emílio, nesse episódio, como um proprietário, exceto dos frutos. O pedaço de terra recebido foi por empréstimo e não por doação ou arrendamento. Talvez a resposta à lamentação: "Mas eu não tenho jardim" (ROUSSEAU, 1973, 87) não esteja na pretensa insensibilidade do hortelão, quando diz: "Que me importa?" (1973, 87), mas na voz do preceptor quando, bem depois, vem afirmar: "cultiva a herança de teus pais. Mas se perderes essa herança, ou nenhuma tiveres, que fazer? Aprende um ofício" (1973, 212; O.C., t. IV, 470). Ou seja, Emílio não é obrigado a possuir propriedades, como a terra, pois pode explorar diferentes atividades econômicas e adquirir outros bens; mas deve respeitar o direito de quem as tem de forma legítima[12].

---

11. "Émile devient propriétaire à son tour, quoique seulement pour l'usufruit" (SPECTOR, 2012b, 35)

12. Vejo isso como a garantia para a coexistência social dos indivíduos dentro do princípio da liberdade dos modernos, para tomar aqui o termo de Benjamin Constant: "Nossa Liberdade deve compor-se do gozo pacífico da independência privada". Sem isso, corre-se o risco da tirania. Embora não culpando Rousseau, Constant diz: "esse gênio sublime, que ostentava o maior amor pela Liberdade, forneceu, todavia, funestos pretextos a mais de um gênero de tirania" (CONSTANT, Benjamin, *A liberdade dos antigos comparada à dos modernos*, São Paulo, Atlas, 2009, respectivamente 85; 88).

Para além disso, há ainda uma perspectiva ética. Maria de Fátima Simões Francisco[13] salienta que o trecho se trata de uma instrução moral e "introduz no universo da criança a relação com o *outro*" (FRANCISCO, 2000, 36. Grifo da autora) e o ajuda a vencer seu próprio narcisismo. Segundo a autora, chega-se à seguinte conclusão: "Que lição, entretanto, retirará Emílio dessa experiência? A mais evidente certamente é a de que cada um deve respeitar o trabalho e a propriedade alheios a fim de que o seu próprio trabalho e propriedade sejam respeitados" (1998, 41). Ao crescer, Emílio será sensível o suficiente para entender as injustiças e as desigualdades geradas pelas ações do *amor-próprio*, entre elas a apreensão indevida da propriedade privada, além das diferenças econômicas, da exploração dos despossuídos e dos perigos da terra improdutiva. Enfim, sua "postura social e política" (1998, 37) deve estar baseada na lição que recebeu do preceptor, no resumo do *Contrato social*, presente no Livro V, que é a seguinte: enquanto direito individual e particular, a propriedade é inviolável e deve ser respeitada pela autoridade soberana. Porém, se for considerada comum a todos os cidadãos, pela vontade geral, tem a possibilidade de ser eliminada[14].

---

13. Cf. a análise encontrada em FRANCISCO, Maria de Fátima Simões, A primeira lição moral, O episódio das favas no Emílio de Rousseau, ANPOF, 2000. Neste artigo a autora faz uma análise interessante mostrando que, mesmo ignorado por leitores e estudiosos, o "episódio das favas" é rico em significações por delinear uma conduta moral em relação ao semelhante e o respeito ao outro no processo de sociabilidade.

14. "Depois de feita a comparação da liberdade natural com a liberdade civil quanto às pessoas, faremos, quanto aos bens, a do direito de propriedade com o de soberania, do domínio particular com o domínio eminente. Se é sobre o direito de propriedade que assenta a autoridade soberana, esse direito é o que ela deve mais respeitar; ele é inviolável e sagrado para ela enquanto permanecer um direito individual e particular; logo que é considerado como comum a todos os cidadãos, é submetido à vontade geral e essa vontade pode aniquilá-lo. Assim o soberano não tem

O tema da propriedade foi largamente discutido nos séculos anteriores e assumiu um papel central com o jusnaturalismo[15], o qual a classificou como um direito fundamental, junto com a vida e a liberdade (BOBBIO, 1992). O pensamento de Rousseau foi, evidentemente, influenciado pelas correntes jusnaturalistas (DERATHÉ, 1992), mas como diz Spector (2012a), Rousseau considera que todas as teorias da sociabilidade natural, inatas ou não, hedonistas ou não, materialistas ou não, ficam circunscritas à um paradigma ingênuo, qual seja o de pensar que haja no estado de natureza algum ordenamento divino ou da razão para impor leis aos homens. Como sabemos, quando Rousseau fala de lei natural, está referindo-se à ordem natural, isto é, às leis físicas e não a qualquer ordenamento moral ou jurídico, os quais só podem advir do Estado civil e não podem existir no estado

---

nenhum direito de tocar nos bens de um particular, nem de vários; mas pode legitimamente apossar-se dos bens de todos, como ocorreu em Esparta no tempo de Licurgo, ao passo que a abolição das dívidas por Sólon foi um ato ilegítimo" (ROUSSEAU, *Emílio*, 546; O.C., t. IV, 841).

15. Teoria desenvolvida nos séculos XVII e XVIII, com raízes na cosmogonia grega, que influenciou o Liberalismo e ajudou a criar o Estado liberal moderno. O jusnaturalismo na versão clássica, tradicional, vem de Tomás de Aquino, cujas reflexões tentavam discutir o *jus naturale*, o que era *justus*, a qual devia refletir o direito eterno. Embora Locke defenda no campo cognitivo a *tabula rasa*, no campo do direito segue a perspectiva aquiniana de que a razão é apenas a intérprete da *law of nature* impressa nos corações por uma potência superior (LOCKE, John, *Segundo tratado sobre o governo*, São Paulo, Martin Claret, 2003). As ideias desenvolvidas por Hugo Grotius (1583-1645) distinguem-se da teoria tradicional do direito natural por negar que os direitos venham de Deus, ou que precisem refletir o direito divino, mas que devam emanar da própria razão. Para os jusnaturalistas, o indivíduo nasce com o direito à propriedade. No caso de Hobbes e Rousseau, a propriedade é direito positivo, concedendo ao indivíduo o domínio sobre o bem: "O que o homem perde pelo contrato social é a liberdade natural e um direito ilimitado a tudo quanto aventura e pode alcançar. O que com ele ganha é a liberdade civil e a propriedade de tudo que possui" (ROUSSEAU, *Contrato social*, 77).

de natureza, como os jusnaturalistas acreditavam. Para Rousseau, Aristóteles estava claramente errado, pois o homem não é social por natureza, mas por acidente.

E, nesse plano, tal como a questão da diferença, o que parece ser problemático não é a propriedade em si, mas quando ela não goza de status jurídico. Na teoria política de Rousseau é possível prospectar a ideia de que o problema da propriedade se dá no momento em que ela não é sancionada pela soberania popular ou não tem nenhuma utilidade. Problemáticos também são o monopólio, o latifúndio ou a posse que não resulte do trabalho, do esforço e do empreendimento de cada um. Posição que aproxima Rousseau um pouco da perspectiva desenvolvida por John Locke[16]. Aliás, é o próprio Rousseau quem diz, no final da sexta *Carta escrita da Montanha*, que Locke tratou das mesmas coisas e dos mesmos princípios[17]. Porém, diferente de Rousseau, o filósofo inglês não era contrário à ampliação desproporcional da posse[18] e defendia que o homem já nasce com o direito à propriedade, sem ser preciso uma garantia legitimada por um contrato social.

---

16. "Embora a Terra e todos os seus frutos sejam propriedade comum a todos os homens, cada homem tem uma propriedade particular em sua própria pessoa; a esta ninguém tem qualquer direito senão ele mesmo. O trabalho de seus braços e a obra de suas mãos pode-se afirmar, são propriamente dele. Seja o que for que ele retire da natureza no estado em que lho forneceu e no qual o deixou, mistura-se e se superpõe ao próprio trabalho, acrescentando-lhe algo que pertence ao homem e, por isso mesmo, tornando-o propriedade dele" (LOCKE, *Segundo tratado sobre o governo*, 38).

17. "Locke, Montesquieu, l'Abbé de Saint Pierre ont traité les mêmes matieres, et souvent avec la même liberté tout au moins. Locke en particulier les a traitées exactement dans les mêmes principes que moi" (O.C., t. III, 812).

18. Segundo Locke: "os diferentes graus de esforço lograram conferir aos homens posses em proporções diferentes, essa invenção do dinheiro deu-lhes a oportunidade de continuá-las e aumentá-las" (LOCKE, John, *Two treatises of government*, Cambridge, Cambridge University Press, 1996, 301).

Outro aspecto interessante que Rousseau desenvolve é que, se no estado civil a propriedade passou a ser um instrumento de dominação do rico, ela pode ser o único recurso do pobre, cuja aquisição pelo trabalho pode colocá-lo em situação de independência, mesmo de forma limitada, como um pequeno produtor[19]. Campagnolo (2004) comenta que, diferente das críticas posteriores à sociedade capitalista moderna que se inspiraram em Rousseau, no conjunto de sua obra a propriedade participa, juntamente com a ideia de liberdade[20], da solução política, a saber: o indivíduo aliena sua pessoa e seus bens a um Estado que garante a todos os cidadãos o gozo de sua liberdade e de suas posses, na constituição do Estado. Afirmação com a qual concordo plenamente. Nesse caso, como diz Melzer (1998, 308), "o Estado é uma união negativa", pois os homens não estabelecem um pacto para um bem social novo e positivo, mas para garantir os bens que já possuem: a vida, a liberdade e a propriedade. Nesse sentido, a propriedade aparece como essencial para a liberdade e para a realização da cidadania, uma vez que é, como ele diz, o "direito mais sagrado dos cidadãos"[21].

---

19. "Reivindicação da propriedade privada, certamente, mas de uma propriedade limitada, segundo as necessidades básicas do indivíduo, que não engendram desigualdades nem dependência. Rousseau tenta conciliar a propriedade do produtor independente, que domina os meios de seu trabalho, com a prioriedade comum e de uso" (SAHAD, Luiz Felipe Netto de Andrade e Silva, Rousseau e a administração dos bens, *Trans/Form/Ação*, v. 26, n. 1 (2003) 141-159, aqui 148).

20. Rousseau não define o que entende por Liberdade, mas apresenta três tipos: *liberdade natural*; *liberdade civil* e *liberdade moral*. No conjunto de seus escritos, tanto no *Contrato social*, como nas *Cartas escritas da montanha*, o sentido não é o de se fazer a própria vontade, mas de não ser sujeito a outrem, nem tampouco subjugar os outros. Nesse sentido, toda a vida de Rousseau foi dedicada à Liberdade, quando evitou a todo custo a dependência econômica e a ajuda por parte dos reis.

21. "Il est certain que le droit de propriété est le plus sacré de tous les droits des citoyens, et plus important à certains égards que la liberté même" (O.C., t. III, 263).

Procurando discutir um pouco mais sobre os bens materiais, em seu *Discurso sobre a economia política*[22], Rousseau afirma que a propriedade é o verdadeiro fundamento da sociedade civil, comentando: "Procurai os motivos que mantiveram os homens unidos por suas necessidades mútuas na grande sociedade, que os fizeram unirem-se mais intimamente em grupos civis; não encontrareis outra coisa que a de assegurar os bens, a vida e a liberdade de cada um de seus membros, através da proteção de todos" (O.C., t. III, 248). E mais à frente diz (O.C., t. III, 269-270): "Não devemos esquecer que o fundamento do pacto social é a propriedade, e sua primeira condição é que a todos seja assegurado o gozo tranquilo de seus bens". Por ter sido praticamente o primeiro filósofo a denunciar a injustiça, a opressão e a desigualdade como um dos maiores problemas da humanidade, fazendo-o pela via do traço histórico do homem, Rousseau é, como afirma Hartmann (2006), o inventor da questão da desigualdade. No corpo político, ela se consolida contra uma dimensão quantitativa cujo acúmulo possa beneficiar os ricos e conceder-lhes poder. No enfrentamento da desigualdade econômica, ela é qualitativamente o recurso para o pobre[23], conforme podemos depreender da leitura do *Discurso*.

O referido texto começa fazendo uma relação direta entre economia e lei, ambas constituintes tanto da família particular quanto da grande família, que é o Estado, resguardadas as diferenças. Uma dessas diferenças é a de que, enquanto a riqueza do Estado não passa de um meio de manter os indiví-

---

22. Cf. *Discours sur l'économie politique* (O.C., t. III, 239-278), publicado em 1755 como artigo na *Encyclopédie* com o título de *Économie politique*.

23. "Rousseau não duvidou, assim com Locke, que os homens tenham o direito à propriedade e que a posse legítima seja a origem de toda a justiça" (Shklar, *Men & citizens*, 49. Tradução livre).

duos na paz e na abundância, "o principal objeto do trabalho de toda casa é o de conservar e o de aumentar o patrimônio do pai, a fim de que ele possa algum dia compartilhá-lo entre seus filhos, sem os empobrecer" (O.C., t. III, 242). Nesse sentido, tomando a figura da família como o primeiro modelo da sociedade política[24], entre as funções de um governo legítimo e popular está a de seguir a vontade geral (O.C., t. III, 247), de proteger seus membros (O.C., t. III, 257) e de garantir os meios de sua sobrevivência. Neste último quesito, porém, o dever essencial de um governo não é "encher os celeiros dos indivíduos, dispensando-os do trabalho, mas de preservar a abundância ao seu alcance, para cuja aquisição é necessário o trabalho" (O.C., t. III, 262. Tradução livre). Se, segundo o *Discurso sobre a economia política*, o Estado deve fazer de tudo para fomentar a abundância ao alcance dos cidadãos, no *Emílio* Rousseau reforça a ideia de que deve haver um esforço individual no sentido da aquisição dos bens, pois "quem come no ócio o que não ganhou por si mesmo rouba-o; e um homem que vive de rendas pagas pelo Estado para não fazer nada não difere muito a meus olhos de um bandido que vive a expensas dos viajantes". E completa de forma enfática: "Rico ou pobre poderoso ou fraco, todo cidadão ocioso é um patife" (ROUSSEAU, 1973, 212).

Outra função do Estado é o de impedir a extrema desigualdade das fortunas (O.C., t. III, p. 258) procurando reduzir os meios de acumulá-las[25], que é uma das melhores formas

---

24. "La plus ancienne de toutes les sociétés et la seule naturelle est celle de la famille (...). La famille est donc si l'on veut le premier modèle des sociétés politiques; le chef est l'image du père, le peuple est l'image des enfants, et tous étant nés égaux et libres n'aliénent leur liberté que pour leur utilité" (O.C., t. III, 352).

25. "C'est donc une des plus importantes affaires du gouvernement, de prévenir l'extrême inégalité des fortunes, non en enlevant les thrésors à

de se evitar a tirania dos ricos. Pois na pobreza os cidadãos se veem privados de seus direitos políticos e do gozo de sua liberdade e autonomia por não possuírem nada. A divisão social do trabalho e a distribuição desigual da propriedade podem levar à exploração, à violência e à toda forma de injustiça. Em relação a povos e governos, Rousseau critica a ambição pelo aumento de território e as conquistas bélicas, servindo para a própria ruína do grande conquistador. E termina seu *Discurso sobre a economia política* fazendo um alerta contra as taxações, impostos e outras medidas governamentais "sem o consentimento do povo ou de seus representantes" (O.C., t. III, 278. Tradução livre)[26]. Como dissera antes, o corpo político, por ser um "ser moral que possui uma vontade, que é a vontade geral, a qual busca sempre a conservação e o bem-estar de todos e de cada um" (idem, 245), é quem deve gerar a administração da riqueza, embasado na lei. E, como diz Vargas (2008, 51), "em Rousseau a lei, o que merece ser chamado de 'lei', é a vontade popular, é a regra que o povo se aplica a si mesmo. Todo o resto é apenas um simulacro da lei".

Neste aspecto, Rousseau é um conhecido crítico das riquezas, dos ricos impiedosos e vaidosos que se perdem na luxúria, no vício e na vaidade. Em sua obra *Discurso sobre as riquezas*, apresenta um personagem chamado Crisófilo, que queria ser rico a todo o custo. Dizia que seu desejo era empregar seu tesouro para fazer o bem e para tentar aliviar as

---

leurs possesseurs, mais en ôtant à tous les moyens d'en accumuler" (O.C., t. III, 259).

26. "J'ai dit que les taxes personnelles et les impôts sur les choses d'absolue nécessité, attaquant directement le droit de propriété, et par conséquent le vrai fondement de la société politique, sont toûjours sujets à des conséquences dangereuses, s'ils ne sont établis avec l'exprès consentement du puple ou de ses représentans" (O.C., t. III, 277-8).

misérias alheias. Mas Rousseau afirma que essa vontade não passava de sofisma para encobrir sua paixão e justificar a ilusão que o embevecia. Como chegar à riqueza sem começar ou passar pela avareza? Como enriquecer sem empobrecer os outros? Qual é o limite da fortuna? E se é preciso tê-la para fazer o bem, isso significa que os pobres são incapazes de exercer um ato de humanidade? São questões que Rousseau coloca ao ambicioso personagem Crisófilo ao longo do texto e, por fim, aconselha-o com uma lição ética, também ministrada a Emílio por seu preceptor: "Não ignores que o primeiro bem a se fazer é o de não causar mal a ninguém" (ROUSSEAU, 1853, 17 – tradução livre). Por fim, o autor arremata seu discurso numa perspectiva que vai se repetir em outros escritos, bem como marcar a vida pessoal de Rousseau: "Temos nossos talentos, vamos deixá-los com suas riquezas indignas e manter nossa liberdade; acredite em mim, Crisófilo, eles ficarão mais envergonhados do que nós". E é claro que podemos ver nisso, como o faz Bertram (2004), uma crítica à sociedade capitalista, *avant la lettre* [mas não uma peremptória condenação][27].

Seus escritos contra as injustiças e a exploração dos ricos poderosos e dos maus governos, no entanto, não eram meramente retóricos, pois ele mesmo havia vivenciado a pobreza e episódios de injustiça. Um deles, que podemos chamar de "episódio do pão", foi relatado em suas *Confissões* (1968, 175). Ao ir a Paris pela primeira vez, embrenhou-se pela floresta e ficou perdido até encontrar a casa de um camponês. Em princípio, não entendera por que não fora bem recebido pelo dono

---

27. ANTÓNIO, Fernando J., TOMO, António X., PAIVA, Wilson A. de. A utopia como processo de formulação de projectos pedagógicos, in: *Ágora. Fundamentos epistemológicos e pesquisas avançadas em educação e em direitos humanos*, São Carlos, Pedro & João Editores, v. 5 (2022) 120-121. Disponível em: <https://pedroejoaoeditores.com.br/2022/wp-content/uploads/2022/01/Agora.-Vol.-5-1.pdf>. Acesso em 24 jul. 2023.

da casa, mesmo tendo proposto pagar pelo alimento. Somente quando o aldeão percebeu que não se tratava de um fiscal, mas de uma pessoa comum, alguém de fato perdido e faminto, é que foi ao porão buscar vinho, presunto e pão da melhor qualidade. O pobre havia escondido tudo isso por medo dos temíveis cobradores de impostos. É claro que, para Rousseau, era preciso haver imposto, mas que a taxação evitasse a exploração do pequeno agricultor e mirasse os grandes negócios, além da produção das artes inúteis, dos objetos de luxo e dos movimentos financeiros dos afortunados. Nesse trecho, diz Rousseau (1968, 175): "Tudo o que me disse a este propósito, e de que eu não tinha a menor ideia, me fez uma impressão que nunca mais se desvanecerá". E termina, dizendo: "Encontra-se aqui o germe do ódio inextinguível que depois se desenvolveu no meu coração contra os vexames que o infeliz povo sofre, assim como contra os seus opressores".

Tal é o quadro social, pintado no *Segundo discurso* e ao qual a humanidade chegou – não muito diferente da descrição hobbesiana[28]. Como afirma Waksman (2016), um ponto comum entre Hobbes e Rousseau é a afirmação da insociabilidade natural dos homens. E eu acrescento o estado de guerra ao qual o processo social chegou, como culminância entre eles. Se não há como retroceder, as soluções possíveis devem surgir no contexto da própria sociedade. Como diz Gueroult, "a sociedade aparece em Rousseau como a condição dessa instauração da *natureza do homem* em oposição com o *estado natural* no qual o homem, ainda na etapa da animalidade, não realizou sua verdadeira natureza" (1972, 153. Grifo

---

28. Na perspectiva do filósofo inglês, se todos são iguais por natureza e possuem todos os mesmos direitos, o conflito de interesses – fora da sociedade civil e sem a força de um pacto – leva os homens a um constante estado de guerra (HOBBES, *Do cidadão*, 33).

do autor). Rousseau contempla a possibilidade da realização humana não na perspectiva da originalidade, mas de sua autenticidade, ou seja, um estágio em que o homem possa chegar a ser devidamente civilizado e distanciado do estado da condição de *animal estúpido* em que estava: "A passagem do estado de natureza para o estado civil determina no homem uma mudança notável, substituindo na sua conduta o instinto pela justiça e dando às suas ações a moralidade que antes lhes faltava" (ROUSSEAU, 1999a, 67).

Com o desenvolvimento do entendimento humano, a natureza sofre uma descontinuidade mas não uma ruptura irreconciliável. Caso contrário, não teria justificativa a discussão de Rousseau em torno do tema, principalmente no que tange à perspectiva de uma outra realidade possível. Desse modo, três possibilidades são visualizadas no universo rousseauniano: a de um *continuum* da natureza, se "tivéssemos conservado a maneira simples, uniforme e solitária de viver prescrita pela natureza" (ROUSSEAU, 1999b, 61); a da configuração de uma nova sociedade, cuja expressão maior é o *Contrato social*; e, por fim, a configuração de um novo homem, de um cidadão do mundo, sábio, virtuoso e pronto para vivenciar quaisquer situações, tirando delas o melhor proveito. Nos dois últimos casos, que exigem a ação humana da reparação por meio da moralização do homem, o empreendimento necessita da salvaguarda de uma força maior, um reforço que garanta o respeito e a devoção dos participantes. Por isso, no *Contrato Social* Rousseau evoca a religião civil, enquanto no *Emílio* a religião natural, ambos como dogmas de fé para captar o sentimento de profunda devoção ao sagrado, podendo ser a Lei ou a Natureza. Quanto a esse aspecto, o autor nos diz:

> A religião considerada em relação à sociedade, que é geral ou particular, pode também dividir-se em duas espécies, a saber:

a religião do homem e a do cidadão. A primeira, sem templos, altares e ritos, limitada ao culto puramente interior de Deus supremo e aos deveres eternos da moral, é a religião pura e simples do Evangelho, o verdadeiro teísmo e aquilo que pode ser chamado de direito divino natural. A outra, inscrita num só país, dá-lhe seus deuses, seus padroeiros próprios e tutelares, tem seus dogmas, seus ritos, seu culto exterior prescrito por lei (ROUSSEAU, 1999a, 237).

A partir do exposto, podemos afirmar que a ética de Rousseau nos leva a uma espécie de religiosidade autêntica cujo sagrado está, de um lado, expresso na harmonia do cosmo, bem como nas disposições da natureza; e, de outro, na legitimidade das leis e no patriotismo. Em ambos os casos, a função do aspecto religioso é o de auxiliar o aspecto político e o pedagógico, que é o da reparação[29] de uma realidade deturpada e não o retorno a um estado que não existe mais, ou a implantação de uma teocracia. O Capítulo VIII do Livro Quarto do *Contrato social*, com o título *Da religião civil*, está para o desenvolvimento de uma consciência pública (DERATHÉ, 2009) respaldada por valores eternos, ecoados pela voz dos deuses, pois a conduta humana está geralmente relacionada à sua fé religiosa, e não, como alguns podem interpretar, para uma dogmatização que culmine no autoritarismo e na intolerância.

Desse modo, a profissão de fé do vigário saboiano[30], como uma forma de espiritualidade do indivíduo e um meio de de-

---

29. Segundo Bénichou, "essa reparação é proposta em toda parte positiva de sua obra" (BÉNICHOU, P. et al., *Pensée de Rousseau*, Paris, Seuil, 1984, 128).

30. Cf. ROUSSEAU, *Emílio*, Livro Quarto, 299-361. Essa profissão de fé expressa a ideia de uma religião natural, mas sua leitura e interpretação deve complementada pela *Carta a Voltaire sobre a Providência* (O.C., t. IV, 1059-1075), na qual Rousseau também expressa sua fé cristã.

senvolver o sentimento de humanidade, deve ter um equivalente, uma profissão de fé civil ou um catecismo cívico para desenvolver o sentimento de sociabilidade. A essência de ambas é radicalmente cristã: existe um Deus providente; há vida após a morte; os justos serão recompensados e os maus, punidos; o pacto social e as leis são sagrados e a intolerância sectária deve ser proibida. E, nesse caso, como bem pontua Kawauche (2013, 34), "o genebrino supera a tensão entre poder secular e poder eclesiástico ao pensar em algo 'essencial' que antecede tanto os aspectos religiosos quanto os aspectos políticos do problema das relações humanas". Portanto, religião civil não é religião, no sentido teológico, mas um conjunto de símbolos e referenciais que ajudam a sacralizar a ideia de Pátria; assim como o Legislador não compõe o Poder Legislativo, mas cuja figura ajuda a sacralizar os *Founding Fathers*[31] e os demais heróis que habitam o Panteão da República. E o *Contrato* não é um simples contrato, mas uma obra sobre os princípios do direito político e um inspirador catecismo do cidadão.

O *Contrato social* não é um modelo de sociedade perfeita, nem um plano de ação ou uma utopia[32], mas uma obra que procura discutir os princípios do direito político, como indica seu subtítulo; ou, ainda a forma de uma república, que é o subtítulo da primeira versão do *Contrato*, o chamado *Manuscrit de Genève*. A versão final, escrita num tom evocativo, trata-se de um "melodrama jurídico" (MELZER, 1998)[33] do qual

---

31. Pais fundadores dos Estados Unidos da América, os quais assinaram a *Declaração de independência* e que também, de alguma forma, ajudaram na elaboração da *Constituição* de seu país. A expressão *Founding Fathers* é creditada aWarren G. Harding,senador 29º presidente dos Estados Unidos.

32. "O *Contrato social* foi, talvez, muito abstrato para obviamente fazer parte da tradição utópica" (SHKLAR, *Men & citizens*, 8. Tradução livre).

33. "*Le Contrat social peut être lu comme une sorte de mélodrame juridique*" (MELZER, 1998, 203).

pode ser tirada uma "teoria ideal" (BERTRAM, 2015)[34] e um modelo de mensuração, ou seja, uma abstração da qual é possível obter uma escala[35] de medida com a qual se possa julgar os estados e os governos existentes, segundo Judith Shklar (1985) e Milton Meira do Nascimento (1988). O que nos remete a uma outra mensuração, explicitada no *Segundo discurso* e que apresenta duas dimensões antropológicas claras: de um lado, o gozo pleno da liberdade natural, de outro, o enquadramento da condição humana às condições que a escravizaram. E o *Contrato* parte desse pressuposto, como está indicado no início do Capítulo I do Livro Primeiro: "O homem nasce livre, e por toda a parte encontra-se a ferros" (ROUSSEAU, 1999a, 53). Contra a autoridade política do mais forte, do mais rico, do aristocrata ou de outro mestre que se apresenta como superior e submete os demais por qualquer engodo, a saída de Rousseau é pelo acordo entre iguais.

Com disse Maurice Halbwachs, professor da Sorbonne, na bela introdução do *Contato social* das Editions Montaigne de 1943, a ideia não era nova e essas discussões em torno do direito natural, estado de natureza, vontade geral, soberania, contrato social etc. eram comuns desde o período medieval. Mas a grande diferença é que no contrato proposto por Rousseau "a soberania continua sendo prerrogativa do povo" (HALBWACHS, 1943, 13. Tradução livre) e aparece uma distinção muito clara entre o soberano, que é o povo, e o

---

34. "As doutrinas centrais de Rousseau sobre a soberania e o governo no *Contrato social* e em outros escritos encaixam-se melhor, eu acredito, no domínio da teoria ideal" (BERTRAM, Chistopher, Rousseau e Genebra, *Trans/Form/Ação*, v. 38, edição especial (2015) 93-110, aqui, 107).

35. "Antes de observar é preciso criar regras para as observações; é preciso uma escala para a medida que tomamos. Nossos princípios de direito político são essa escala. Nossas medidas são as leis públicas de cada país" (O.C., t. IV, 837; ROUSSEAU, *Emílio*, 542).

governante. O Livro Terceiro é todo dedicado a explicar essa distinção, central em sua teoria política. Outra diferença está no tom de sua escritura. O tom cerimonioso e denunciativo do início é acompanhado por outro, legalista, que procura estabelecer os caminhos para uma passagem da liberdade natural a uma liberdade convencional legítima, a qual pode quebrar as correntes do aprisionamento humano. Pois, como afirma Bénichou (1984, 131), "é o contrato social que estabelece a ligação entre o estado originário do homem e as condições de legitimidade de uma sociedade civil", evitando os grilhões das leis injustas, bem como as amarras da dependência, tanto material, quanto psicológica. E isso só é possível porque a primeira parte contratante, isto é, os indivíduos interessados, aliena-se totalmente à segunda parte contratante, isto é, a comunidade por eles estabelecida, cuja vontade se torna soberana. O corpo social que resulta desse pacto tem os mesmos princípios do soberano de Hobbes ou de Grotius[36], isto é, uma pessoa artificial, mas com a diferença de que em Rousseau esse soberano ou essa pessoa moral[37] é constituída por convenção e composta pelo próprio povo que a constituiu[38]. Ideia bem original, pois recusa uma relação direta entre a lei natural e a lei positiva, além de afirmar claramente que o corpo social deve ser fruto de uma convenção, de onde de-

---

36. Hugo Grotius (1583-1645), filósofo e jurista holandês, considerado um dos fundadores do direito internacional.

37. "Imediatamente, esse ato de associação produz, em lugar da pessoa particular de cada contratante, um corpo moral e coletivo, composto de tantos membros quantos são os votos da Assembleia, e que, por esse mesmo ato, ganha sua unidade, seu *eu* comum, sua vida e sua vontade" (ROUSSEAU, *Contrato social*, 71).

38. Talvez antes de Rousseau, só Henry Parker (1604-1652), escritor e ativista político inglês, tenha se aproximado da ideia quando afirmou que o povo era a causa eficiente da soberania parlamentar (apud SKINNER, Quentin, *Liberdade antes do liberalismo*, São Paulo, UNESP, 1999).

vem também sair suas leis. Por isso não soa estranho a ideia de uma alienação total dos indivíduos, uma vez que a convenção supõe alienar a vontade particular desses indivíduos à vontade geral, que é, desde a primeira versão do *Contrato*, um ato puro de entendimento que raciocina no silêncio das paixões[39]. É precisamente a passagem mais segura do estado natural ao estado civil, pois implica uma desnaturação e uma alienação que preservam, nessa nova ordem de coisas, um tipo de liberdade que equivale à que gozava no estado de natureza. E nisto está, como diz Halbwachs[40], a grande originalidade de Rousseau.

O conceito de vontade geral, embora obscuro, está no centro do pensamento político de Rousseau[41]. Desenvolvido a partir do Capítulo III do Livro Segundo do *Contrato social*, como um substrato da vontade de todos, o conceito traduz o que há de comum nas vontades individuais[42] e funda, se-

---

39. Quase repetindo os mesmos termos utilizados por Diderot, no verbete *Direito natural* da *Enciclopédia*, Rousseau diz: "En effet que la volonté générale soit dans chaque individu un acte pur de l'entendement qui raisonne dans le silence des passions sur ce que l'homme peut éxiger de son semblable" (O.C., t. III, 286).

40. "Mais ils retrouvent, dans l'état civil même, et en vertu de cet état civil, l'équivalent de leur liberté naturelle. Ce passage de la liberté naturelle à la liberté civile résulte du contrat social lui-même; il implique que l'homme a été 'dénaturé', qu'il est devenu intégralement un ctioyen. Création d'un ordre entièrement nouveau et d'un ordre nécessairement juste par le contrat: là est l'originalité de Rousseau" (HALBWACHS, Maurice, *Introduction, notes et commentaire. Du Contrat Social*, Aubier, Montaigne, 1943, 43).

41. Como bem salienta Robert Derathé (*Rousseau e a ciência política de seu tempo*).

42. "Há comumente muita diferença entre a vontade de todos e a vontade geral. Esta se prende somente a interesse comum; a outra, ao interesse privado, e não passa de uma soma das vontades particulares. Quando se retiram, porém, dessas mesmas vontades, os a-mais e os a-menos que nela se destroem mutuamente, resta, como soma das diferenças, a vontade geral" (ROUSSEAU, *Contrato social*, 91-92).

gundo Bernardi (2002), as base de uma ordem imanente, eliminando toda transcendência como resposta para uma ordem política. O que reafirma a perspectiva da primeira versão do texto, que deixava claro o sentido de interesse comum, de utilidade pública; e ainda quanto à ideia de que ela é sempre boa e não pode errar. Ora, diante de um quadro quase paradisíaco como esse, é preciso concordar com Rousseau quando diz que o homem deveria se alegrar por ter saído da condição inferior na qual se encontrava e "bendizer o instante feliz que dela o arrancou para sempre e fez, de um animal estúpido[43] e limitado, um ser inteligente e um homem" (1999a, 77). Afirmação que reforça a ideia de que Rousseau não defendia o retorno à natureza, como alguns podem pensar, nem uma vida isolada, guiada pelo instinto e pelas impulsões físicas, mas uma vida moral, sujeita à ordem social. Na visão política de Rousseau, o Estado é claramente mais intervencionista do que o Estado lockiano (BERTRAM, 2004) e deve, inclusive, tentar impedir o desenvolvimento das desigualdades sociais. Entretanto, não creio, como o faz Luiz Vicente Vieira (1997)[44], que Rousseau tenha recusado os pressupostos liberais mas "namorado" tanto o liberalismo quanto o socialismo *avant la lettre*, e, por fim, optado por um meio-termo, que pode ser vislumbrado no *Contrato social*[45]. Nele, o autor abandona o teor sagrado da propriedade, assumido no

---

43. *Stupide* (original francês): estúpido, idiota, mas cuja etimologia tem a mesma raiz de *stupeur*, *stupefaction*: estupor, estupefação.

44. Cf. VIEIRA, Luiz Vicente, *A democracia em Rousseau, A recusa dos pressupostos liberais*, Porto Alegre, EDIPUCRS, 1997.

45. "The discussion in the Social Contract is perhaps best thought of as taking a middle course between Political Economy and Corsica. Rousseau broadly endorses private property within the civil state, but is prepared for the sovereign to intervene where necessary to rein in property in the interest of equality and civic unity" (BERTRAM, Christopher, *Rousseau and the Social Contract*, London, New York, Routledge, 2004, 91).

Discurso sobre a economia política, bem como o estatismo e o coletivismo comentados no *Projeto de constituição para a Córsega*. Nesse *Projeto*, o autor dizia: "Quero, em uma palavra, que a propriedade do Estado seja tão grande, tão forte, e a dos cidadãos tão pequena e tão fraca quanto possível", no mesmo parágrafo que afirmara: "Será suficiente deixar claro aqui que não defendo a destruição absoluta da propriedade particular, pois isso é impossível, mas dar-lhe uma medida" (O.C., t. III, 931. Tradução livre). Ou seja, com Rousseau, nunca se pode afirmar de forma apressada uma coisa ou outra. Até porque há muitos problemas, do ponto de vista prático, mas afirmar categoricamente que ele tenha sido contrário à propriedade é, para mim, um grande equívoco.

Parafraseando Shakespeare, quando diz: "Há mais coisas no céu e na terra, Horácio, do que foram sonhadas em tua filosofia"[46], é possível dizer: há mais coisas entre o real e o simulacro, Rousseau, do que foram pensadas em tua filosofia. Por exemplo, quando a vontade geral não pode ser manifestada, quando acontece de não haver livre acordo, ou quando o entendimento é dificultado por diversas razões, surge um impasse político difícil de ser solucionado. É nesse momento que entra em cena a figura enigmática do Legislador[47]. Visto como uma figura extraordinária, cuja força moral tem suas raízes nas linhas que Rousseau redigiu em 1751, em seu texto *Discours sur la vertu du héros*[48], sua glória pessoal é suplantada

---

46. "There are more things in heaven and earth, Horatio, than are dreamt of in your philosophy" (SHAKESPEARE, William, *The complete Works of William Shakespeare*, San Diego, Canterbury Classics, 2014, 745).
47. Embora também haja referência no *Ensaio sobre a origem das línguas* e nas *Considerações sobre o governo da Polônia*.
48. *Discours sur cette question: quelle est la vertu la plus nécessaire au héros (a) et quells sont les héros a qui cette vertu a manqué?* O texto foi proposto à Academia da Córsega, em 1751, e compõe a sessão *Mélanges de Littérature*

pela felicidade que suas leis promovem. Tal recurso, como diz Bertram (2004), resolve o problema, mas a custo da pouca plausibilidade. A ideia fica restrita às figuras de um passado distante, apenas como fontes de inspiração, ou pode-se cair nas atrocidades de um Robespierre[49] ou um Stalin[50], em total negação dos ideais democráticos.

Moisés[51], Licurgo[52], Sólon[53], Catão[54], e até mesmo Calvino[55] são nomes que aparecem como modelo de virtude e de

---

et de Morale, nas *Oeuvres Complètes* (t. II, 1964, 1263-1274). Para a tradução em português, feita por Rafael de Araújo e Viana Leite (UFPR), cf. ROUSSEAU, Jean-Jacques, Discurso sobre a questão: qual é a virtude mais necessária ao herói e quais foram os heróis que não possuíram essa virtude? *Cadernos de ética e filosofia política*, v. 2, n. 27 (2015), 183-198. Disponível em: <http://www.revistas.usp.br/cefp/article/view/114395>.

49. Maximilien de Robespierre (1758-1794), advogado e político francês, um dos líderes da Revolução Francesa que encarnou seu lado mais radical.

50. Josef Vissarionovitch Stálin (1878-1953), revolucionário comunista e político soviético que governou a União Soviética de forma ditatorial. Segundo Gregor (*Marxismo, fascismo e totalitarismo, Capítulos na história intelectual do radicalismo*, Campinas, Vide, 2021), em 1956 Khrushchov apresentou uma série de acusações contra Stálin, condenando sua tirania.

51. Libertador e legislador do povo hebreu. Liderou a saída de seu povo do Egito, onde vivia como escravo, e o conduziu à Canaã, a terra prometida.

52. Licurgo (800-730 a.C.). Legislador espartano, graças a ele a pólis de Esparta desenvolveu seu poder político, econômico e bélico.

53. Sólon (638-558 a.C.). Estadista, legislador e poeta ateniense, responsável pela promoção de reformas estruturais na polis de Atenas. Foi o criador da Eclésia, a assembleia popular em que participavam todos os homens livres acima de 30 anos.

54. Marco Pórcio Catão Uticense (95/96-46 a.C.). Político romano, adepto do estoicismo e conhecido por sua integridade moral.

55. João Calvino (1509-1564), teólogo cristão reformista francês que se estabeleceu em Genebra. A partir de seu ministério deu forma à vida moral dos genebrinos e influenciou a vida social e política da cidade. Rousseau louva Calvino em suas *Lettres écrites de la Montagne*, "Calvino foi um grande homem..." (O.C., t. III, 715. Tradução livre) e diz aos genebrinos, sobre a Reforma e o papel de Calvino: "É nela que está o espírito

*força de alma*⁵⁶, características essenciais para a figura do *Legislador*, tal como aparece no Capítulo VII do Livro Segundo do *Contato social*. A excepcionalidade dessa figura quase supra-humana tem correspondência na grandeza de alma do Sr. de Wolmar e na inteligência superior do preceptor de Emílio. Ambos podem ser vistos como agentes educadores do *amor-próprio*, reeducadores das paixões e transformadores da natureza humana. Mas não significa, como nos lembra Kawauche (2013), que Rousseau espere ou almeje a intervenção divina ou uma saída teológica e/ou teocrática. Esses personagens extraordinários se sucedem nas obras de Rousseau puramente como modelo fundamental. E como continua Kawauche (2013, 31): "Devemos lembrar que, para efeito dos raciocínios de Rousseau, o modelo não precisa possuir realidade histórica, podendo ser considerado hipoteticamente na relação com seu simulacro". Na primeira versão do *Contrato*, o *Manuscrito de Genebra*, ao falar da "ciência da legislação" e de um legislador, o autor se pergunta: "onde encontrar um gênio que a possui?" (O.C., t. III, 313). E no *Emílio*, Livro I, o mesmo questionamento aparece, ao falar do preceptor: "Um governante! Ó que alma sublime! (...) Encontrar-se-á esse mortal? Ignoro-o" (O.C., t. IV, 263; ROUSSEAU, 1973, 26). Parece clara a natureza transcendente, inspiracional e modelar dessas figuras, as quais devem permanecer no panteão cerimonioso de nossa imaginação como referenciais sublimes de nossos simulacros.

Outro aspecto também cerimonioso que aparece nos escritos de Rousseau é sua devoção à cidade de Genebra,

---

de vossa instituição; é por ela que vós sois um povo livre..." (O.C., t. III, 718. Tradução livre).

56. No final do texto do *Discours sur la vertu du héros*, Rousseau diz: "E uma palavra, todas as outras virtudes podem ter faltado a alguns grandes homens; mas, sem a força de alma, nunca houve heróis" (O.C., t. II, 1274. Tradução livre).

dando-lhe qualidades que também eram pouco plausíveis. A eloquente dedicatória *A la République de Genève*, no *Segundo discurso*, por exemplo, lança um véu sobre a realidade. Genebra não era a bela democracia com a qual Rousseau sonhava[57] e, polêmicas à parte, se foi ingenuidade, ignorância, conivência ou provocação irônica, Rousseau, em minha opinião, foi sim um admirador de Genebra e um entusiasta quanto à sua organização política. É possível que não fosse versado nas leis da cidade, mas as conhecia suficientemente e conhecia os problemas das oligarquias, como deixou claro em suas *Cartas escritas da montanha*. É certo que as *Cartas* foram escritas dez anos depois do *Segundo discurso* e, obviamente, seu autor havia amadurecido suas ideias. De qualquer forma, Genebra faria parte de suas *Instituições políticas*, se não como modelo real, pelo menos como ideia ou como elemento de persuasão retórica, isto é, um *exórdio*. Jamais teve a intenção de que as disposições do *Contrato social* fossem implantadas pelo povo genebrino, nem tampouco queria que a obra fosse tomada como um manual prático.

---

57. A população de Genebra, quando Rousseau nasceu, era de aproximadamente 20 mil habitantes, dentre os habitantes, em torno de 5 mil eram homens adultos e destes apenas 1.500 eram cidadãos e burgueses. O resto era divido entre "nativos" (filhos de estrangeiros nascidos em Genebra) e "residentes estrangeiros" e mesmo durante a maturidade de Rousseau, Genebra não passava de 25 mil habitantes, dos quais 6% disfrutavam dos direitos políticos. A cidade era regulamentada por editos desde Idade Média e governada por Conselhos: O Conselho Geral, composto por todos os cidadãos e burgueses; o Conselhos dos Duzentos; o Conselho dos Sessenta e o Conselho dos Vinte e Cinco, o qual era chamado de Pequeno Conselho, que era, na verdade, o corpo governante. Seus membros vinham invariavelmente das mesmas famílias, que elegiam os quatro Síndicos que dirigiam a república. Segundo Bertram (Rousseau e Genebra, *Trans/Form/Ação*, 108), "a Genebra que anima o pensamento de Rousseau nem sempre é a Genebra da realidade, mas, em vez disso, a Genebra que ele imaginou".

Por isso, é importante evitar as leituras radicais de seu pensamento, como alerta Derathé, no início de sua magistral obra *Rosseau e a ciência política de seu tempo*, dizendo que o *Contrato social* foi celebrizado como o "Evangelho da Revolução de 1789" (DERATHÉ, 2009, 30). Em sua teoria política, Rousseau não era nem revolucionário nem conservador, embora seus escritos tenham sido importantes para a Revolução Francesa[58]. Se, por um lado, pode ser considerado um liberal, tendo em vista os princípios do liberalismo clássico, por outro, seu *Contrato social* tem uma conotação bem antiliberal[59] ao defender, por exemplo, a "alienação total", a "religião civil" e até "pena de morte". Na célebre distinção entre a liberdade dos modernos e a dos antigos, feita por Benjamin Constant (2009) e depois desenvolvida por Isaiah Berlin, o autor diz que Rousseau evoca os antigos como fonte de inspiração, mas parece desejar ardentemente um pacto cuja soberania esteja no povo, que as relações sejam democráticas, que o ambiente social seja de tolerância e que o indivíduo goze de plena liberdade. Rousseau é, certamente, um republicano[60] e um democrata, mas não é um defensor da espontaneidade tí-

---

58. "Ensuite, Rousseau, contrairement à ce qu'on affirme ici et là, est le grand penseur de la révolution bourgeoise" (BARNY, Roger, Jean-Jacques Rousseau dans la Révolution Française (1787-1791), Contribution a L'analyse de l'ideologie revolutionnaire bourgeoise, *Annales historiques de la Révolution Française*, ano 50, n. 231 (1978) 109-116, aqui 116).

59. Em a *História intelectual do liberalismo, Dez lições*, Pierre Manent (Edições 70, 2015, 145) afirma: "Rousseau não é um liberal, mas o seu indivíduo é livre. Ele vai assim fornecer às sociedades liberais o sentimento íntimo e imediato pelo qual o indivíduo toma consciência de si próprio, pelo qual o homem se prova como, ou se quer, indivíduo".

60. "Chamo pois de *república* todo o Estado regido por leis, sob qualquer forma de administração que possa conhecer, pois só nesse caso governa o interesse público, e a coisa pública passa a ser qualquer coisa. Todo o governo legítimo é republicano" (ROUSSEAU, *Contrato social*, 107-108).

pica do *laissez-faire*[61] defendida por Adam Smith (1996). Entre uma liberdade e outra, Rousseau está, na verdade, no meio, num ponto de transição no qual aparecem elementos de uma tanto quanto da outra. As críticas que Rousseau faz ao burguês não é pelo fato de o mesmo possuir propriedades, mas pelo fato de não ser um cidadão, isto é, não passar de um humano degradado que pretende livrar-se das obrigações civis e tornar-se um cosmopolita cuja compromisso seja apenas com o dinheiro. Concordando com José Guilherme Merquior (2014, 80), nos fundamentos do liberalismo "o que importa é que lições extraídas de Locke (direitos naturais), Montesquieu (divisão de poderes) e Rousseau (o elemento democrático) combinaram-se num novo sistema republicano", o qual ajudou a remodelar o espectro político tanto da Europa quanto da América, enterrando o *ancien régime* e criando espaços para a participação popular.

Quando Rousseau aponta a obra *As aventuras de Telêmaco*, de Fénelon, como uma das principais leituras do casal Emílio e Sofia, não é apenas o heroísmo de Telêmaco que está em jogo, mas a figura de Mentor, seu tutor, cuja excepcionalidade está na prudência, na virtude e na sabedoria. Ao ser perguntado por seu discípulo no que se traduzia o poder de um rei, Mentor responde que "não é tanto por ele mesmo que os deuses o fazem rei/ ele é rei para ser aquele que está apto a cuidar do povo (...). E ele é digno da realeza apenas na medida em que se esquece de si mesmo para se dedicar ao bem público" (FÉNELON, 2006, 57). Lição que, certamente, combina com os dispositivos do *Contrato social*, cujo resumo, colocado no Livro V do *Emílio*, serve de lição à formação po-

---

61. A expressão francesa completa é "laissez faire, laissez aller, laissez passer", que significa: "deixai fazer, deixai ir, deixai passar" cuja origem é incerta, mas que foi consagrada pelo Marquês de Argenson (1694-1757), secretário do rei Luis XV.

lítica de seu personagem, que terá todas as condições de se tornar um herói, uma figura extraordinária, se assim for necessário. Se não, será pelo menos o herói de si mesmo, libertando-se e mantendo-se na integridade da natureza e na virtude que a vida social venha a lhe exigir.

Pensando na validade da teoria política rousseauniana para nossos dias, obviamente que a submissão absoluta da vontade particular à vontade geral é pouco provável nas sociedades modernas, na maioria democracias liberais que procuram adequar as pluralidades étnicas, culturais e econômicas. Talvez Neidleman (2001) esteja certo ao considerar que a vontade geral pode ser interpretada pela ideia de cidadania, cuja aplicação supere a tensão entre a vontade popular e a vontade racional. Pois, para ele, a vontade geral contempla o que o soberano decide (vontade popular) e o que o soberano deve decidir (vontade racional). A partir de Constant e de Tocqueville[62], além das reflexões de Rawls e Habermas[63], todos leitores de Rousseau, é possível pensar melhor essa ideia de ci-

---

62. Alexis-Charles-Henri Clérel (1805-1859), visconde de Tocqueville, dito Alexis de Tocqueville, pensador político francês, leitor de Rousseau e célebre por suas reflexões sobre a Revolução Francesa e sobre a democracia na América. Em seu livro *A democracia na América*, afirma: "Imagino, então, uma sociedade na qual todos, considerando a lei como obra sua, ter-lhe-iam amor e a ela se submeteriam de bom grado" (TOCQUEVILLE, Alexis de, *A democracia na América*, Belo Horizonte, Itatiaia; São Paulo, EDUSP, ²1987, p. 15). Divergindo do pensamento de Rousseau, Tocqueville louvou as facções políticas na América e o que ele chamou de "interesse bem compreendido" como elementos primordiais da democracia. Para ele, os interesses pessoais e privados auxiliam, no caso americano, no bem-estar da coletividade.

63. A respeito da influência de Rousseau sobre Habermas, cf. MONTEAGUDO, Ricardo, Habermas leitor de Rousseau, *Trans/Form/Ação*, v. 36, edição especial (2023) 195-204. No artigo, Monteagudo trata da observação de Habermas sobre a importância de Rousseau para a formação do sentido de "opinião pública".

dadania, desde que num plano de respeito aos valores perenes de uma sociedade, assim como aos valores do indivíduo.

Embora o termo "cidadania" varie no tempo e no espaço, podemos concebê-la como a condição que assegura ao homem seus direitos básicos, compreendendo as três dimensões: a civil, a social e a política. A dimensão civil inclui o direito à liberdade individual da pessoa humana, com suas crenças, opiniões, escolhas comportamentais e o direito à posse de bens; a dimensão social abarca uma condição de bem-estar social e econômico, de segurança, saúde e demais direitos básicos que devem ser assegurados a uma boa vida; e, por fim, a dimensão política, a qual deve assegurar o exercício do poder político, seja votando ou sendo votado, representando ou sendo representado. E, nos dias de hoje, quando os bens podem ser materiais e imateriais, que incluem, por exemplo o termo "propriedade intelectual", além de outros produtos de uma sociedade líquida, tomando a expressão de Bauman[64], parece que Rousseau já previa uma realidade menos sólida, ao usar o termo "bens"[65] para indicar as posses dos associados. Mas vale salientar que o conceito de cidadania em Rousseau é mais amplo e inclui a identificação com a comunidade e a dedicação ao bem comum (NEIDLEMAN, 2001). Visão que concorda com Halbwachs (1943) no comentário que faz ao Capítulo I do Livro Segundo do *Contrato social*, de que a vontade geral é instituída para que o Estado

---

64. Zygmunt Bauman (1925-2017), sociólogo e filósofo polonês. Segundo o autor, as condições necessárias para se garantir a sobrevivência humana deixaram de ser localizáveis. O sofrimento e os problemas de nossos dias têm, em todas as suas diversas formas e verdades, raízes planetárias que precisam de soluções atuais, próprias de uma realidade planetária (BAUMAN, Zygmunt, *Vida líquida*, São Paulo, Zahar, 2007).

65. "Trouver une forme d'association qui défende et protege de toute la force commune la personne et les biens de chaque associé…" (O.C., t.III, 360. Grifo meu).

proporcione o bem comum e não outra coisa. E isso permite também concebê-la, para além da categoria formal dos direitos, como a condição do respeito e do dever de todo ser civil. Isso inclui as normativas sociais, como a obediência às leis e às normas, o recolhimento dos impostos e sua atuação como uma pessoa útil e benéfica aos seus semelhantes e à sociedade como um todo, incluindo seus bens materiais e imateriais.

É com base nesses princípios que John Rawls desenvolve seu conceito de justiça como equidade, dizendo: "Todos os valores sociais – liberdade e oportunidade, renda, bem-estar, e as bases do respeito próprio – devem ser proporcionados de forma equânime, a não ser que a distribuição desproporcional, de algum ou de todos esses valores, seja para o benefício de todos" (RAWLS, 1971, 62. Tradução livre)[66]. O que poderia, pelo menos em parte, responder a Benjamin Constant sobre como aplicar o conceito de liberdade de Rousseau nas condições modernas, sem o risco da tirania. O que Constant parece não ter percebido é a bipolaridade de Rousseau que, neste caso, dá o mesmo valor tanto à heroica e virtuosa liberdade dos antigos, quanto à liberdade individual e pragmática dos modernos sem a qual é difícil pensar a cidadania nas sociedades democráticas atuais. E ao testemunharmos o crescimento do individualismo e do narcisismo; da razão instrumental e da supressão da liberdade, para citar três exemplos dados por Charles Taylor (2011) dos "mal-estares" da modernidade, talvez uma "cidadania da autenticidade", ainda parafraseando Taylor (2011), composta pela preocupação para com o indivíduo e todas as suas necessidades básicas; mas,

---

66. "All social values – liberty and opportunity, income and wealth, and the bases of self-respect – are to be distributed equally unless an unequal distribution of any, or all, of these values is to everyone's advantage" (RAWLS, John, *A theory of justice*, Cambridge, Harvard University Press, 1971, 62).

ao mesmo tempo, para com a comunidade com seus valores morais e institucionais, de maneira que possa revelar um cidadão autêntico. Isso se não esquecermos, como retoma Nascimento (2016), do princípio da equidade.

Todas essas preocupações têm a ver realmente com o gozo pleno da cidadania. E Rousseau não estava alheio a isso, pois no *Primeiro discurso* já havia denunciado que em sua época não havia mais cidadãos[67], repelindo isso no *Emílio*, dizendo que se não existisse mais a instituição pública não poderia haver pátria nem cidadão. Porém, mesmo que haja condições de equidade, justiça e liberdade suficientes, só há cidadania verdadeira quando os cidadãos desenvolvem um sentimento profundo para com a pátria, para com seus compatriotas e um respeito sagrado à vontade geral, que se manifesta para preservar a liberdade e a virtude desses cidadãos. Há nisso um sentimento e um movimento de dessacralização da ordem política que é muito mais cara a Diderot que a Rousseau, pois o organizador da *Enciclopédia*, como argumenta muito bem Maria das Graças Souza (2002), além de não ver nenhuma transcendência no político, defendia que a vida pública era determinada pelas necessidades materiais. Rousseau desenvolve uma ressignificação do sagrado ao pulverizá-lo para a dimensão do natural, para as figuras inspiradoras do passado e para os símbolos e fenômenos patrióticos. Os festivais públicos, por exemplo, são vistos por ele como uma forma de propiciar tal sentimento, uma certa fusão do indivíduo à comunidade, tal como a simbologia e o ritualismo de uma religião civil o faria para inspirar a virtude cívica.

---

67. "Temos físicos, geômetras, químicos, astrônomos, poetas, músicos, pintores; não temos mais cidadãos ou, se nos restam alguns deles disperses pelos nossos campos abandonados, lá perecem indigentes e desprezados" (Rousseau, *Discurso sobre as ciências e as artes*, 210).

De volta à Telêmaco (FÉNELON, 2006, 62), ressaltamos uma frase interessante: "aqueles que têm em suas mãos as leis para governar os povos devem sempre se deixar dirigir, eles próprios, pelas leis. É a lei, e não o homem, que deve reinar". Embora Rousseau exalte os ideais contidos na obra de Fénelon, e deixe clara sua veneração às leis, não se pode interpretar nisso uma solução legalista. A solução parece ser mesmo pela via do político, ou melhor, do político-pedagógico, uma vez que efetiva será a ação educativa, ministrada pela sabedoria de alguém que possa conduzir o processo de forma legítima, seguindo a vontade geral para poder assim proporcionar os caminhos à felicidade humana.

Nesse aspecto, o sábio é aquele que tira as melhores conclusões por ele mesmo, sem sair da perspectiva da bondade natural e da positividade ontológica que caracteriza o *amor de si* (AUDI, 2008). Assim, o materialismo do sábio é a condição que permite ao homem viver no Estado civil, preservando os princípios naturais, principalmente a liberdade. A ética rousseauniana conclama à realização da subjetividade, à restauração do equilíbrio interior e à expansão harmoniosa de seus talentos e potencialidades. O prazer da existência se realiza com a conjugação desses princípios e com a satisfação de cada um consigo mesmo, sem o desejo ardoroso da comparação e da distinção. Pelo contrário, não pode haver gozo de verdade em uma vida dominada pelo *amor-próprio* e pelo insaciável apetite de distinção subjugadora do outro.

Embora valorizando o homem natural, o estado de natureza e, enfim, todas as disposições originais, nada disso terá muito significado se tais elementos não forem introduzidos de forma sábia no estado real de coisas, isto é, na realidade social que temos, que, historicamente, tornou-se a de todos contra todos. Ou seja, como diz Rousseau na sexta caminhada de *Os devaneios* (2017, 75), "todas as inclinações da natureza, sem excetuar a própria beneficência, introduzidas ou seguidas na sociedade sem prudência e sem critério, mudam de natureza e se tornam frequentemente tão nocivas quanto eram úteis em sua direção primeira". Daí a necessidade de bem conduzir tais disposições dentro de um plano pedagógico que preserve os princípios naturais, mesmo no Estado civil, sem jamais atentar contra o princípio da liberdade. Faz parte tanto da natureza humana quanto da essência humana o pressuposto de ser livre, inclusive para dizer, dentro de sua legitimidade: "isto é meu".

Comentário
MARIA DE FÁTIMA SIMÕES FRANCISCO

Queria cumprimentar o Wilson pela excelente exposição do texto. Temos uma relação antiga, desde seu doutoramento em São Paulo, e conheço muito de sua produção, a partir da tese. Mas devo dizer que houve um grande salto qualitativo. Por isso, queria cumprimentá-lo com entusiasmo e orgulho em ver esse avanço dos últimos anos, tanto na compreensão quanto na leitura dos intérpretes e na apresentação dos temas. O que é bom para você, para sua universidade e para seus orientandos.

Posto isso, quero apontar dois momentos do texto. O primeiro, que remete ao início, e diz respeito ao amor próprio, no momento do *Segundo discurso*, quando Rousseau fala sobre a reunião desses homens primitivos sob uma grande árvore unidos pelo canto e pela dança, descansando e partilhando com os outros aquele instante. Essa é a primeira situação, segundo Rousseau, na qual os homens naturais, que viviam isolados, se reúnem. De modo que, concordo com sua leitura, com suas colocações, pois esse momento significa de fato um momento de competição dos talentos, em que afloram os germes que podem levar a resultados funestos. O que está relacionado sobretudo com a descoberta da estima pública, da opinião pública e da competição entre os homens, disputando a estima e a consideração do outro. Mas nem todos terão essa atenção, a não ser aqueles que ultrapassam seus pares por seus talentos. Situação que pode inflamar o amor próprio, levando a resultados funestos, pois cada um, aferrado a si mesmo, considera o outro como seu inimigo e o bem de um será o mal de outro. E é nisso que vai-se constituir a sociedade, no último momento da história dos povos humanos. Então minha primeira consideração é sobre o amor próprio. Você diz que ele é atiçado quando os homens se reúnem sob a árvore, cantando e dançando: o mais talentoso, o mais belo, o mais forte, o mais astuto desfila e dá o primeiro passo para os desentendimentos e para a funesta desigualdade. Minha questão é a seguinte: será possível falar em amor próprio atiçado quando os homens estão sob aquela árvore? Será que aí já é o momento em que o amor de si se transformou em amor próprio ou ainda não cabe falar em amor próprio? Essa questão diz respeito ao uso rígido dos conceitos do autor, pois seu texto ao mesmo tempo que é rigoroso, com vários textos, com comentadores etc., possui também uma certa fluidez, perdendo temporariamente o rigor. Mas podemos conversar sobre isso.

A segunda é quando você fala sobre a propriedade, se Rousseau é radicalmente contrário ou não à propriedade. Acho que você tem razão, pois existem muitas passagens em que Rousseau fala da propriedade, nas quais parece fazer concessões, não discordando tanto, especialmente por ser um dado de realidade, da sociedade etc. Mesmo assim, tais passagens não nos devem impedir de ver que ele faz uma forte crítica à propriedade privada. Se mais não for, pela parte do *Segundo discurso*, no início da segunda parte, em que trata do primeiro fundador da sociedade civil, que é aquele que cercou um terreno. Então, nesse mesmo parágrafo, Rousseau assim diz: "quantos crimes, guerras, mortes, misérias e horrores não teria poupado ao gênero humano aquele que, arrancando as estacas ou tapando os buracos, tivesse gritado aos seus semelhantes: Fugi às palavras desse impostor; estareis perdidos se esquecerdes que os frutos pertencem a todos e a terra não é de ninguém". Enfim, será que podemos amenizar isso, dizendo que ele não é contrário à propriedade privada? Não sei... é possível fazer uma grande discussão, levantando todas as passagens, desenvolver uma tese, o que seria muito interessante, mas acho muito forte dizer isso dele, sobretudo depois da passagem citada.

É só isso. Muito obrigada. Foi um prazer estar com vocês.

Resposta

Em nome da UFG, agradeço-lhe por sua participação, o que fortalece a antiga relação que existe entre a USP e a UFG. De modo que nosso diálogo é constante, sobretudo pelos encontros rousseauistas, dos quais sempre participamos e nos encontramos. Suas observações são interessantes e elas alimentam um debate que aprecio. Pela primeira, quando você fala sobre o rigor da linguagem, tenho que dizer que concordo, mas ao mesmo tempo justifico-me dizendo que assim se deu porque busquei escrever os textos de forma ensaística, mais literária, tentando explorar a perspectiva estética e pensando na diversidade dos ouvintes/leitores. Minha preocupação foi balancear o texto entre o rigor acadêmico e uma linguagem mais clara.

A questão sobre o amor próprio talvez seja uma das passagens que carecem de melhor esclarecimento. No entanto, considero que Rousseau foi bem literário na descrição dos encontros do homem na natureza. Na passagem do estágio natural para os subsequentes, como a *Idade do Ouro* ou mesmo para o Estado civil, a descrição de Rousseau chega a ser poética. Então, não se pode dizer que esse tenha sido o momento no qual o amor próprio foi atiçado, mas o momento no qual as pessoas começaram a se apresentar. Nesses intercursos, logo surgiu aquele que quis apresentar-se melhor que o outro. O próprio Rousseau diz que o primeiro olhar que o homem lançou sobre si já produziu o primeiro movimento de orgulho[68]. Foi no fenômeno das relações que, posteriormente, houve o atiçamento do amor próprio, o que nos remete à teodiceia rousseauniana, a qual não coloca o mal em Deus ou no homem, pelo fato de ser fenomênico, como fruto dessas relações, de modo que o amor próprio é antes atiçado pelo mau desenvolvimento dessas relações, no exercício da comparação, do simulacro, e não do exercício espontâneo do canto e da dança nos primórdios.

Quanto à propriedade, estou convencido de que Rousseau não é contrário à propriedade privada, por causa das diversas passagens em que ele a defende, dizendo inclusive que é um direito sagrado. Claro que não podemos deixar de considerar suas críticas, pois ele não deixou de fazê-las, assim como criticou a injustiça, a educação, a política, mas não foi contra elas. O que ele criticou foi a forma como a política era, o verbalismo dos processos da educação, e também como a propriedade foi estabelecida historicamente. O sujeito do trecho citado foi o fundador da sociedade civil, como bem diz Rousseau, e não da propriedade em si. Como ele diz no mesmo parágrafo, a ideia de propriedade se desenvolveu pela sucessão de outras ideias anteriores, enquanto no mo-

---

68. Rousseau, *Discurso sobre a desigualdade*, 89.

mento do cercamento de um terreno vejo mais uma denúncia da propriedade ilegítima, assim como de um contrato ilegítimo ou qualquer instituição civil em legitimidade. Horrores teriam sido evitados caso alguém tivesse deixado de ouvir o impostor, da mesma forma que horrores poderiam ter sido evitados se o homem tivesse ficado no estado natural.

É preciso distinguir quando Rousseau critica a realidade de seu tempo e quando discute princípios gerais e o plano do dever ser. No plano dos princípios, está claro no *Contrato social* que o objetivo do pacto é o de garantir a liberdade e *os bens* de seus associados (grifo meu). O que inclui todo tipo de bem, os bens pessoais, os materiais e até os imateriais. Se ele fosse contrário, não teria colocado isso no *Contrato*, nem elaborado a lição moral dada ao Emílio, no episódio das favas: a de respeitar o trabalho e a propriedade dos outros; nem mesmo teria escrito no *Projeto de constituição para a Córsega*, que ele não defendia a destruição da propriedade particular. Ou seja, certamente alguém deve ter pensado isso em seu tempo para ele ter de expressar isso de forma categórica e tão clara, como nessa passagem. De modo que, embasado na leitura de todas as passagens da obra de Rousseau, estou convicto de que no geral ele não é contrário. Para ele, a propriedade não é um direito natural, mas um direito positivo e, devidamente regrado, um elemento de equalização. Talvez eu desenvolva melhor a discussão em algum trabalho futuro.

Quinta conferência
O VENENO COMO REMÉDIO
A terapêutica de uma doença inusitada

Quaisquer que tenham sido as motivações pessoais de Carlos Drummond de Andrade na criação do poema *No meio do caminho*[1], este revela a existência do inusitado no percurso da vida humana. Em 1755 um fato inusitado chamou a atenção dos filósofos, principalmente daqueles que

---

1. *No meio do caminho tinha uma pedra*
tinha uma pedra no meio do caminho
tinha uma pedra
no meio do caminho tinha uma pedra.
Nunca me esquecerei desse acontecimento
na vida de minhas retinas tão fatigadas.
Nunca me esquecerei que no meio do caminho
tinha uma pedra
tinha uma pedra no meio do caminho
no meio do caminho tinha uma pedra.

O poema foi publicado pela primeira vez em 1928, pela *Revista de Antropofagia*, e pertence ao livro *Alguma poesia* (1930). Gilberto Mendonça Teles (na edição de que foram extraídos os poemas, *Drummond, A estilística da repetição*, Rio de Janeiro, José Olympio, ²1970) levanta a hipótese de que o poema tenha sido uma resposta de Drummond à perda seu filho, portanto um epitáfio, um "túmulo de letras".

defendiam que tudo estava bem (*tout est bien*), e provocou uma reviravolta na República das Letras. Um terremoto de grandes proporções atingiu a capital portuguesa, matando milhares de pessoas e destruindo grande parte da cidade. O que levou Voltaire a escrever o *Poema sobre o desastre de Lisboa*, no qual colocava em dúvida a bondade da natureza e a existência de um Deus justo. "Vós gritais que tudo está bem, mas é preciso confessar que o mal está sobre a terra", disse ele, para em seguida questionar: "Do autor de todo o bem, veio o mal?"[2]

Estamos diante de um problema que intrigou os filósofos por muito tempo e remonta às discussões dos epicuristas e estoicos na Grécia antiga, que é a origem do mal – a teodiceia. O termo não é tão antigo, pois foi criado por Leibniz[3] no início do século XVIII para afirmar que o mal não é uma realidade e, portanto, não tem como remetê-lo a Deus (LEIBNIZ, 2017). Essa ideia influencia substancialmente o pensamento de Rousseau, o qual responde a Voltaire[4], criticando seu pessimismo e sua acusação contra a Providência divina, dizendo que não foi a natureza que reuniu vinte mil casas de seis a sete andares na cidade de Lisboa. Isto é, o inusitado poderia

---

2. *Vous criez "Tout est bien" d'une voix lamentable,*
   L'univers vous dément, et votre propre coeur
   Cent fois de votre esprit a réfuté l'erreur.
   Éléments, animaux, humains, tout est en guerre.
   Il le faut avouer, lemalest sur la terre:
   Son principe secret ne nous est point connu.
   De l'auteur de tout bien le mal est-il venu? (VOLTAIRE, *Poème sur le désastre de Lisbonne*, 1756).

3. Gottfried Wilhelm Leibniz (1646-1716), filósofo alemão, autor do livro *Ensaio de teodiceia, Sobre a bondade de Deus, a liberdade do homem e a origem de mal*, publicado em 1710.

4. Carta escrita em 18 de agosto de 1756. Cf. ROUSSEAU, *Oeuvres Complètes*, nouvelle édition, t. XX, *Correspondence*, t. I, Lettre CXII, 307-333.

ter sido evitado e nada tem a ver com Deus. Para a etiologia rousseauniana, a fonte do mal não deve ser buscada em outro lugar, senão no próprio homem.

Se tudo está bem, ou se "tout est bien, sortant des mains de l'auteur des choses: tout dégénére entre les mains de l'homme"[5], como Rousseau escreve na abertura do *Emílio*, o mal não pode ser imputado à Providência[6] e nem ao homem natural[7], pois não se trata de uma realidade, como defendeu Leibniz, mas de um fenômeno inusitado: o abandono das condições prescritas pela natureza aconteceu por um "funesto azar" (*funeste hasard*)[8] de circunstância acidentais, como Rousseau argumenta no *Segundo discurso*; e as ações humanas (*les mains de l'homme*) não foram virtuosas no sentido de um melhoramento da vida social, mas acabaram degenerando a própria natureza humana pelo abuso das faculdades e pelo mal uso de suas próprias invenções. Análise etiológica que já

---

5. Cf. O.C., t. IV, 245. Na tradução de Sergio Milliet (Rousseau, *Emílio*, 9) a frase foi traduzida como: "Tudo é certo em saindo das mãos do Autor das coisas, tudo degenera nas mãos do homem". A edição traduzida por Roberto Leal (Rousseau, Jean-Jacques, *Emílio ou da educação*, São Paulo, Martins Fontes, 2004), também traz a ideia de "tudo é certo". A versão inglesa de Bloom (Rousseau, Jean-Jacques, *Emile or on education*, USA, Basic Books, 1979) diz "Everything is good...", o que incentivou alguns tradutores a optarem por "tudo está bem..." Mas prefiro a opção pelo verbo "ser" e não pelo "estar": "Tudo é certo" traduz melhor, ao meu ver, o sentido dado por Rousseau.
6. "Deus é bom, nada mais evidente; (...) Deus é justo, disso estou convencido, trata-se de uma consequência de sua bondade" (Rousseau, *Carta a Christophe de Beaumont e outros escritos sobre a religião e a moral*, 70).
7. "Que saiba que o homem é naturalmente bom e julgue o próximo por si mesmo; mas que veja como a sociedade deprava e perverte os homens" (Rousseau, *Emílio*, 263).
8. "(...) são, todos, indícios funestos de que a maioria de nossos males é obra nossa e que teríamos evitado quase todos se tivéssemos conservado a maneira simples, uniforme e solitária de viver prescrita pela natureza" (Rousseau, *Discurso sobre a desigualdade*, 61).

estava presente no *Primeiro discurso*[9], quando o autor se pôs a responder a questão proposta pela Academia de Dijon, em seu concurso anual, se o restabelecimento das ciências e das artes havia contribuído para purificar os costumes. E, obviamente, havia no século XVIII uma entusiasmada valorização dos poderes da razão, sobretudo nos ideais dos iluministas que, por sinal, fomentaram uma perspectiva pedagógica dentro dos trilhos da rota do processo civilizatório, com vistas a uma educação refinada[10] tanto nos costumes quanto na forma do pensamento.

A posição contrária de Rousseau é *sui generis* porque abre uma perspectiva nova, isto é, a de não aceitar como certa a contribuição das ciências e das artes para o entendimento humano e os costumes morais. Para ele, a dosagem da cultura foi excessiva e os efeitos provocaram uma artificialidade patológica que cobriu a natureza com uma espécie de "véu espesso" (1999b, 198), composto de artifício e simulacro. O resultado disso foi um estado de pura representação no qual importa

---

9. O *Discurso sobre as ciências e as artes*, escrito em 1749 quando Rousseau já estava há sete anos em Paris e tinha feito amizade com os *philosophes*. A academia de Dijon organizou o concurso com o tema: "Se o restabelecimento das ciências e das artes contribuiu para purificar os costumes". É bem provável que os jurados esperassem uma resposta positiva, mas a argumentação de Rousseau foi condenatória, afirmando que as ciências e as artes tinham corrompido a moralidade humana, tendo sido premiado em 1750. Como diz Starobinski (*As máscaras da civilização*, 163-164), "O *Discurso sobre as ciências e as artes*, que marca a estreia de Rousseau na carreira literária, é a acusação do mal – do veneno – que atinge as sociedades civilizadas à medida que progridem as 'funestas luzes', as 'vãs ciências".

10. Caudatária do Renascimento, a educação advogada por grande parte dos iluministas, primava pelo domínio dos conteúdos intelectuais (enciclopédicos), das formas e da elegância de um comportamento polido, próximo ao aristocrático (Cf. MONROE, Paul, *História da educação*, São Paulo, Companhia Editora Nacional, [11]1976).

não mais a essência, mas a aparência. O termo *representação* é um conceito operatório comum no século XVIII e nos antecedentes. O próprio Salinas Fortes (1997) lembra que para Shakespeare "o mundo todo é um teatro"; em Descartes há um esforço para ser *espectador*, e não *ator* nas *comédias*; além das abordagens constantes nas obras de D'Alembert[11], Diderot, Voltaire, entre outros. Enfim, é frequente na retórica literária e filosófica dessa época o emprego da ideia do mundo como cena, dos homens como atores, e do teatro como a "figuração do objeto a ser desvendado pelo ato de conhecimento" (id., ibid.). As referências ao teatro, jogos, cenas e espetáculos nas obras desses autores têm, evidentemente, um caráter positivo e só em Rousseau o sentido de representação é problematizado. Ao escrever a D'Alembert (O.C., t. V, 72-73), ele questiona: "O que é o talento do ator? A arte de simular-se, de parecer diferente do que se é (...), tomar o lugar do outro. Qual a profissão do ator? Um ofício no qual se dá em representação por dinheiro (...) e põe publicamente sua pessoa à venda". O que, segundo ele, gera uma duplicidade que contrapõe o real e o fenômeno em todos os sentidos. E, como diz Jacira de Freitas (2003, 39), "se o ator vive no nosso lugar, pratica por nós todas as virtudes, sentimo-nos liberados de praticá-las".

O refinamento da cultura que se desenvolveu, sobretudo pela ociosidade, pelo luxo e pelos vícios, criou situações nas quais o *parecer* se sobrepôs ao *ser*, num conjunto de relações artificiais e enganosas que abafaram a verdadeira natureza humana. A alma humana foi, portanto, alterada no seio da sociedade pela ação corrosiva das paixões, mudando de apa-

---

11. Citemos aqui apenas um deles: "Os homens que figuram na *cena do mundo* são considerados pelo estudioso como testemunhas ou como atores" (*Elementos de filosofia*, secção II, apud Salinas Fortes, *Paradoxo do espetáculo*, 22).

rência ao ponto de tornar-se quase irreconhecível. Essa posição um tanto quanto *gauche*[12] foi exatamente o diferencial de Rousseau em relação à produção intelectual de seu século, mais precisamente dos *philosophes*, que, em sua maioria, louvavam incondicionalmente o progresso das artes e das ciências, bem como seu valor para com o "melhoramento" dos costumes em geral. A realidade histórica é que os homens se aperfeiçoaram, desenvolveram suas habilidades, ampliando cada vez mais suas ideias e sua imaginação. Com o agrupamento, diversas características sociais, como a língua, a família, as regras morais, as leis e a política compuseram o grande artifício humano a que chamamos sociedade. Na perspectiva rousseauniana, o progresso, no sentido de civilização[13], retirou o homem de suas condições primitivas, nas quais vivia livre e feliz, mas não conseguiu promover a liberdade e a felicidade no contexto do Estado civil. Pelo contrário, a produção cultural, em todas as suas manifestações, voltou-se contra as origens e rompeu o lastro que alimentava a natureza humana. Sem a voz da Natureza e os traços originais, as novas

---

12. Lembrando de outro poema de Drummond: *Poema de sete faces*, também publicado em *Alguma Poesia* (1930), que diz: "Quando nasci, um anjo torto/desses que vivem na sombra/disse: Vai, Carlos! Ser *gauche* na vida". O que nos faz lembrar o polêmico pai de Rousseau (anjo torto) influenciando seu filho nas leituras filosóficas e nas quase intermináveis discussões literárias, descritas nas *Confissões*.

13. "O conceito de civilização nasce em diferentes línguas no século XVIII, sendo uma de suas ideias-força. Existe uma concepção otimista de mundo; que faz crer que os progressos da razão são os progressos da ciência e das técnicas. Assim, tende-se a acreditar que o presente é melhor que o passado, e que o future será melhor que o presente, como se houvesse um movimento na história tendente ao aperfeiçoamento. Poucos foram os homens de letras do Iluminismo que se desviaram dessa perspectiva; e, dentre eles, Rousseau foi, certamente, o caso mais emblemático" (Boto, Carlota, *Instrução pública e projeto civilizador, O século XVIII como intérprete da ciência, da infância e da escola*, São Paulo, UNESP, 2017, 179-180).

condições traduziram o desvario do *homem do homem*[14] e seu desencaminhamento: "Tudo não é senão loucura e contradição nas instituições humanas" (ROUSSEAU, 1973, 65).

Com o recurso estilístico das metáforas e das alusões aos deuses, que lhe era peculiar no início de sua obra[15], Rousseau compara a condição humana à estátua de Glauco, no prefácio do *Segundo discurso*, dizendo que a estátua do deus marinho havia sofrido o efeito do tempo, das águas e de todo tipo de intempérie, desfigurando-a de tal modo que ficou parecendo mais um animal feroz do que um deus, perdendo completamente suas características originais. Igualmente, as paixões mudaram a aparência humana "a ponto de tornar-se quase irreconhecível"[16]. Todavia, um "quase" nessas

---

14. "O homem fictício e fantástico que nossas instituições e nossos preconceitos criaram" (O.C., t. I, 728). Pissarra (Rousseau, a festa coletiva e o teatro, *Artefilosofia*, n. 24 (2018) 216-229, aqui 220) diz: "O homem natural traveste-se no 'homem do homem' quando o isolamento original é superado pela formação das primeiras famílias, decorrendo daí os primeiros povos unidos tão somente pelo tipo de vida, pela alimentação e pelo clima. As relações estreitam-se entre os diferentes membros dessas famílias, novas capacidades são desenvolvidas, mas também o espírito e o coração, nascendo o desejo, a atração sexual, o amor, bem como a discórdia, o ódio e o amor-próprio".

15. "Quanto aos temas mitológicos que aparecem nas obras de Rousseau, é preciso reconhecer que eles são muito anteriores à Querelle des Bouffons. O autor tende a suprimi-los, substituindo-os por heróis modestos semelhantes àqueles que constituem seu público" (FREITAS, Jacira de, Política e estética no pensamento de Rousseau, *Educativa*, Goiânia, v. 20, n. 1 (2017) 48-62, aqui 60).

16. "Como a estátua de Glauco, que o tempo, o mar e as intempéries tinham desfigurado de tal modo que se assemelhava mais a um animal feroz do que a um deus, a alma humana, alterada no seio da sociedade por milhares de causas sempre renovadas, pela aquisição de uma multidão de conhecimento e de erros, pelas mudanças que se dão na constituição dos corpos e pelo choque contínuo das paixões, por assim dizer mudou de aparência a ponto de tornar-se quase irreconhecível e, em lugar de um ser agindo sempre por princípios certos e invariáveis, em lugar dessa simpli-

afirmações possibilita visualizar um quadro clínico recuperável, indicando que a situação não está perdida e que de alguma forma pode ser remediada. Pois Glauco também não ficou totalmente irreconhecível e sua originalidade reapareceu assim que a crosta criada pelas algas e pelos sais marinhos, como um "véu espesso" que a cobria, foi retirada. A ideia de velamento aparece também em outra obra de Rousseau, uma peça de teatro chamada *Pygmalion*, na qual a personagem de mármore, uma nereida[17] chamada Galateia, fica o tempo todo coberta por um véu que esconde toda a sua formosura. Ao final, por desejo de seu escultor, que se apaixona por ela, a pedra ganha vida e consciência. No desvelamento dessas pedras, o que se revela de forma inusitada não é um empecilho, como no poema de Drummond, *No meio do caminho*; mas exatamente o que o poeta busca no *Poema de sete faces*, que é a solução[18]. Se, por um lado, os fenômenos simbólicos podem ser vistos como uma pedra de tropeço no caminho dos homens, por outro, podem ser revertidos para algo benéfico e curativo. Não importa a "rima" (significando a arte) mas a solução, mesmo que esta seja provocada por aquela – como ocorre tanto em Drummond quanto em Rousseau.

---

cidade celeste e majestosa com a qual seu autor a tinha marcado, não se encontra senão o contraste disforme entre a paixão que crê raciocinar e o entendimento delirante" (Rousseau, *Discurso sobre a desigualdade*, 43).

17. Na mitologia grega, as nereidas, ou nereides, eram as cinquenta filhas de Nereu e Dóris. O nome Galateia é mencionado por Rousseau na *Carta a D'Alembert* e no *Emílio*, mas é na peça *Pygmalion* que se desenvolve o monólogo de um escultor que se apaixonada por sua estátua, chamada Galateia, remetendo ao mito grego do escultor de Chipre, conforme narrado por Ovídio.

18. *Mundo mundo vasto mundo,*
Se eu me chamasse Raimundo
seria uma rima, não seria uma solução.
Mundo mundo vasto mundo,
Mais vasto é meu coração.

Portanto, diante de uma sociedade mórbida, inflamada pelas paixões do *amor-próprio* e coberta pelo "véu" do espetáculo e pelas "algas" do jogo deformante da representação, é o homem do homem que triunfa. Não podia ser diferente, pois, como diz Salinas Fortes (1997, 49), "sair da Natureza é *aparecer* ao Outro mediante a operação da linguagem e da arte que exprimem e mascaram simultaneamente e que, além disso, tornam perpetuamente presente e atuante o jogo possível entre um parecer-dizer mentiroso e um ser-fazer mais autêntico". Há um certo pessimismo na antropologia de Rousseau, compensado pela visão otimista[19] das possibilidades preventivas, e até mesmo curativas, que se apresentam tanto para o homem como para a sociedade. O otimismo rousseauniano reside no fato de que se conhecemos a etiologia de uma enfermidade, é possível pensar em seu tratamento e vislumbrar até mesmo a possibilidade de cura. Afinal, como diz ele, "a descoberta da causa do mal indica o remédio" (ROUSSEAU, 1973, 134). Todavia, no receituário rousseauniano nunca figurou um tratamento de choque ou algum procedimento de extração completa do patógeno.

Muitos podem perguntar: se o filósofo era consciente disso, por que, então, dedicou-se tanto à arte? Ora, Rousseau nunca foi inimigo das artes ao ponto de refutá-las, e desde sua juventude tornou-se um amante da literatura, da música e do teatro. Inclusive, Bloom (1993, 41) diz que "Rousseau foi o filósofo dos artistas e o artista dos filósofos". Quando residiu na Itália, como secretário da Embaixada Francesa junto à República de Veneza, entre 1743 e 1744, aprendeu muito bem a *joie de vivre* da cidade e soube aproveitar como ninguém o re-

---

19. Martins (Pessimismo e optimismo em Jean-Jacques Rousseau, *Argumentos*, ano 4, n. 8 (2012) 108-114, aqui 111) diz que é na "senda de busca de equilíbrio e bom senso que devemos entender o otimismo vigilante de Rousseau".

finamento cultural daquele lugar. Depois, de volta à França, escreveu diversas composições teatrais e musicais, além de um romance que virou *best-seller* em seu tempo, vindo a influenciar inclusive Goethe[20] e os demais representantes do movimento protorromântico alemão *Sturm und Drang* (Tempestade e ímpeto). Só para dar um exemplo, a obra de Goethe, *Os sofrimentos do jovem Werther*, reproduz, em alguns aspectos, os sofrimentos do jovem Saint-Preux, na *Nova Heloísa* de Rousseau. Muitos outros exemplos poderiam ser dados para demonstrar sua paradoxal dedicação àquilo que condenava.

É um paradoxo, mas o homem necessita da tarefa da razão no intercurso de seu aperfeiçoamento[21], bem como do potencial da ciência e das artes. Isto é, necessita do "veneno" para uma "posologia homeopática" que consiga combater o mal que ele próprio causou pelo mau uso da razão, pela deturpação das habilidades artísticas ou mesmo pelo jugo do *amor-próprio* e das paixões inflamadas. Se as causas foram inevitáveis e houve o aceleramento das paixões, "em não acelerando igualmente o progresso dos conhecimentos que servem para regrar tais paixões, sairíamos então realmente da ordem da natureza e o equilíbrio seria rompido", como afirma Rousseau no *Emílio* (1973, 292),

Portanto, mesmo que o homem tenha sido desfigurado pelo efeito corrosivo desse processo, como aconteceu com Glauco, uma reconfiguração (PAIVA, 2010) é imperiosa para restaurar o equilíbrio. O que significa que é possível o reencontro da auten-

---

20. Para uma leitura mais aprofundada, cf. HAMMER JR., Carl, *Goethe and Rousseau, Resonances of the mind*, Kentucky, The University Press of Kentucky, 1973.

21. Burgelin (Rousseau et la philosphie politique, *Annales de philosophie politique*, n. 5, Paris, PUF, 1965, 348) comenta: "Nossa perfectibilidade nos propõe uma dura tarefa: a nossa integração segundo a ordem indicada pela natureza, até a razão que desvela essa ordem e permite buscá-la dentro de seu plano de iluminação".

ticidade do homem pela via dos canais representativos, seja da linguagem, das artes, da ciência ou da política, desde que emulados por nobres propósitos, como uma obra-prima da razão e de arte aperfeiçoada[22]. Das primeiras representações sígnicas para comunicar os pensamentos, e da escrita para representar a expressão oral, passando pela própria *pitié* como faculdade também representadora[23], o homem cria símbolos representativos para todas as situações, inclusive para si mesmo, e provoca uma condição de dualismo entre sua condição real, concreta e autêntica e uma condição fictícia, ilusória e inautêntica. É quando o homem põe a máscara e se refugia no reino do parecer, deixando que apenas os signos representativos tomem conta das relações humanas e transformem o mundo em um teatro. Por trás das cortinas, a riqueza, o polimento social e o refinamento aparente do gosto, da elegância e do charme não conseguem esconder a hipocrisia, a luxúria e a ociosidade que também reinam e envenenam as relações humanas.

Entretanto, se o veneno contém o seu antídoto, é evidente que ele não pode ser condenado ou banido, mas bem utilizado para os fins de cura. É bom lembrar que na obra de Fénelon, *As aventuras de Telêmaco* (livro de leitura de Emílio e Sofia), o jovem Telêmaco é preso pela paixão na ilha de Calipso, e Mentor, seu tutor, usou "o ciúme, inseparável do amor, contra o próprio amor" (FÉNELON, 2006, 81). Pois, como diz Rousseau, "as mesmas causas que corromperam os povos servem al-

---

22. Como diz Starobinski (*As máscaras da civilização*, 179). Em Rousseau, "é a natureza que oferece o remédio do mal, ou então é a arte aperfeiçoada".

23. Na opinião de Salinas Fortes (*Paradoxo do espetáculo*, 59-62), a *pitié* é representadora porque concede ao homem a capacidade de se superar e de transcender em direção ao outro, promovendo uma abertura e um transporte imaginário para fora, ou seja, para o semelhante. Dessa forma, ela acaba sendo a "matriz última de toda *sociabilidade*", mas num plano de positividade e conservação do bem comum.

gumas vezes para prevenir uma corrupção maior" (1999b, 300). "Algumas vezes" significa a possibilidade do aproveitamento, do uso dos recursos que as ciências e as artes oferecem para legitimar uma vida social digna, pois, como diz Kelly (1997, 29), "a vida social genuína é coexistente com a vida artística", uma vez que os processos podem ser simultâneos e seus vetores contarem com uma diversificada gradação de proximidade e distanciamento. Na primeira versão do *Contrato social* é Rousseau quem diz: "esforcemo-nos por retirar do mal mesmo o remédio que deverá curá-lo" (O.C., t. III, 288. Tradução livre).

É nesse ponto que sua obra pode conter a prescrição e a dosagem apropriada, pois Rousseau compreendeu que o mal da representação era inevitável e a saída seria, portanto, neutralizar parcialmente seus efeitos (SALINAS FORTES, 1997) e utilizar de outra forma seus princípios ativos de modo a remediar a situação. Assim sendo, no final do *Primeiro discurso* (1999b, 259), Rousseau vaticina:

> Deixemos, pois, as ciências e as artes adoçarem, de qualquer modo, a ferocidade dos homens que corromperam; procuremos *disfarçar prudentemente* e esforcemo-nos por mudar suas paixões. Oferecemos algum *alimento* a esses tigres, para que não devorem nossos filhos (Grifo meu).

Dentre esses "alimentos", figuram a música, o teatro, as letras e a própria ciência. Na alegoria hipocrática do alimento como remédio, um dos primeiros seria o canto, pois já estava presente nas danças primitivas e realçava o poder da comunicação. Entre a linguagem verbal e a musical interpõe-se a poética da transformação do *logos* e do *nous* em *poiesis*[24], a fim

---

24. Freitas (Linguagem natural e música em Rousseau, A busca da expressividade, *Trans/Form/Ação*, v. 31, n. 1 (2008) 53-72, aqui 57) diz: "A

de vacinar, ou, melhor dizendo, adoçar o universo simbólico. A questão não é precisamente semiótica, mas de intensidade e de expressividade. Como Rousseau comenta no *Ensaio sobre a origem das línguas*: "Reúnem-se em torno de uma fogueira comum, aí se fazem festins, aí se dança. Os agradáveis laços do hábito aí aproximam, insensivelmente o homem de seus semelhantes e, nessa fogueira rústica, queima o fogo sagrado que leva ao fundo dos corações o primeiro sentimento de humanidade" (1999a, 295). O ambiente retratado na ópera *O adivinho da aldeia*[25] não é diferente, pois Rousseau tenta resgatar nela esse estilo pastoral, descrevendo igualmente a imagem de uma vida rústica, pura e inocente. Tal é, igualmente, o motivo pelo o qual Emílio é levado ao campo para conhecer as expressões culturais populares e aprender a se comunicar de forma enérgica e expressiva. Por que isolar-se em um espetáculo teatral se as celebrações festivas ao ar livre proporcionam igualdade e satisfação comum?[26] Satisfação que encontramos também nas vindimas da comunidade rural de Clarens, onde todos vivem na maior familiaridade possível[27].

---

música é concebida como um instrumento potente de atuação sobre o estado de espírito humano, podendo desempenhar um papel análogo àquele que desempenhava entre os antigos. Esta dimensão fortemente acentuada no pensamento de Rousseau é frequentemente desprezada mediante o deslocamento do debate acerca de suas teorias musicais para o âmbito musicológico, enfatizando-se os aspectos técnicos".

25. Apresentada pela primeira vez em Fontainebleau, em 1752, foi em Paris sucessivamente apresentada até 1829.

26. Vincenti (Rousseau e a ordem da festa, *Trans/Form/Ação*, v. 38, edição especial (2015) 15-26, aqui 15) afirma: "Todos sabem que, quando Rousseau menciona a festa, na *Carta a D'Alembert*, é para a opor aos espetáculos".

27. No romance *Júlia ou a Nova Heloísa*, Júlia e o esposo Sr. de Wolmar habitam uma propriedade rural, a comunidade de Clarens, onde logo após o mutirão da colheita, é realizada a festa das vindimas com toda a criadagem, amigos e convidados. Rousseau diz (O.C., t. II, 68) que nesse lu-

Da mesma forma, a aprendizagem das ciências deve seguir o mesmo formato: "Não se trata de ensinar-lhe as ciências e sim de dar-lhe inclinação para as amar e métodos para aprender, quando a inclinação se tiver desenvolvido bastante" (ROUSSEAU, 1973, 180).

Entre a cena de um teatro no modelo parisiense, tal como Voltaire queria implantar em Genebra, e a cena de uma dança camponesa, é na cena do campo em que ainda há vida, esperança e menor possibilidade de simulacro. É o lugar de maior proximidade da natureza e menos representação possível e onde as pequenas comunidades de camponeses festejam suas colheitas de forma simples e autêntica. Por isso, o preceptor reflete com Emílio, dizendo: "O encanto de ver essa boa gente feliz não é envenenado pela inveja; interessamo-nos por ela verdadeiramente. Por quê? Porque nos sentimos capazes de descer a essa condição de paz e de inocência, de gozar a mesma felicidade" (ROUSSEAU, 1973, 246). Nessa perspectiva, a festa popular[28] torna-se, como defende Freitas

---

gar: "la douce égalité qui règne ici rétablit l'ordre de la nature, forme une instruction pour les uns, une consolation pour les autres et un lien d'amitié pour tous".

28. Embora bem explorada por Rousseau, a ideia de festa popular foi, no entanto, utilizada por outros autores. Nas *Cartas persas*, por exemplo, Montesquieu fala dos trogloditas que, depois de humanizados, desenvolveram um espaço alegre e amistoso para seus encontros: "Os trogloditas instituíram festividades para honrar os deuses: os rapazes e as moças, estas enfeitadas de flores, os celebravam com suas danças e os acordes de uma música campestre. Depois davam festas nas quais a alegria reinava de par com a frugalidade. Era nestas assembleias que a natureza se exprimia com toda a sua inocência: era nelas que os jovens aprendiam a dar e a receber o coração; nelas o pudor virginal fazia, enrubescendo, uma confissão que os pais surpreendiam, mas prontamente confirmavam com o seu consentimento; nelas, enfim, o amor pelos filhos levava as mães a preverem, de longe, uma união terna e fiel" (MONTESQUIEU, *Cartas persas*, São Paulo, Pauliceia, 1991, 33).

(2003) a reconstituição da unidade perdida, pois coloca o homem do estado de sociedade em contato mais uma vez com o ar livre, o céu, a liberdade do campo e com a beleza das cores, tanto das flores, como das vestes simples das camponesas[29]. Eis o lócus da presença, da proximidade e da autenticidade, pois não é difícil imaginar que, pelo menos no momento festivo, os grupos superem suas diferenças sociais e criem vínculos afetivos importantes na formação do espírito de coletividade e até mesmo de sua pátria[30].

Ou seja, quanto menos signos representativos, mais autêntica é a festa e, com possibilidade ainda de promover a unidade do corpo político, ou, pelo menos, fortalecer o vínculo social e desenvolver as sensações (FREITAS, 2003). Entretanto, Salinas Fortes (1997) ressalta que já havia na festa primitiva uma ambiguidade, pois ao mesmo tempo que produzia a união e a fusão, provocava também a diferenciação, as preferências e a separação entre um sujeito que olha e outro que é olhado ao exibir-se como um objeto. Essas comunidades que festejavam como se estivessem na *Idade do Ouro*, ou no período neolítico, segundo Lévi-Strauss (1996) foram tão logo sobrepujadas pelos vícios da cidade, uma vez que o deslocamento do plano da natureza para o plano das convenções foi inevitável. Mesmo assim, a versão depurada da festividade, popular ou comunitária, surge como um paradigma da vida social e pode projetar uma comemoração mais autên-

---

29. No início da *Nona caminhada* de *Os devaneios*, Rousseau se expressa de forma poética: "Existe algum gozo mais doce do que o de ver um povo inteiro entregar-se à alegria num dia de festa, e todos os corações desabrocharem aos raios expansivos do prazer que passa rápida porém intensamente, através das nuvens da vida?..." (ROUSSEAU, *Os devaneios*, 111).

30. Como ressalta Pissarra (Rousseau, a festa coletiva e o teatro, *Artefilosofia*, 228), "os espetáculos, adquirem fundamental importância na cidade pela sua eficiência pedagógica na formação do espírito de comunidade entre os cidadãos".

tica, servindo de paradigma para as celebrações patrióticas, sobretudo quando analisamos a visão de liberdade e felicidade que vem à tona de forma ainda mais depurada na festa cívica, descrita por Rousseau na *Carta a D'Alembert*[31].

Entra em cena, então, a festa cívica, cujo papel é exaltar os símbolos pátrios e suscitar a devoção cidadã. Afinal, como Rousseau questiona na *Lettre à D'Alembert*, não deve haver nenhum divertimento, nenhum espetáculo numa República? Respondendo ele mesmo que sim, que deve haver muitos! Mas não é no teatro ou em qualquer espaço restrito que se deve provocar a diversão dos cidadãos. Como ele diz, "É ao ar livre, é sob o céu que deveis reunir-vos e entregar-vos ao doce sentimento de vossa felicidade!" (2015, 157). Por mais que isso possa ter uma semelhança com a estetização da política para fins de manipulação das massas, tal como Walter Benjamin (1987) analisou esse tipo de fenômeno, o civismo festivo de Rousseau reforça os laços do prazer e da alegria, pois é a culminância da *vontade geral* e a expressão da soberania popular. Pois, seja na versão primitiva, na camponesa ou na cívica, é o povo o centro das atenções e é sua liberdade que é festejada. Por outro lado, como diz Pissarra (2018, 228), "a pluralidade da festa pública representa uma possibilidade de resistência às sociedades degeneradas, pelo papel aglutinador e pedagógico que tem".

Por isso, para Rousseau, a instalação de um teatro em Genebra seria um golpe contra a felicidade, pois os espetácu-

---

31. "Deve-se pontuar também que a obra *Carta a D'Alembert* se assemelha bastante, no que diz respeito às posições ideológicas de Rousseau, a outros textos programáticos cuja temática o *Discurso sobre as ciências e artes* (1749) havia inaugurado anteriormente" (FAÇANHA, Luciano da Silva; SILVA, Antonio Carlos Borges da, A essência e a representação, Uma análise acerca da crítica da imitação teatral em Rousseau, *Ipseitas*, v. 5, n. 1 (2019) 36-49, aqui 38).

los "tomam o lugar das festas, os atores usurpam o lugar do povo reduzido ao papel de espectador" (LEFEBVRE, 1997, 34. Tradução livre). Certamente, um teatro importado, à moda de Paris, usurparia a pequena comunidade genebrina, como dizem Gullstam e O'Dea (2018), distraindo os pobres da atividade política e fazendo triunfar os ricos da cidade alta sobre os obreiros do bairro de Saint-Gervais, na cidade baixa, por exemplo. Ademais, como diz Rousseau (1999a, 262, nota 1), "o teatro se presta admiravelmente para enobrecer nosso amor-próprio com todas as virtudes que não possuímos". E por isso Emílio foi, paradoxalmente, levado pelo preceptor a assistir algumas peças a fim de sair escandalizado[32], ou, melhor dizendo, vacinado contra os efeitos prejudiciais da representação, bem como contra os efeitos trágicos do *amor-próprio* sobre a alma humana. Embora alguns possam defender que o remédio é a extirpação do mal ou um tratamento preventivo para que as paixões não se desenvolvam, como o faz Bloom, na introdução do *Emílio*[33], o próprio Rousseau responde que não se trata disso. Diz ele no *Emílio*: "Eu acharia quem quisesse impedir as paixões de nascerem quase tão louco quanto quem as quisesse aniquilar. E os que

---

32. "Tu vias no teatro os heróis entregues a suas dores fazerem o palco ecoar com seus gritos insensatos, afligirem-se como mulheres, chorarem como crianças e granjearem assim os aplausos do público. Lembra-te o escândalo que te causavam essas lamentações, esses gritos, essas queixas, em homens de quem só se deviam esperar atos de firmeza. Como, dizias indignado, são estes os exemplos que nos apresentam, os modelos que devemos imitar? Temem porventura que o homem não seja bastante desgraçado, bastante fraco, para virem ainda incensar sua fraqueza sob a falsa imagem da virtude? Meu jovem amigo, sê agora mais indulgente: eis que te tornaste um desses heróis" (ROUSSEAU, *Emílio*, 523-524).

33. "The primary intention of the negative education is to prevent *amour de soi* from turning into *amour-propre*" (ROUSSEAU, *Emile or on education*, 10). Em tradução livre: "A intenção primordial da educação negativa é prevenir que o *amor de si* se torne *amor-próprio*".

pensassem tal fosse minha intenção até aqui, ter-me-iam certamente muito mal compreendido" (ROUSSEAU, 1973, 232). Afinal de contas, como deixa claro no *Ensaio sobre a origem das línguas*, as paixões são a essência da natureza humana, pois foi a partir delas que surgiram tanto o primeiro traço da cultura, que é a linguagem, quanto o das relações sociais, que é o sentimento de humanidade.

Dada essa inerradicabilidade do problema, a listagem farmacológica do boticário genebrino se perde na efusão de sua produção. Um bom exemplo é a peça *Pygmalion* (Pigmaleão)[34] que, embora pequena, possui uma riqueza estética que nos ajuda a entender a prescrição e a posologia das artes. Pigmaleão é uma figura que aparece em diversas obras da produção literária europeia, com forte recorrência sobretudo a partir do século XVII, destacando-se a peça do dramaturgo irlandês George Bernard Shaw, *Pygamlion*, bem como a peça de Jean-Philippe Rameau, *Pigmalion*; mas que não seguem os critérios estéticos da obra rousseauniana. Originalmente, figu-

---

34. Apresentada pela primeira vez em 1770, a peça foi escrita em 1762, provavelmente como resposta à peça *Pigmalion* (1748) de Jean-Philippe Rameau, dando continuação à *Querelle des Bouffons*, que durou vários anos. A inimizade entre eles começou em 1745 após a apresentação da ópera-balé *Les muses galantes*, quando Rameau o acusou de plágio. Depois criticou todos os artigos sobre música que Rousseau havia escrito para a *Encyclopédie*. Rousseau comenta (O.C., t. II, 1051) que o ódio do grande compositor por ele "terminou apenas com sua morte", em 1764. O texto original utilizado aqui faz parte da sessão *Contes et apologues* (Contos e apólogos) das *Oeuvres Complètes* (Obras completas), publicada em cinco volumes, na França, pela Gallimard na coleção Bibliothèque de la Pléiade, sob a direção de Bernard Gagnebin e Marcel Raymond (O.C., t. II, 1964, 1224-1231). Mas utilizo também a tradução feita por mim, disponível em Paiva, Wilson Alves de, Rousseau e as artes, Uma leitura do Pigmaleão, *Revista de Filosofia Moderna e Contemporânea*, Brasília, v. 8, n. 3 (2020) 225-245. Disponível em: <https://periodicos.unb.br/index.php/fmc/article/view/31941>.

ram dois personagens com esse nome[35] na mitologia grega, ambos de origem oriental, contudo, o mais conhecido é encontrado nos versos de alguns poetas, como Virgílio, que relatam a história de um escultor, rei celibatário da ilha de Chipre, que acabou apaixonando-se pela estátua feminina que criara, a Galateia. Deu-lhe esse nome em homenagem à nereida Galateia, filha de Nereu e Dóris, cuja beleza encantara o ciclope Polifemo (LICHT, 2018), e serviu de referência estética ao celibatário Pigmaleão. Seu celibato era motivado pela recusa de esposar as mulheres libertinas e sem virtudes de sua ilha. Em resposta às suas súplicas, a deusa Afrodite deu vida à estátua com a qual Pigmaleão contraiu núpcias e teve uma filha, a quem deu o nome de Pafos. Segundo Kerényi (2015), essa história ajudou a difundir o culto à Afrodite, como a deusa do amor.

A peça de Rousseau foi colocada na seção "Contos e apólogos" das *Oeuvres Complètes*. Ora, um "apólogo" é uma narrativa em prosa ou verso, com um objetivo argumentativo, e produzida geralmente de forma dialogada para expressar uma reflexão moral. A pequena obra rousseauniana que leva esse nome é um monólogo de um escultor chamado Pigmaleão. O texto é intercalado por pantomimas e interrompido apenas no final, quando sua escultura ganha vida e emite algumas palavras de auto reconhecimento. O subtítulo "Cena lírica", colocado pelo autor, também pode ser traduzido por "Melodrama", um estilo novo para o qual a peça contribuiu significativamente, apresentando de forma sucessiva o monólogo declamado e a música instrumental. Embora Rousseau tenha feito somente a letra e deixado a música quase toda para outro músico amador, chamado Horace Coignet (1736-1821), a obra foi composta provavelmente em seu exílio

---

35. Cf. BRANDÃO, Junito de Souza, *Dicionário mítico-etimológico*, Petrópolis, Vozes, 2014.

em Neuchâtel, em 1762, quando fazia quase dez anos que sua *Carta sobre a música francesa* havia sido publicada, pela qual, inclusive, recebera inúmeras críticas. Aliás, como informa Martin (2015)[36], a imagem de Rousseau músico não foi boa ao longo dos séculos e o próprio Berlioz (1991, 95-96)[37] comentou ironicamente: "Pobre Rousseau! Achou que ia esmagar Rameau com suas musiquinhas e seus fonfons". Entretanto, a aclamação geral de suas principais peças depõe contra o julgamento de Berlioz, além disso, o cerne da questão não foi compreendido ou evitado por ele, ou seja, na querela entre Rameau e Rousseau estavam em disputa duas visões da realidade. Rameau era cartesiano, defendia a unidade e as regras fixas, como na matemática; Rousseau defendia que a música deveria variar como varia a natureza, pois é sentimento da alma, expressão do coração e uma forma de linguagem, por isso, sua valorização da melodia sobre a harmonia, pois é pelo canto da melodia que se expressa a voz da alma.

Os ataques contra sua obra e sua pessoa já tinham se intensificado desde as leituras públicas do romance *Nova Heloísa*, bem como a produção do *Emílio* e do *Contrato social*. Mesmo assim, após uma longa viagem de fuga, Rousseau chega a Lyon, em 1770, e sua peça é apresentada no pequeno teatro da prefeitura, com grande sucesso. Em janeiro de 1771 foi publicada no jornal *Mercure de France* e se difundiu por toda Europa, ganhando versões em outros idiomas. Diante dessa "guerra" travada contra ele, muitos questionam: por que dar aos inimigos mais munição? No entanto, só o espírito inquieto de Rousseau e sua incansável genialidade podem servir

---

36. Cf. MARTIN, Nathan John, L'image de Rousseau musicien au cours des siècles, *Annales de la Société Jean-Jacques Rousseau*, t. LIII, 2015. O autor afirma que a imagem negativa que Rousseau recebe no século XIX é mais um reflexo da difamação lançada por seus perseguidores.

37. Hector Berlioz (1803-1869), compositor romântico francês.

de resposta. Mas ainda há que se questionar: *Pigmaleão* seria uma arma nas mãos de seu criador ou na de seus inimigos?

Tanto a peça de Rousseau quanto o mito grego apresentam um artista que se apaixona por sua obra, dada sua perfeição e sua beleza. No caso do mítico rei de Chipre, sua súplica foi tão intensa que não pôde descansar enquanto a deusa Afrodite não veio atender ao seu pedido e, assim, dar vida à estátua. Entre os gregos antigos, o valor estético gozava de um estatuto próprio e fundamentava a vida social em toda sua maneira de viver. O amor dedicado a uma obra de arte teve até correspondentes na vida concreta de tal modo que Licht (2018) chega a relatar alguns casos de "pigmaleonismo" reais que ocorreram no mundo helênico, devidamente documentados por alguns escritores, como é o caso de um jovem de uma família abastada de Cnido, no golfo de Cós, que se apaixona pela estátua de Afrodite feita por Praxiteles (395-330 a.C.), um dos maiores escultores da Grécia antiga, que ficava no templo daquela cidade. Licht (2018, 502) informa que o jovem "passava dias no templo e nunca se cansava de contemplar sem cessar a imagem divina".

Ao chamar a experiência desse jovem grego de "estética", estamos longe do sentido epistemológico dado por Baumgarten (1936) de reflexão sobre o belo, mas próximo do sentido que encontramos em Rousseau. Embora Aristóteles já tivesse introduzido ambas as perspectivas, isto é, tanto a da reflexão sobre o belo quanto a da experiência sensitiva, até o início do mundo moderno é a perspectiva das sensações e da contemplação que sempre esteve em destaque. Tanto no jovem de Cnido, quanto no Pigmaleão dos mitos helênicos ou mesmo no *Pygmalion* da obra de Rousseau o que há é uma demonstração de uma experiência sensitiva que resulta da contemplação do belo. Porém, uma sutil diferença entre os antigos e Rousseau deve ser destacada: se o fanatismo órfico do jovem grego se fia, como nos demais mitos, na metempsicose sobre o mármore para, a partir dela, operar uma fusão do humano à *psiqué*, a entrega final que o Pigmaleão de Rousseau dedica à sua obra, tem a ver mais com a fusão do humano ao *eros*. Ademais, diferente da clara intervenção divina que acontece nos mitos gregos, na peça de Rousseau a animação da pedra mais parece um delírio do escultor, sua imaginação que responde ao estado de desespero no qual se encontrava por ter perdido a inspiração. Assim, diante da impaciência, da angústia, da tristeza, da irritação e do medo, seu personagem pode ter apenas imaginado a reação de sua obra. Um estado psicológico que vai da mais profunda tristeza à euforia de poder contemplar seu esforço sendo recompensado pelo fato de sua obra supostamente criar vida. Ademais, como cristão, Rousseau não lança mãos dos mitos gregos a não ser como metáfora e recurso retórico. Portanto, longe de ser um deus, *eros* é, para Rousseau, uma força que canaliza um retorno à unidade. É nesse sentido que o personagem escultor emprega suas palavras finais de seu monólogo: "Sim, caro e encantado objeto: sim, a mais digna obra-prima de minhas mãos, do meu coração e dos deuses... És tu, és tu só: Eu te dei todo o meu ser; não viverei mais a não ser por ti".

Todavia, mesmo admitindo que, no final da peça rousseauniana, os deuses realmente tenham atendido o clamor de Pigmaleão, o artista não assume a estátua animada como resultado de uma metempsicose. Se a bela obra recebeu *anima* dos deuses, foi em atendimento à evocação do próprio escultor, que doou parte de sua própria alma para que a estátua se movesse e se sentisse viva. Junção da *psiqué*, representada pela ação divina, com o *eros*, representado pela ação humana do escultor, num ato conjunto de amor: "do meu coração e dos deuses". E, em vez de exaltar alguma divindade, Pigmaleão afirma, dirigindo-se à própria estátua: "És tu" e "Eu te dei todo o meu ser". Portanto, se no encerramento da peça o artista se entrega, dizendo: "não viverei mais a não ser por ti", é porque a obra é primeiramente manifestação do trabalho humano sobre a natureza, isto é, sobre o mármore, pela qual o humano viverá. Não é somente o triunfo do humano sobre a natureza, nem o contrário, mas o triunfo de ambos, fundidos numa unidade estética. Como diz Starobinski (1991, 81), "Galateia viva não será mais uma obra, mas uma consciência. Pigmalião, feliz, abandona seus instrumentos; o amor de Galateia lhe bastará; não esculpirá mais estátuas..." E o interessante é que o primeiro ato de Galateia ao ganhar vida é reconhecer-se, tomar consciência de si mesma, mas também ter consciência de que é fruto do trabalho humano. Ao tocar-se, ela diz: "eu", mas ao tocar Pigmalião, diz "ainda sou eu": a suprema fusão do amor. A grande jogada aqui, como bem a capta Starobinski (1991, 82), é a seguinte: "O milagre está na substituição de um objeto por uma consciência". Ou, como diria Derrida, na substituição de um suplemento por uma consciência.

Provavelmente influenciada por Platão, essa perspectiva se reveste de uma finalidade pedagógica com vistas a evitar a corrupção e redirecionar o labor artístico no sentido de melhor conduzir o desenvolvimento humano, sempre pronto para "ouvir a voz da consciência no silêncio das paixões" (ROUSSEAU, 1999b, 214). A voz de Pigmaleão lembra a voz do vigário saboiano e esta, a mesma voz que provavelmente tenha falado ao coração de Rousseau por toda sua vida e lhe proporcionado uma verdadeira experiência estética. Portanto, como diz nas *Confissões*, os passeios de gôndola pelo rio, bem como as caminhadas que realizava pelas ruas de Veneza lhe davam muito prazer, mas bem mais atrativas e apaixonantes eram as canções melodiosas que se ouviam por toda parte, na boca de todos. Então, embora essas cenas se reportem à época vivenciada antes de sua "conversão", no caminho de Vincennes, já havia em sua alma, no âmago de seu pensamento, uma estética do comum, do cotidiano, do simples, do corriqueiro, do popular e de outros elementos que se aproximam da natureza. Daí a razão de Rousseau ter condenado a ideia de um teatro em Genebra e ter evocado o ideal das festas populares.

Todavia, de volta à ideia de que a cura de um mal pode ser encontrada no próprio veneno, isso nos leva compreender que todas as artes, inclusive o teatro, podem ser usadas de forma medicamentosa. Por isso, ao escrever a *Carta a D'Alembert*, Rousseau elogia o teatro grego antigo, pois este era realizado ao ar livre, sem cobrança de entradas e evocava as tradições cívicas, a virtude e a vida em comum. A verdade é que Rousseau sempre amou o teatro, como atestam Gullstam e O'Dea (2018), e chegou a confessar na *Carta*[38] que amava Racine[39] e não perdia uma apresentação de Molière[40], embora os criticasse, sobretudo o último por sua zombaria e escárnio. Se a arte teatral tem seus limites, e não tem um efeito pedagógico significativo, provocando a cartarse[41], como defendia a tradição aristotélica, há de se perguntar: por que o preceptor de Emílio o levou a um local desses? Ora, o poder pedagógico do teatro foi o "nervo do debate" (MATTOS, 2009, 8) entre

---

38. "La verité est que Racine me charme et que je n'ai jamais manqué volontairement une representation de Moliére" (O.C., t. V, nota de rodapé da página 120; ROUSSEAU, *Carta a D'Alembert*, 163, nota 62).

39. Jean Baptiste Racine (1639-1699), um dos maiores poetas e dramaturgos clássicos franceses.

40. Jean-Baptiste Poquelin (1622-1673), dramaturgo francês, considerado um dos mestres da comédia satírica.

41. Que vem de *Catharsis* (κάθαρσις), que significa "Libertação do que é estranho à essência ou à natureza de uma coisa e que, por isso a perturba ou corrompe" (Cf. ABBAGNANO, *Dicionário de Filosofia*, 120). A teoria grega da catarse, na obra de Platão e de Aristóteles – *mutatis mutandis* – remete à ideia de purgação, depuração e purificação, tanto no sentido médico quanto moral.

Voltaire, Diderot e Rousseau. Enquanto os dois primeiros valorizaram a pedagogia catártica dos palcos, Rousseau advertia D'Alembert (O.C., t. V, 24) sobre seus perigos, dizendo: "Quanto mais reflito sobre isso, mais descubro que tudo que se coloca em representação no teatro não se aproxima de nós, mas se distancia". Talvez por isso ele tenha abandonado suas produções teatrais, admitindo-a tão somente em formas adaptadas e, digamos, com função medicamentosa contra seu próprio mal. É nesse sentido que na *Lettre à D'Alembert* Rousseau conclama os dramaturgos para fugirem dos temas exaltados e voltarem aos temas simples. Ao Emílio, o preceptor oportuniza a audiência de uma peça para refletir sobre a cisão que existe entre a audiência e os atores. Tal exortação não foi aproveitada pelos dramaturgos da época, mas de certa forma por Brecht, no século XX[42], quando tenta superar essa cisão e deixa claro que uma das finalidades do teatro é a diversão.

O argumento defendido por muitos pensadores iluministas, isto é, o de que o teatro poderia produzir uma catarse, não foi suficiente para convencer Rousseau. Pelo contrário, serviria para acentuar a representação, aumentar o desejo pelo espetáculo e alimentar as paixões no desenvolvimento do *amor-próprio*. Rousseau procura demonstrar que o efeito catártico é ilusório. Para ele, a capacidade de colocar-se no lugar do outro deve ser real e não apenas imitativa. Se essa transposição é feita de forma apenas imaginária ou enganosa, no âmbito do teatro, acaba-se por fazer como Narciso[43], que

---

42. Eugen Berthold Friedrich Brecht (1898-1956) foi um dramaturgo e poeta alemão. Na obra *Estudos sobre o teatro* (Rio de Janeiro, Nova Fronteira, 2005, 1127), diz ele: "Tratemos o teatro como um recinto de diversão, único tratamento possível desde que o enquadremos numa estética, e analisemos, pois, qual a forma de diversão que mais nos agrada".

43. "A peça é relativamente curta, contando com apenas um ato, dezoito cenas e sete personagens. A história se passa no dia do casamento

usurpou o lugar do outro somente pelo prazer de viver a personagem ou pelo encanto de uma mulher que não existia. Mas no prefácio dessa obra Rousseau coloca uma nota contra a desesperança que tais afirmações possam gerar, fazendo-nos lembrar que a aparência bem intencionada pode conter virtude; contra, principalmente, a afirmação de que um povo, uma vez corrompido, nunca mais volta à virtude. Nesse aspecto, o mal contém seu remédio na medida em que for utilizado para se evitar um mal pior, como um antídoto, em benefício público. Como diz Starobinski (2001, 165), "o remédio é o próprio mal, mas mantido sob alta vigilância por homens excepcionais que não se deixarão corromper por seu poder nefasto", ou, nas palavras do próprio Rousseau:

> Esse simulacro consiste numa certa doçura de costumes que algumas vezes substitui sua pureza, uma certa aparência de ordem que previne a tremenda confusão, uma certa admiração pelas belas coisas que impede as boas de caírem inteiramente no esquecimento. É o vício que toma a máscara da virtude, não como a hipocrisia para enganar e trair, mas para, sob essa efígie amável e sagrada, afastar o horror que tem de si mesmo quando se contempla nu (O.C., t. II, 972, nota de rodapé).

---

de Valério, personagem principal, e o enredo se desenrola a partir de uma brincadeira que sua irmã, Lucinda, tenta lhe fazer, com a intenção de curá-lo de sua vaidade com um tratamento de choque. Sua brincadeira envolve um retrato de Valério (deixado furtivamente em sua penteadeira) em que ele aparece caracterizado como uma mulher, decorado com maquiagem, roupa e penduricalhos. Qual não é a surpresa do leitor quando Valério, menos do que rever seus modos, não se reconhece na imagem, apaixona-se pela figura do retrato e, no dia do seu casamento, sai à procura de si mesmo para tomar sua mão em casamento" (Cf. Introdução in: ROUSSEAU, Jean-Jacques, Narciso ou o amante de si mesmo. *Cadernos de Ética e Filosofia Política*, v. 2, n. 33 (2018) 163-165). Disponível em: <https://www.revistas.usp.br/cefp/article/view/153280>.

Enfim, Rousseau toma um partido inusitado para os leitores de seu século, mas bastante compreensível para os dias de hoje. Apesar de ter atacado o desenvolvimento da cultura, não quis dizer que devessem, pois, destruir as bibliotecas, as academias, os colégios, as universidades ou mesmo os espetáculos. De onde podemos inferir que essas manifestações artísticas bem encaminhadas podem evitar a ociosidade e serem bem utilizadas com o propósito de infundir nas mentalidades a virtude necessária ao pleno desenvolvimento do homem em suas disposições civis, bem como em suas necessidades pessoais. Como diz Starobinski (2001, 193): "é o próprio mal da cultura que, levado à sua perfeição, será o novo bem, a cura".

Para muitas das questões trabalhadas aqui, não quero fazer uma divisão entre o "jovem" e o "velho" Rousseau, mas toda essa complexa leitura que o filósofo faz das raízes do mal e das possibilidades de tratamento é fruto de sua maturidade. Até porque, como diz Cranston (1991a), o Rousseau que desembarcou no palácio da Embaixada, em 1743, não é o mesmo Rousseau solitário, devaneador e amante da natureza, como ficou tão conhecido depois. Esse período anterior de êxtase pela arquitetura, pela ópera, pelas danças, pela pintura e por todo esse modo de vida refinado que foi encontrar em Veneza, antecedeu sua "conversão" no caminho de Vincennes, em 1749, quando foi visitar o amigo Diderot, encarcerado na prisão, e teve sua epifania reveladora. Ao escrever seu *Primeiro discurso*, já era um homem novo, alguém que, pela experiência que tivera, passou a defender outro ponto de vista, deixando para trás a lírica juvenil de poeta com seus versinhos apaixonados e seus "fonfons", como disse Berlioz, a fim de alçar voos mais altos com suas obras políticas.

No contexto de uma sociedade cujas relações humanas são permeadas pelo simulacro, o teatro rousseauniano não deixa de ser um "suplemento" (DERRIDA, 2006), mas é um suplemento que pode ao menos promover a presença[44] pela centralidade da voz, da fala e do canto, pois há suplementos medicamentosos bem piores. No prefácio da peça *Narciso*, lemos:

> Mas, quando um povo já se corrompeu até um certo ponto, quer as ciências tenham, quer não, contribuído para tanto, será preciso bani-las ou se preservar delas para torná-lo melhor ou impedi-lo de tornar-se ainda pior? Esta é outra questão em relação à qual me declararei positivamente pela negativa. Pois, em primeiro lugar, uma vez que um povo corrupto nunca mais volta à virtude, não se trata de tornar bons aqueles que não o são, mas de conservar assim aqueles que têm a felicidade de sê-lo. Em segundo lugar, as mesmas causas que corromperam os povos servem algumas vezes para prevenir uma corrupção maior; assim, aquele que estragou o seu temperamento com um uso imprudente de remédios, vê-se forçado a recorrer ainda aos médicos para conservar-se a vida (ROUSSEAU, 1999b, 300).

Por esse ponto de vista, Rousseau foi obviamente atacado e até ridicularizado como inimigo das artes e das ciências. Em sua defesa, na *Última resposta ao Sr. Bordes*, publicada no *Mercure de France*, entre as diversas refutações aos ataques recebidos pelo *Discurso sobre as ciências e as artes*, ele explica que:

---

44. Baseando-se na crítica de Derrida, em *Gramatologia* (São Paulo, Perspectiva, 2006), Langdalen (The voice of nature in Rousseau's theatre, In: GULLSTAM, M.; O'DEA, M., (Ed.), *Rousseau on stage, Playwright, musician, spectator*, Oxford, Voltaire Foundation, 2018) afirma que na categoria dos "suplementos" o teatro é potencializado pela voz, enquanto presença. E a voz se torna remédio para corrigir a natureza enganosa da representação ao substituir a ilusão pela fala ou pelo canto que expressam a verdade, sob os auspícios da consciência que a dita.

As ciências são a obra-prima do gênio e da razão. O espírito de imitação produziu as belas-artes, e a experiência as aperfeiçoou. Devemos às artes mecânicas um grande número de invenções úteis que aumentaram os encantos e as comodidades da vida. Eis verdades com as quais de bom grado concordo (ROUSSEAU, 1999b, 262).

De modo que, concluindo, o problema não está na arte em si, mas na forma como historicamente se desenvolveu e em como foi empregada. Então, o sentido de arte pode ser mudado para uma perspectiva benéfica se for entendida como ação humana que, em vez de alimentar as paixões, consiga atuar no silêncio das mesmas, objetivando o belo e o verdadeiro na plenitude humana. Tal compreensão nos leva a refletir, como fez Benedito Nunes (2000, 10), que o pensamento do século XVII e XVIII tinha um conceito de "arte como aquele produto da atividade humana que, obedecendo a determinados princípios, tem por fim produzir artificialmente os múltiplos aspectos de uma só beleza universal, apanágio das coisas naturais".

Rousseau encarna essa ideia com muita paixão e, ciente da utilidade das artes, encerra suas refutações dizendo:

Esperando, escreverei livros, comporei versos e música, caso tenha para isso talento, tempo, força e vontade, e continuarei a dizer, com toda a franqueza, todo o mal que penso das letras e daqueles que as cultivam, tendo certeza de não valer menos por isso. É verdade que um dia poderão dizer: "Esse inimigo tão declarado das ciências e das artes, todavia, fez e publicou peças de teatro", e tal discurso constituirá, confesso, uma sátira muito amarga, não a mim, mas a meu século (ROUSSEAU, 1999b, 302).

Isto é, o "bárbaro"⁴⁵ não se fez inimigo das artes e do conhecimento em geral, mas um pioneiro ao reconhecer os males da civilização e a denunciar seus erros. Como diz Ehrard (1994), o anátema lançado contra uma civilidade iníqua não se trata de simples exercício literário, mas de um corajoso confronto com o quadro de corrupção geral do gênero humano e das sociedades estabelecidas, a partir do qual passou a refletir sobre a condição humana⁴⁶ e as melhores condições para seu devir. Assim, de suas linhas brota uma estética do sentimento, que é mais do que uma teoria, pois, como diz Lefebvre (1997), no livro *L'esthétique de Rousseau*, trata-se de uma prática que interpela a vida pela escritura e a escritura pela vida, sempre em busca do belo e do verdadeiro, cuja referência não é outra senão a natureza. Portanto, uma nova forma de conceber a existência humana. A genialidade de Rousseau está precisamente no sentido particular que deu a esse anátema: recusar os males da civilização, servindo-se das paixões para melhor vencê-las (AUDI, 2008), ou, nas próprias palavras do autor do *Emílio*: "Só se tem o domínio sobre as paixões pelas paixões; é pelo domínio sobre elas que cumpre combater-lhes a tirania" (O.C., t. IV, 654; ROUSSEAU, 1973, 379).

O personagem Saint-Preux, o filósofo do romance *Nova Heloísa*, escreve para Júlia, dizendo: "Os romances são a última instrução que resta dar a um povo bastante corrom-

---

45. Rousseau usa a palavra "barbárie" para diversos sentidos. No *Primeiro discurso* o termo se refere ao período da Idade Média: "A Europa tinha tornado a cair na barbárie dos primeiros tempos". Mas, ao epigrafar o mesmo discurso com a sentença *Barbarus hic ego sum quia non intelligor illis* (Aqui sou eu o bárbaro, porque ninguém me entende), de Ovídio (*Tristes*, V, 10, 37, in: OVÍDIO, *Tristes*, Paris, Belles Lettres, 1987), Rousseau está sendo irônico e fazendo referência às críticas que recebeu de muitos de seus contemporâneos.

46. "Nosso verdadeiro estudo é o da condição humana" (ROUSSEAU, *Emílio*, 16).

pido" (O.C., t. II, 227). Frase paradigmática para a tendência literária prescritiva que se desenvolve nos séculos XVIII e XIX e que aposta em sua capacidade educativa. Então talvez estejam na *Nova Heloísa* e no *Emílio* as chaves para abrir a porta da sensibilidade e da dimensão humana que tanto nos falta. Mas, tomando a etimologia da palavra *romance*, que nos remete à balada medieval, lírica, prosaica e narrativa, independente de seu tamanho, bem como às características do romance moderno, de retratar personagens mais reais, cenas familiares e experiências cotidianas[47], podemos colocar nessa categoria a ópera *O adivinho da aldeia*, a peça *Narciso ou o amante de si mesmo*, bem como o *Pigmaleão*, além de outras, considerando-as como obras de instrução, como lições e sinais de alerta contra o ego narcísico, o qual pode nos fazer viver a ilusão do simulacro. Não se pode esquecer que a imagem refletida de Narciso, no mito grego, não era sua alma, mas um espectro, um *eidolon* que pode nos engalfinhar de tal modo que deixamos de viver nossa própria realidade para viver as diversas formas de simulacro. No *Narciso* de Rousseau, o retrato de Narciso feito pela irmã de Valério para curar sua vaidade teve efeito contrário, pois o personagem acabou apaixonando-se pela figura, num amor absurdo por si mesmo. No caso do rapaz grego que não saía do templo, a estátua era o *eidolon* que sugava sua alma. E tais metáforas são tentadoras para pensarmos o efeito que a tecnolo-

---

47. De onde vem a ideia de *romance pedagógico*. "Retratar cenários familiares ao leitor, apresentar personagens que poderiam existir na vida real, descrever suas experiências diárias, conflitos e pensamentos em uma estrutura narrativa cronológica de caráter biográfico talvez tenham sido alguns dos procedimentos narrativos responsáveis pelo fato de o romance ser, já no final do século XVIII, um sucesso entre os leitores" (AUGUSTI, Valéria, O caráter pedagógico-moral do romance moderno, *Cadernos Cedes*, ano XX, n. 51 (2000), 90).

gia atual e as redes sociais proporcionam na vida das pessoas, projetando um simulacro narcísico e velando a realidade.

É a dosagem que definirá essa relação entre a representação e a realidade. No caso do teatro, como diz Naito (2014, 170), "se o que é representado no palco corresponde a uma realidade", a terapêutica pode ser eficaz. Parece ter sido o caso de Rousseau, pois, como diz Vedrini (1989, 113) "se a *Nova Heloísa* foi um dos maiores sucessos de livraria do século, talvez seja porque Rousseau havia escrito o que vivenciou, ou melhor, viveu o que havia escrito". Do mesmo modo, Rousseau escreveu *Pigmaleão* durante um período de exaustiva depressão e, portanto, representava pela escrita o que estava vivenciando e vivenciava o que escrevia. Nesse sentido, as palavras que encerram a peça: "És tu, és tu só: Eu te dei todo o meu ser; não viverei mais a não ser por ti", podem nos remeter a um diálogo profundo entre Rousseau e sua própria obra, pois é por ela que ele viveu e vive até hoje entre nós. E, nesse caso, a "Galateia" de Rousseau é o conjunto de todas suas obras. Os lamentos "J'ai perdu tout mon bonheur"[48], de Colette; e "J'ai perdu mon génie"[49], de Pigmaleão, revelam a condição da perda à qual a humanidade foi submetida ao sair do seu estado natural, tornando-se uma "pedra", um obstáculo à felicidade, para usar a mesma hipértese de Drummond.

Enfim, tal como o tesouro perdido do Evangelho[50], o que está oculto pode ser revelado, desvelado ou redescoberto. Quando Galateia ganha vida, a música para e o silêncio impera. O momento só é rompido pelas expressões de autorreconhecimento e desvelamento do próprio ser que existe tanto

---

48. "Perdi toda a minha felicidade", frase que inicia a ópera *O adivinho da aldeia* (O.C., t. II, 1099).

49. "Perdi o meu gênio", frase dita pelo escultor na peça *Pygmalion* (O.C., t. II, 1225).

50. Parábola de Jesus. Cf. Mateus 13,44.

no autor quanto na obra. Fusão medicamentosa que pode curar nossos males e nos fazer entender que só existimos por nossas obras, que representam o que temos a oferecer ao mundo. Sabendo usá-las, tal como Rousseau prescreveu, jamais serão pedras em nosso caminho, mas a solução.

Comentário
MARIA CONSTANÇA PERES PISSARRA

Eu começo pelos agradecimentos dizendo que de fato é um prazer participar aqui com um comentário. Se há algo de positivo no que estamos vivendo neste momento, quando a realização dos eventos, congressos e reuniões etc. está suspensa, é a oportunidade de trocas, mesmo estando distantes. Parabenizo-o pela iniciativa e pelos textos, inclusive os títulos, os quais achei inspirados, principalmente o título geral dessa série de encontros, pois a "Estátua de Glauco" possibilita imagens reveladoras do pensamento rousseauniano, como você bem chama a atenção no texto. Esse é o grande paradoxo da condição humana: romper com o estado de natureza, sua condição originária, é, de alguma maneira, adquirir as crostas, algumas camadas do, digamos, processo civilizatório. Nisso se dá a aquisição e o acúmulo de conhecimento pelo qual se adulteram as formas originais, ou seja, os contornos originais de um belo deus representado pela imagem. O título foi uma ideia muito boa, provocadora para os leitores e estudiosos de Rousseau.

De modo que seu texto e seu primeiro comentário me fizeram pensar muitas coisas. A questão do mal, no início, que você aponta muito bem, a diferença de posição entre Voltaire e Rousseau. Voltaire lê Leibniz um pouco à sua maneira, provocando Rousseau ao infantilizar seu comentário sobre o "tudo está bem ao sair da mão do Criador" e "tudo está bem no melhor dos mundos possíveis". Rousseau, em suas obras, ao responder, exporá suas teses ao mesmo tempo que suas fraquezas, contradições e paradoxos, chegando a afirmar que prefere ser um homem de paradoxos. O que me fez lembrar o tema do colóquio de 2012, dos 300 anos de Rousseau, o *vitam impendere vero*, a vida em nome da verdade. De alguma maneira estaria aí a originalidade de Rousseau ao propor ao seu leitor escapar de tudo aquilo que é ficção e da aparência enganadora, para desmascarar ou tirar o véu para combater as mentiras. Isso atravessa seu texto, e é nesse sentido que Rousseau nos propõe que é preciso agarrar-se à verdade. Mas antes de tudo, à verdade de si, a verdade daquilo que se pensa, perspectiva essa que me ajudou a ler o restante de seu texto, principalmente nas afirmações de que Rousseau tenha falado daquilo que viveu e vivido o que escreveu.

Então, desde o começo, quando se fala do terremoto de Lisboa, a aparência da catástrofe, que deu vasão às críticas contra a imperícia, o mau governo e outras supostas causas, levou a uma interpretação equivocada do ocorrido, sobretudo porque o fato foi no dia 2 de novembro, o dia dos mortos. Voltaire explora esse aspecto, questionando que Deus é esse que em um dia tão importante para o catolicismo permite acontecer algo assim? E Rousseau, de forma precisa, responde que a questão não é essa, não antes teológica. Como você trabalha bem em seu texto, a imagem de Glauco traduz a necessidade de se escapar da aparência e da ficção, que são enganadoras. Rousseau traz sempre isso nos textos, isto é, a coragem de não trair a verdade, ou seja, dizer o que é verdadeiro, como ele fez nos momentos que você chamou de "momento depressivo", pois interpreto isso mais como uma defesa da verdade. Dizer a verdade é viver a verdade, sem oposição ou hiato, fazendo mesmo aparecer a verdade.

Ensaiando uma indagação, é possível falar de um amor apaixonado pela verdade? Há uma junção entre a verdade subjetiva e a reflexão filosófica, política, metafísica? Podemos afirmar tal junção? Se assim for, para escapar do amor próprio é preciso, portanto, falar do reconhecimento, da reciprocidade? E qual é o papel da festa nisso tudo? A festa é a reciprocidade de olhares, de reconhecimento de cada um pelo outro e por todos etc., um momento único de fusão – ainda que não perdure. No caso da festa popular e da festa cívica, Rousseau está descrevendo a espontaneidade e a ingenuidade das pessoas envolvidas nesse momento alegre e simples, nos desafiando a ultrapassar essa imagem e trazer à tona a questão do reconhecimento, aquilo que o próprio Starobinski afirmará ser um momento de fusão, de fé (não religiosa), que talvez não dure, mas que sela a identificação com a comunidade – o que será tema do *Contrato social*.

Assim, cada um se vê em cena. E é isso que Rousseau traz no *Narciso*, no *Pigmaleão*, em *O adivinho da aldeia*, ou seja, uma utopia do reconhecimento, não mais no sentido de uma "sinfonia do maravilhoso" (nada a ver com a crítica de Berlioz), mas contra a ideia do espetáculo, tão cara ao século XVIII, com toda sua pirotecnia tecnológica, com tanta gente, com suas luzes e seus espelhos: em outras palavras, a cidade degenerada, corrompida. Portanto, a festa traz o reconhecimento como o remédio contra o mal, que leva à cura. Então eu discordaria de você um pouco, no final, quando você fala desse desvelamento, ou seja, do Pigmaleão que vai retirar o véu da pedra, que parecia gélida diante dele, mas que se transforma, provocando essa fusão entre escultor e escultura, entre o artista e o objeto retratado; bem como o Narciso de Rousseau que, diferente do mito, não se vê na água, mas são os quatro jovens brincando entre eles e o retrato adulterado pela irmã, transformado em um retrato feminino, e ele, tão apaixonado por sua beleza (a sociedade narcísica: encantada por ela mesma), é incapaz de ver que seu retrato foi adulterado e a mulher por quem ele se apaixona é falsa, não existe, pois é o retrato de si mesmo. O que nos leva à discussão de alguém que se vê no outro para anulá-lo.

Quando disse que discordava, digo quanto ao ponto em que você se refere a esse desvelamento, no sentido de revelação no evangelho, que difere daquilo que Rousseau apresenta no *Narciso*, no *Pigmaleão*, no próprio *Adivinho* e na *Nova Heloísa*, o tirar o véu é no sentido de desvelar a natureza, que ama esconder-se, tal como nos diz Pierre Hadot[51]. Então é isso, muito obrigada e, mais uma vez, parabéns.

Resposta

Também agradeço sua participação. Suas interrogações são as mesmas que tenho e acho que as discordâncias enriquecem o debate. Quando você fala do mal, penso que está bem claro no meu texto a genialidade de Rousseau quanto à teodiceia, isto é, o mal não está em Deus, nem no homem natural. Mas isso leva o leitor a indagar então: onde está o mal? De modo que a genialidade está na ideia de que o mal é um fenômeno que aparece a partir das relações sociais, que acaba mascarando o homem. Portanto, o desmascaramento deve-se dar nas relações sociais, por meio de um processo pedagógico, no sentido de reconfiguração humana. E nesse processo, entra em cena o amor apaixonado pela verdade, que podemos detectar em Rousseau, embora alguns leitores possam le-

---

51. Pierre Hadot (1922-2010) foi um filósofo, historiador e filólogo francês. Foi diretor da *École des hautes études en sciences sociales* e professor no *Collège de France*.

vantar questões a partir de suas mentiras. Mas a "verdade" é uma categoria de seu pensamento e um norteamento de sua filosofia, logo, é nesse sentido que a festa é uma busca da verdade que se contrapõe à lógica hierárquica do teatro, da política etc., colocando no lugar a autenticidade e a simplicidade da festa, mesmo que ela seja momentânea. O que pode levar ao desvelamento da natureza, ou, pelo menos, dos elementos mais naturais possíveis. Creio que não há discordância quanto a isso.

Sexta conferência
NÃO VEJO TRAÇOS DA MÃO HUMANA
Jardinagem e razão sensitiva

Com ou sem razão, Rousseau é volta e meia mencionado como um dos precursores do movimento romântico, tanto em sua dimensão histórica quanto psicológica[1]. Penso que há nisso um pouco de razão, pois nada há em sua obra que não seja romântico. Entre sua produção, encontram-se trabalhos que ajudaram a configurar esse estilo literário, tal como o romance epistolar *Júlia ou a Nova Heloísa*[2], além de obras que não deixam de ter um sentido lírico, intimista e senti-

---

1. Assumo aqui a categorização do romantismo feita por Benedito Nunes (Cf. GUINSBURG, J., (Org.), *O romantismo*, São Paulo, Perspectiva, 1978), tanto em sua dimensão histórica, referente ao movimento literário e artístico datado, quanto em sua dimensão psicológica, referente ao sentimento e à ação interior do sujeito.
2. "*Nova Heloísa* é, portanto, o romance do pensamento de Rousseau que suas outras obras iriam teorizar, mas é também romance de sua sensibilidade e de seu lirismo. Livro denso que engaja totalmente o pensador e o artista, ele é o ponto de partida de uma obra que iria dar uma nova orientação à literatura, à filosofia, à educação e às ciências sociais nos últimos dois séculos" (MORETTO, F.L.M., Introdução, In: ROUSSEAU, Jean-Jacques, *Júlia ou a nova Heloísa*, São Paulo, Hucitec, 1994, 19).

mental, como *Os devaneios de um caminhante solitário*, as *Confissões* e inúmeras pequenas peças de poesia, música e teatro, que abriram uma nova perspectiva de fusão entre o homem e a natureza. O que enlevou não apenas sua alma como também a sensibilidade de todo o mundo ocidental[3], ao ponto de Isaiah Berlin (2013) chegar a afirmar que depois de Rousseau todos os grandes escritores foram românticos. Nas palavras de Jean-Louis Lecercle (1969), no livro *Rousseau et l'art du roman*, foi Rousseau quem transformou o romance de um gênero desprezado em um gênero festejado, sobretudo após a publicação da *Nova Heloísa*, cujo sucesso chamou a atenção para essa modalidade, mesmo que o romance também epistolar de Françoise de Graffigny[4], *Lettres d'une Péruvienne*, já fosse conhecido há 14 anos.

Segundo Carpeaux (2019, 1365), o romantismo foi uma "literatura ideológica, que se situou conscientemente fora da realidade social: ou evadindo-se dela, ou então atacando-a"[5]. Babbit (1924) diz que o "romântico" é aquele que repudia a técnica em favor da espontaneidade da arte, que repudia a obscura realidade em favor de quimeras possíveis, que repudia o luxo e o progresso em favor de valores pastorais e da

---

3. Moretto (Introdução, 16) afirma: "ninguém antes de Rousseau realizara a fusão entre o homem e a natureza a ponto de fazer dela o conteúdo da própria consciência. Pois o que impressionou os contemporâneos e preparou a literatura romântica foram os laços que ligam a paisagem e o estado de alma dos personagens".

4. Françoise d'Issembourg du Buisson d'Happoncourt (1695-1758) foi novelista e dramaturga francesa, anfitriã de salão em Paris.

5. A definição precisa de Carpeaux (*História da Literatura Ocidental*, v. III, Brasília, Senado Federal, 2019, 1366) é a seguinte: "O romantismo é um movimento literário que, servindo-se de elementos historicistas, místicos, sentimentais e revolucionários do pré-romantismo, reagiu contra a Revolução e o classicismo revivificado por ela; defendeu-se contra o objetivismo racionalista da burguesia, pregando como única fonte de inspiração o subjetivismo emocional".

exuberância natural. Ora, todas essas características já se encontravam prenunciadas na obra de Rousseau, desde sua juventude. De modo que, por tudo isso e por ter sido um dos primeiros a empregar o adjetivo "romântico"[6] em seus textos, Rousseau não forneceu às gerações posteriores apenas um léxico, mas também um imaginário (DELON, 2014). Enfim, concordando com Luciano Façanha (2012, 54), "sem a influência de Rousseau seria mesmo muito difícil explicar a transformação das correntes pré-românticas no Romantismo do séc. XIX".

Entretanto, para além do movimento estético ou da escola literária que se desenvolveu, o que emerge dos escritos rousseaunianos é, na verdade, uma nova visão de mundo[7] e um novo estado de espírito que questionam a razão, o gosto e a estética iluministas. A visão compartilhada pelos membros da República das Letras[8], isto é, os *philosophes*, por grande

---

6. Rousseau introduz o termo na *Quinta Caminhada* de *Os devaneios*, quando diz: "As margens do lago de Bienne são mais selvagens e *românticas* do que as do lago de Genebra, porque nelas os rochedos e os bosques cercam a água mais de perto, mas elas não são menos agradáveis" (O.C., t. I, 1959, 1040. Grifo meu). Acresce-se a isso um trecho da carta ao Maréchal de Luxembourg, quando diz que "os solitários têm todos o espírito romanesco" (C.G., IV, 256, apud Lecercle, Jean-Louis, *Rousseau et l'art du roman*, Paris, Librairie Armand Colin, 1969, 37. Tradução livre).

7. O filósofo português Eduardo Lourenço (*Mitologia da saudade, seguido de Portugal como destino*, São Paulo, Companhia das Letras, 1999, 54) chega a dizer que "se não foi o Romantismo que inventou a Literatura, modificou por completo sua noção", pois, acrescenta ele que a obra literária romântica "transmudou-se em visão de mundo, espelho da aventura da Humanidade em busca de absoluto".

8. O termo *República das Letras*, ou *respublica litterarum*, foi cunhado no século XV e sobreviveu até o XIX, tratando-se de uma comunidade imaginada, composta por intelectuais de vários países, que se encontravam nos salões e divulgavam seus trabalhos pelos periódicos engajados. Seus esforços culminaram com a publicação da *Enciclopédia*, organizada por Diderot. Mas foi Voltaire, segundo Goodman (*The Republic of Letters*,

parte da nobreza e por muitos da burguesia, era a de que o desenvolvimento científico e artístico, sob os auspícios da razão, havia contribuído com o processo civilizacional; e a arte tinha uma dimensão sociopedagógica de elevação do espírito, de refinamento do gosto e de melhoramento da sociedade como um todo. Perspectiva que foi aceita até mesmo depois por alguns escritores românticos, como Schiller[9], que deixa claro em suas *Cartas sobre a educação estética do homem* que a apreciação do belo e o melhoramento moral de um povo resulta de um processo educacional pela arte. E toda essa perspectiva promove evidentemente o artista à condição de educador, dando-lhe um privilégio e uma competência que não têm, contudo, equivalência na obra de Rousseau. Pelo contrário, sua estética também é negativa e os impulsos estéticos devem ser procurados antes na natureza.

Nessa nova visão de mundo, os impulsos produzidos pela retina são energizados pelo *tout est bien* da natureza. A bondade original se torna categórica e Rousseau rejeita a

---

A cultural history of the French Enlightenment, Ithaca and London: Cornell University Press, 1994, 4), seu principal nome. Diz a autora: "Voltaire, um defensor zeloso da cultura francesa e o principal cidadão da República das Letras do Iluminismo, contribuiu mais do que qualquer outro para essa autorrepresentação da identidade nacional" e cita a fala do filósofo Pierre Bayle (1647-1706): "C'est la liberté, qui règne dans la République de Lettres. Cette République est un état extrêmement libre. On n'y reconnait que l'empire de la vérité et de la raison" (apud GOODMAN, *The Republic of Letters*, 12).

9. Johann Christoph Friedrich von Schiller (1759-1805), poeta e filósofo alemão, precursor do Romantismo alemão. Na obra *A educação estética do homem*, publicada pela primeira vez em 1794, Schiller demonstra um desencanto pela Revolução Francesa e defende o resgate humano pela arte. No Brasil, seu grande divulgador foi o poeta Gonçalves Dias, diretamente influenciado pela perspectiva schilleriana. Dessa influência sobre Gonçalves Dias destaca-se a peça teatral *Patkull*, escrita em 1843. Cf. SCHILLER, Friedrich, *On the aesthetic education of man*, Mineola, New York, Dover Publications, 2015.

ótica de negação e oposição ao estado natural, dos clássicos, bem como a perspectiva mecanicista e materialista, defendida pela ciência moderna. As condições primitivas se apresentam como um modelo de equilíbrio, no qual o maior grau de harmonia se consegue no ponto diametralmente oposto ao menor sinal do artifício humano. Ou seja, um olhar diametralmente oposto à visão aristotélica da sociabilidade natural, defendida por muitos, como Locke e Pufendorf, no século XVII; e pelo Barão d'Holbach[10], no século XVIII. Em sua obra *Sistema da Natureza*, o Barão (2010, 85) diz que o homem "encontra-se na natureza e constitui uma parte dela", mas difere dos demais animais por sua constituição moral e política. A diferença dos clássicos e dos modernos para com Rousseau é que em nenhum deles a natureza aparece como possibilidade de reconfiguração do humano, como aparece no conjunto da estética rousseauniana. Seu pensamento abrange uma física do belo, que pode ser encontrada em seus escritos sobre as paisagens; uma metafísica do belo, bem expressa no *A profissão de fé do vigário saboiano*; uma crítica do belo, em sua produção sobre música, teatro e artes em geral; e uma busca intensa pelo belo moral que possa reencaminhar as ações humanas, após um longo processo de deterioração que as próprias artes e as ciências causaram.

Essa mirada na natureza um tanto quanto órfica[11], como jardim de delícias, um lugar de prazeres terrestres e a melhor

---

10. Paul-Henri Thiry, barão d'Holbach (1723-1789) foi um filósofo enciclopedista franco-alemão que se destacou no movimento Iluminsta. Cf. HOLBACH, Barão de, *Sistema da natureza ou das leis do mundo físico e do mundo moral*, São Paulo, Martins Fontes, 2010.

11. Segundo Martin (Nature and supplementation in Julie ou La Nouvelle Héloïse, In: DENNEYS-TUNNEY, Anne; ZARKA, Yves Charles, *Rousseau between nature and culture, Philosophy, literature and politics*, Berlin/Boston, De Gruiter, 2016; La nature dévoilée, De Fontenelle à Rousseau, *Dix-huitième siècle*, n. 45 (2013)), Rousseau rejeita uma visão prometeica em relação

representação da nossa felicidade perdida, que encontramos nos árcades e em quase toda a produção romântica, está presente não só em Rousseau como em muitos clássicos. No *Decamerão* (BOCCACCIO, 1976, 276), por exemplo, bem no início da Segunda Jornada, quando os personagens se refugiam em um castelo rural para escapar da peste, deparam-se com um jardim. O autor comenta: "A vista deste jardim, a harmonia do seu desenho, as árvores, a fonte, os riachos que dele saíam, encantaram de tal modo as damas e os três jovens que todos eles afirmaram que, se existisse um paraíso na terra, não sabiam que forma lhe dar que não fosse a daquele jardim". Comentário que vamos encontrar quase *ipsis litteris* no romance *Júlia ou a Nova Heloísa*, quando refugiados na comunidade rural de Clarens, os personagens se deleitam em um jardim onírico[12], chamado Eliseu, preservado como um paraíso.

Porém, para compreender o jardim de Rousseau como parte de uma estética natural, é preciso considerar que, como diz Larrère e Larrère (1997), o verdadeiro debate filosófico sobre a natureza se dá na compreensão de que existe a *natura naturans*, que é a natureza como processo; e a *natura naturata*, que é a natureza-artefato. Para os autores, enquanto os modernos fazem com que a *natura naturata* oculte a *natura natu-*

à natureza, ou seja, a do homem como mestre e possuidor do mundo natural, e defende uma visão mais órfica, de empatia e respeito pela natureza. Mas, segundo o autor (La nature dévoilée, 92), há uma "coloração prometeica mesmo dentro do discurso órfico" quando, paradoxalmente, o jardim do Eliseu não deixa de ser uma ação humana e racional sobre a ordem natural. Que é o caso de Júlia a recriar um pedaço da natureza.

12. Como diz Martin, ao final de seu artigo (La nature dévoilée, 95): "Julie é talvez a figuração exemplar: a meio caminho entre a violência e a gentileza, rejeitando um orfismo puramente contemplativo e explorando esquemas de ação que não se resumem ao prometeanismo demiúrgico, indicando a possibilidade de uma sedução harmoniosa da natureza, oferecendo ao fundo a imagem onírica de uma metamorfose completa da natureza e da cultura simultaneamente".

rans, em Rousseau é o oposto. Não que ele seja contra o artifício humano, nem contra uma ação virtuosa sobre a natureza, mas a "virtude do jardineiro"[13] na perspectiva rousseauniana está em ocultar a *natura naturata* pela exuberância da *natura naturans*, visão que Rousseau não apenas defendeu como vivenciou, pois em toda sua vida buscou estar próximo de paisagens rurais e dos espaços floridos que sempre o encantaram. Por exemplo, aos 17 anos de idade, quando voltou de Turim e se instalou novamente em Annecy, o que mais lhe agradou foi a janela de seu quarto, pela qual podia ver o jardim, o pomar e a vegetação. De modo que os momentos paradisíacos vividos juntos à natureza em Annecy, nas *Charmettes*, em Chambéry, ou depois no abrigo da l'Ermitage[14], na floresta de Montmorency, fizeram explodir em Rousseau um fluxo de sentimentos e de imaginação poética capaz de gerar, como gerou, verdadeiras obras-primas. O maior exemplo disso é o romance *Julie ou la Nouvelle Héloïse*.

Publicado em 1761, a obra se tornou o que poderíamos chamar hoje de um *best-seller*[15], sendo lida em toda a Europa e ganhando diversas edições tanto em francês quanto em inglês. Ao explorar a sensibilidade e a natureza em favor de uma ética da autenticidade, a obra se revela como um romance filosófico e pedagógico, além de ser uma novela epistolar muito bem escrita. Seu título inicial, *As cartas de dois amantes, vivendo numa aldeia do sopé dos Alpes*, foi preterido pela

---

13. Cf. PAIVA, Wilson Alves de, O jardim de Rousseau e a virtude do jardineiro, *Cadernos de Ética e Filosofia Política*, v. 1, n. 14 (2009) 147-178. Disponível em: <https://www.revistas.usp.br/cefp/article/view/83324>.

14. Para onde mudou em 1756, com Thérèse Levasseur e mãe dela. O abrigo era um chalé emprestado pela Mme. d'Épinay, o qual não existe mais.

15. Como diz Cranston (*The noble savage, Jean-Jacques Rousseau 1754-1762*, Chicago, The University of Chicago Press, 1991b, 263), "tanto em Genebra como em Paris, a *Júlia* foi devorada pelos leitores".

referência ao drama vivido por Pedro Abelardo e sua discípula, Heloísa, no século XIII[16]. O "Abelardo" de Rousseau é o plebeu Saint-Preux[17], que se apaixona por sua aluna, a aristocrática Julie d'Etange e é correspondido. Porém, como a mão da moça estava prometida por seu pai, o Barão d'Etange, ao Sr. de Wolmar, o matrimônio foi realizado com o nobre. Mesmo aceitando o destino, Júlia não deixa de amar seu antigo tutor. Depois de um tempo, o compreensivo esposo resolve então "curar" essa paixão e convida Saint-Preux a viver em sua propriedade, a pequena comunidade de Clarens, para atuar como preceptor de seus filhos. O filósofo aceita e mesmo com sua charmosa presença, Júlia resiste à tentação e permanece fiel ao esposo. No final, ela sofre um acidente fatal, contrai pneumonia e morre.

No prefácio do romance, embora Rousseau afirme que se trata de pura ficção e que fora motivado pelos costumes de seu tempo, a obra reflete um pouco de si mesmo, não apenas nas vivências dos jardins, mas na ardente paixão que vivenciou por Sophie d'Houdetot, cunhada de sua anfitriã, Mme. d'Épinay. A mulher era casada, mas se deliciava em passar os dias passeando de mãos dadas na Hermitage com Rousseau e trocando com ele cartas amorosas. Por isso, na comunidade de Clarens, o pano de fundo é, por um lado, o amor platônico dos dois personagens, e, por outro, a paisagem idílica. Clarens é localizada ao redor do lago Léman, rodeada pelas

---

16. Há, inclusive uma referência à Heloísa do séc. XIII, quando Claire, a prima de Júlia, lhe diz: "foste amante como Heloísa, agora, és devota como ela, queira Deus que seja com maior sucesso!" (ROUSSEAU, *Júlia ou a nova Heloísa*, 433).

17. Como bem observado por Le Goff (*Os intelectuais na Idade Média*, Rio de Janeiro, José Olympio, ²2006), o termo "preux" no francês antigo era atribuído a um cavalheiro, a um homem de coragem, e associado aos atributos de bravura, bondade e honestidade.

belas campinas e outeiros ao pé dos Alpes, onde os personagens vivem em uma espécie de *Era do Ouro* (SHKLAR, 1985, 63) na qual podem gozar a felicidade.

Portanto, o que se descortina nessas descrições do espaço e das vivências é o valor estético dos elementos campestres, como a montanha, os lagos, os jardins e o modo de vida simples da população campesina. Uma estética[18] da simplicidade, que já se delineara desde sua juventude, manifesta-se de forma categórica na *Querela dos bufões*, quando houve a discussão em torno da ópera francesa e da ópera italiana. Quanto a isso, vale dizer que Rousseau viveu um período em Veneza e conhecia muito bem o estilo italiano, e embora não tenha sido ele o iniciador da querela, não quis ficar de fora, sendo um árduo combatente em favor da ópera italiana. Nesse contexto, a música francesa[19] estaria para os ouvidos como o jardim de Versalhes estaria para os olhos, pois ambos evocam o esplendor e a glória da riqueza, o poder e a majestade dos homens e dos reis. Ambos são cartesianos e, segundo Rousseau, um obstáculo à fruição dos sentimentos naturais, dada sua formalidade e requinte. Por outro lado, a música italiana era sonora, vocálica e bem acentuada, além de ser sim-

---

18. Estética vem do grego *aisthésis* e está ligada à ideia de sensação como unidade absoluta entre o sensível e o bem, como está no *Banquete* e no *Fedro* de Platão (*Diálogos*, Belém, EDUFPA, ²2007). Contudo, o inventor do termo é Baumgarten (*Aesthetica*, Laterza, Torino, 1936), que procura lhe dar um estatuto filosófico como um novo domínio do conhecimento, um campo de reflexão sobre o belo, a sensibilidade e a arte em geral. Mas, segundo Saisselin (*Taste in Eighteenth Century France, Critical reflections on the origins of Aesthetics*, New York, Syracuse University Press, 1965), a teoria estética moderna é produto do século XVIII.

19. "A ópera francesa não era simplesmente nacional, mas tradicional, autoritária e acadêmica. Sua complexidade intelectual tem muito a ver com a ordem racional e matemática elaborada pela filosofia de Descartes" (CRANSTON, *Jean-Jacques Rousseau*, 277).

ples e explorar temas do cotidiano, sem luxo ou ostentação. Na mesma comparação, a ópera italiana estaria para o coração como o jardim de Júlia, o Eliseu, estaria para a alma.

Relatado em uma das cartas do próprio Saint-Preux, o Eliseu[20] é um jardim escondido e misterioso, idealizado e criado pela personagem Júlia, na comunidade de Clarens, no qual se evidencia a *natura naturans*, cuja aparente originalidade cobre sua condição de *natura naturata*. Convidado a conhecê-lo, Saint-Preux acompanha o casal anfitrião e, ao adentrar o espaço, sente-se arrebatado, em êxtase por tanta beleza. Diz ele que mal tinha entrado naquele lugar, sentiu-se atingido por uma sensação de frescor, ficando "arrebatado", "impressionado" e "encantado", como que "caído das nuvens"[21] com tudo que via. Um ambiente verde, florido e disposto de modo tão natural, que sua criadora comenta: "Nada vedes alinhado, nada de nivelado; o cordel nunca entrou neste lugar, a natureza nunca planta nada seguindo um cordel..." (ROUSSEAU, 2006, 416). E conclui que, por isso, os pássaros e os pequenos animais puderam vir e achar sua morada. Ou seja, o bom gosto de Júlia produziu uma obra de arte que imitava a natureza de uma forma peculiar: o artifício

---

20. Cf. ROUSSEAU, *Júlia ou a nova Heloísa*, 409. O nome faz referência aos mitológicos campos Elísios (Ἠλύσιον πέδιον, trad.: *Ēlýsion pédion*), o paraíso oposto ao Hades onde repousam os homens virtuosos num espaço verde, florido e aconchegante. O Eliseu de Júlia é um espaço escondido, tal como o *Jardim Secreto*, publicado em 1911, da escritora inglesa Frances Hogson Burnett (1849-1924).

21. "Esse lugar, embora muito perto da casa, está de tal forma escondido pela alameda coberta que dela o separa que não é percebido de nenhum lugar. A espessa folhagem que o rodeia não permite que a vista penetre e está sempre cuidadosamente fechado à chave. Mal entrei, por estar a porta escondida por amieiros e aveleiras que somente deixam duas estreitas passagens de ambos os lados, ao voltar-me não vi mais por onde entrara e, não percebendo nenhuma porta, encontrei-me lá como se tivesse caído das nuvens" (ROUSSEAU, *Júlia ou a nova Heloísa*, 410).

não violentou a natureza, isto é, as disposições naturais; mas, pelo contrário, procurou reproduzi-las. Na verdade, ao falar do Eliseu como um jardim que resulta do artifício, ou seja, um exemplo de *natura naturata*, o que aconteceu nesse horto não foi uma imitação fiel da natureza e uma recuperação total dos traços naturais, dada sua impossibilidade, mas a criação de uma situação nova na qual os traços da mão humana foram paradoxalmente cobertos pela ação virtuosa das mãos de Júlia, sua criadora. Como dizem Larrère e Larrère (1997, 101), "é a arte do natural que realiza o jardim de Júlia" numa ação que eu chamo de *natura facti*: uma completa reorganização espacial que respeita o curso da própria natureza, superando os paroxismos entre a *natura naturata* e a *natura naturans*.

Não considerando isso, Saint-Preux elabora uma crítica à ausência do artifício, dizendo: "Esse lugar é encantador, é verdade, mas agreste e abandonado, *nele não vejo trabalho humano*" (ROUSSEAU, 2006, 410. Grifo meu)[22]. E, intensificando o tom, afirma: "Fechastes a porta, a água veio não sei como, somente a natureza fez o resto *e vós mesma nunca teríeis sabido agir tão bem quanto ela*" (2006, 410. Grifo meu). Em resposta, Júlia argumenta que a invisibilidade dos traços humanos não significa ausência ou passividade. Diz ela: "É verdade (...) que a natureza fez tudo, *mas sob a minha direção e nada há*

---

22. "Ce lieu, quoique tout proche de la maison, est tellement caché par l'allée couverte qui l'en sépare, qu'on ne l'aperçoit de nulle part. L'épais feuillage qui l'environne ne permet point à l'oeil d'y pénétrer, et il est toujours soigneusement fermé à la cléf [...] En entrant dans ce prétendu verger, je fus frappé d'une agréable sensation de fraicheur que d'obscurs ombrages, une verdure animée et vive, des fleurs éparses de tous côtés, un gazouillement d'eau courante, et le chant de mille oiseaux, portèrent à mon imagination du moins autant qu'à mes sens, mais en même temps je crus voir le lieu le plus sauvage, le plus solitaire de la nature, et il me semblait d'être le premier mortel qui jamais eut pénétré dans ce désert. [...] je n'y vois point de travail humain" (O.C., t. II, 471-472).

aqui que eu não tenha organizado" (2006, 410. Grifo meu). Não contente, o visitante questiona a existência de um cativeiro de pássaros e tanques para peixes. Júlia mostra que o "cativeiro" das aves era na verdade as copas das densas árvores, e os tanques foram destinados aos peixes que "escaparam da panela" (2006, 415). Assim, o visitante não tem outra saída a não ser confessar: "vejo que desejais hóspedes e não prisioneiros" (2006, 414). No que ela arremata: "somos nós que somos seus hóspedes" (2006, 414). Por fim, provavelmente insatisfeito com aquele diálogo, Sr. de Wolmar, o sisudo esposo, intervém dizendo: "Vós, que não o ignorais, aprendei a respeitar os lugares em que vos encontrais, *eles são plantados pelas mãos da virtude*" (2006, 421. Grifo meu).

De modo que, "virtude" é a palavra-chave para entender a especificidade desse jardim, no sentido de *natura facti*, pois logo Saint-Preux descobre que as águas do bosque, por exemplo, são bem distribuídas para atingir um aproveitamento racional e econômico. Os pássaros, assim como outros pequenos animais, têm comida e abrigo ao mesmo tempo em que gozam de liberdade. E como isso foi possível? Ora, graças à determinação paciente de Júlia que mandou plantar trigo, girassol e outras sementes apreciadas pelas aves, além de lhes proporcionar água e espaço para seu deleite. Resultado do que Lecercle (1969, 99) chama de "paixão temperada de sabedoria" dessa figura extraordinária que consegue bem administrar seu jardim. O sr. de Wolmar não deixa de ser também uma figura extraordinária[23], que quase não aparece mas é senhor de tudo na comunidade de Clarens, alguém sem aprisionamentos sociais, como os de classe e "está acima da mesquinhez dos intelectuais" (SHKLAR, 1985, 81).

---

23. Remetendo ao sentido usado por Waksman (*El laberinto de la libertad*).

Nessa perspectiva, o jardim transmite a mensagem de que nem tudo está perdido e que, com muita arte e paciência é possível imitar a natureza, reproduzindo-a mesmo que de forma limitada, abstraindo dela o que tem de melhor: a espontaneidade, a harmonia e a perfeição. Para quem ainda interprete essa arte como um ato violento, Martin (2013, 92. Tradução livre) argumenta que durante toda a visita o esforço de Júlia foi para "provar que essa violência não é violência e que em nenhum caso é contra a natureza". Como dizem Larrère e Larrère (1997, 16): "se o homem está na natureza, faz parte dela e sua ação não é necessariamente perturbadora, pelo contrário, a natureza pode ser beneficiada". Ademais, seu esforço tem a virtude de afirmar as regras de uma arte do natural, cujo artifício se realiza com vistas a uma natureza humanizada pela via da imitação reprodutiva[24] que vai além da *mimesis* e atinge o sentido de *poiesis*. Nesse caso, a virtude reside na arte de apagar os traços de seu próprio trabalho[25], de modo que a exuberância do artifício provoque um arrebatamento e uma sublimação[26] semelhante à que o escultor Pigmaleão teve diante de sua arte, a Galateia, a escultura que ganhou vida, e à que o preceptor Jean-Jacques teve diante de sua obra, o Emílio, a criança bem educada. Desse modo, a trilogia jardim/estátua/criança forma um paralelo tridimensional estético que se torna moral na medida em que aproxima o belo e o bom na fusão da cultura com a natureza.

---

24. Como diz Lefebvre (*L'esthétique de Rousseau*, Paris, Sedes, 1997, 32): "o bom gosto é imitação da natureza, mais exatamente da bela natureza".

25. "Tudo é verdejante, fresco, vigoroso e a mão do jardineiro não aparece: nada desmente a ideia de uma Ilha deserta que me veio à mente ao entrar e não percebo nenhum passo humano" (ROUSSEAU, *Júlia ou a nova Heloísa*, 416).

26. Bloom (*Love & Friendship*) afirma que Rousseau foi o fundador da *sublimação*, embora o genebrino nunca tenha usado o termo.

John Dixon Hunt (1996), na obra *L'art du jardin et son histoire*, explica que há três tipos de natureza: a *primeira* é a natureza bruta e selvagem; a *segunda* é a natureza modificada e antropomorfizada, como as pastagens, as montanhas habitadas e as paisagens em geral; e a *terceira* é o espaço florido, harmonioso e belo ao qual damos o nome de jardim[27]. Então, parafraseando o autor, o mármore, a criança e a vegetação fazem parte da *primeira natureza*, a qual se transforma em *segunda natureza* pelo artifício humano, mas só mesmo pelo esforço de uma razão sensitiva, isto é, do pensamento racional desenvolvido em conjugação com a prática e a partir das experiências sensíveis será possível transformá-lo em uma *terceira natureza*. Esta última "abre espaço à emoção estética" e se faz como o "lugar onde se revela ao espírito os mistérios do mundo" (LEFEBVRE, 1997, 56. Tradução livre). Perspectiva que era compartilhada por outros autores, como Voltaire, o qual faz seu personagem Cândido realizar uma longa viagem transoceânica e, ao fim, voltar para cultivar seu jardim (VOLTAIRE, 2016).

A característica mais importante da *terceira natureza* é, portanto, o disfarce da ação humana, evidenciada tanto na formação paisagística do Eliseu, quanto na formação educativa do Emílio. Outra característica que se evidencia nessas obras é a fusão estética do belo e do bom, a qual tem na metáfora da jardinagem sua expressão máxima. Na abertura do *Emílio*, o preceptor se dirige à "providente mãe", dizendo: "Cultiva, rega a jovem planta antes que morra: seus frutos dar-te-ão um dia alegrias" (ROUSSEAU, 1973, 10). Lingua-

---

27. "A etimologia da palavra 'jardim', assim como outras palavras de mesmo sentido nas línguas indo-europeias, exprime a ideia de que um jardim é uma espaço autônomo e, por isso, distinto de outras formas de espaços culturais e naturais" (HUNT, John Dixon, *L'art du jardin et son histoire*, Paris, Odile Jacob, 1996, 33).

gem esta que se sacramenta depois na linguagem usada pelos pedagogos do século XIX, com o termo "jardim da infância", criado por Friedrich Fröbel[28], e em todo o movimento pedagógico que se desenvolve na valorização da infância e de suas especificidades no processo de aprendizagem; e que vê na criança uma "obra-prima" da natureza. O que nos faz lembrar da frase que o escultor de Galateia dirige às suas obras: "E vós, jovens objetos, *obras-primas da natureza* que minha arte ousou imitar" (apud PAIVA, 2020, 228. Grifo meu).

Mesmo que desde a antiguidade o homem tenha lidado com a ideia de natureza em contraposição à arte (EHRARD, 1994), o conceito de "terceira natureza" rompe essa lógica e fortalece a perspectiva de Rousseau. Embora no estatuto das artes os jardins e a jardinagem ocupem historicamente um espaço polêmico, pois não existe uma teoria definida que afirme que um jardim pode ser considerado uma obra de arte, a estética de Rousseau contribui para essa possibilidade. Em toda a sua obra, o que pode ser vislumbrado como "primeira natureza" e "segunda natureza" são os espaços naturais ou, pelo menos, a paisagem com o mínimo de intervenção do artifício humano. Porém, a "terceira natureza", seja nos pomares da Mme. de Warens, seja no Eliseu ou nos jardins edificados sob influência de Rousseau, como os jardins de Mongenan e o de Girardin[29], o emprego minucioso do trabalho humano não é

---

28. Friedrich Wilhelm August Fröbel (1782-1852) foi um pedagogo alemão que fundou o primeiro *kindergarten* (jardim da infância), em 1837, em Blankenburg, na Alemanha.

29. Jardim localizado no Château de Mongenan, em Portets, no departamento de Gironde, construído em 1736 pelo arquiteto Le Herissey para o Barão Antoine de Gascq (1712-1781), presidente do Parlamento da Guyenne, o qual teve Rousseau como seu mestre de música e botânica por volta de 1741. O outro, foi construído em Ermenonville, por volta de 1762, por René Louis de Girardin, marquês de Vauvray, considerado o último discípulo de Rousseau. O próprio Girardin é quem diz: "C'est là

outro senão o da arte. Como afirma Lefebvre (1997, 71. Tradução livre), "a estética de Rousseau é menos uma exaltação sublime que uma busca por uma ordem capaz de fazer esquecer o caos. A beleza se controla e se constrói".

Entretanto, é preciso salientar que tanto a grande virtude de Júlia, no campo da literatura, quanto a dos admiradores de Rousseau, que edificaram seus jardins, no campo da realidade, está no modelo que escolheram para sua obra de arte: o do *jardim inglês*, não o do *jardim francês*. Passo a explicar a diferença. Seguindo a história da jardinagem, que é antiga e remonta aos famosos jardins egípcios e babilônicos, ao longo da história duas tendências se desenvolveram. De um lado, o paisagismo mais metódico, que projeta uma ordenação linear das plantas e que valoriza a utilização de fontes, vasos, estátuas e pedras bem talhadas. O objetivo é expor a arquitetura, a engenhosidade geométrica dos canteiros e de suas construções, geralmente colocadas em perspectiva. Seu forte é a topiaria, isto é, a arte de podar as plantas em forma ornamental e simétrica. Exemplo dessas paisagens são os jardins de Versalhes, Chenonceaux, Chantilly, Villandry, Vaux-le-Vicomte, entre outros na França, na Itália, e mesmo no Brasil[30], em que se destacam suas fontes, terraços, balaustradas, labirintos, escadas e outras peças arquitetônicas e escultóricas para corrigir a natureza e adaptá-la ao desenho axial e à perspectiva clássica da paisagem.

---

que Rousseau, fatigué de sa promenade, se reposa vers le milieu d'un beau jour d'été. La solitude des forêts, le murmure mélodieux des eaux, le calme enchanteur qui règne dans les bois le prolongèrent dans une douce mélancolie" (GIRARDIN, René-Louis, *De la composition des paysages*, Mayenne, Champ Vallon, 1992, 139).

30. Como o jardim do Palácio do Campo das Princesas, em Pernambuco, construído em 1841, e os planejados pelo engenheiro e botânico Auguste François Marie Glaziou (1828-1906), como Passeio Público do Rio, a Quinta da Boa Vista e o Jardim do Palácio Imperial, entre outros.

O referencial máximo da paisagem à francesa é o conjunto dos jardins do Palácio de Versalhes, projetado pelo paisagista Le Nôtre[31], e construído no reinado de Luis XIV, no século XVII[32]. Os jardins do Rei Sol preservam o espírito geométrico, cartesiano, aprofundado pelo domínio científico que vem do Renascimento: é o linear que é essencial, são as ciências, especialmente a matemática, a física e a astronomia, que falam pelas musas. Contra a ideia de inacessibilidade do mundo medieval, cujos jardins eram restritos aos pátios internos dos mosteiros, o jardim de Versalhes é aberto e foi criado para celebrar publicamente o artifício e a ciência, embora "construído para o rei", como nos lembra Starobinski (1987, 14). E contra a também ideia medieval de subjugação do belo à sublimidade divina, isto é, a do *Deus artifex*, os jardins do estilo francês são um exemplo do domínio total da arte sobre a natureza, sujeitando-a ao rigor das formas geométricas, a fim de representar o auge da artificialidade, em que o jardim se destaca como uma monumental obra de arte, fruto da inteligência e da criatividade humanas que golpeiam e transformam a natureza. Por isso, o escritor francês Stendhal[33], em *O vermelho e o negro*, ao falar de uma cidadezinha do interior da França, no início de seu romance diz: "Não esperem de modo algum encontrar na França estes jardins pitorescos que circundam as cidades manufatureiras da Alemanha, Leipzig, Frankfurt, Nuremberg etc." (STENDHAL, 2003, 10).

---

31. André Le Nôtre (1613-1700) foi o mais conceituado arquiteto e paisagista do barroco francês. Foi o criador dos jardins do Palácio de Versalhes, entre outros.

32. Segundo Bayer (*História da estética*, Lisboa, Estampa, 1979, 133): "os artistas do século XVII entendiam por natureza a natureza humanizada e civilizada, como o parque de Versalhes".

33. Pseudônimo de Henri-Marie Beyle (1783-1842), considerado um dos maiores escritores franceses do século XIX.

Os "jardins pitorescos" ao quais o autor se refere, compõem o outro estilo, isto é, o jardim inglês. Fruto da estética anglo-saxônica, a paisagem à inglesa é o contrário do esquematismo cartesiano, pois sua organização espacial se dá pela diversidade de plantas e pela disposição informal de todos os elementos, sem linearidade, sem perspectiva e sem a violência da conformação geométrica. A estética do jardim inglês, que busca imitar a própria natureza, em sua origem seguiu em parte os passos do jardim chinês e do japonês, gerando um estilo novo de paisagismo cuja preocupação era ressaltar a beleza natural e sua originalidade. O exemplo maior é o jardim botânico de Oxford, um dos mais antigos, bem como toda a obra paisagística do inglês William Kent[34], considerado o criador desse estilo. Sua obra referencial é o jardim do Palácio de Stowe, no interior da Inglaterra, que evoca a ideia dos "campos elísios" da mitologia grega ou mesmo o Éden bíblico.

A jardinagem paisagística oferece um panorama vegetal sem a influência do "cordel", como disse Júlia a respeito do Eliseu, combinada com plantas selvagens com diferentes tipos de flores; com caminhos sinuosos, árvores sem poda, livre como na paisagem natural de florestas, prados, lagos, riachos ou montanhas. É a chamada *landscape gardening*, que traduz o amor do povo inglês pela natureza e sua relação sensual e sentimental com a paisagem que nem o dono do terreno pode captar, mas só o poeta[35]. Serve também como um convite a um passeio sem rumo, a um devaneio descomprometido, tal como Rousseau gostava de fazer em Ermenonville, no jardim de seu amigo Marquês de Girardin. Esse es-

---

34. William Kent (1685-1748) foi um arquiteto, pintor, desenhista e paisagista inglês, considerado um dos criadores do jardim inglês.

35. Cf. EMERSON, Ralph Waldo, *Natureza*, São Paulo, Dracena, 2011, 16. "Há uma qualidade no horizonte, da qual nenhum homem é dono; só o é aquele cuja visão pode integrar todas as partes, vale dizer: o poeta".

paço se enquadrava bem no estilo de jardins naturais cujo diferencial está em seu aspecto imaculado, disposto de acordo com a harmonia da própria natureza, em que devem reinar a assimetria e a irregularidade. A estética inglesa não está relacionada ao desejo francês de demonstração do luxo e do poder, mas ao desejo de criar um espaço de gozo para o homem comum. Por isso, Lecercle (1969, 79) afirma: "O Eliseu não é somente o Éden pessoal de Júlia, é a crítica dos jardins à francesa onde se exprime o gosto vaidoso dos ricos".

Subjacente a isso, a partir século XVI uma outra perspectiva da paisagem também ganha corpo em toda a Europa e dá suas graças tanto na *Enciclopédia*, bem como na obra de diversos autores do século XVIII (SCRUTON, 2013). Falo da perspectiva da paisagem como um elemento pictórico, cuja análise estética se dá pela representação pitoresca e o valor está na expressão artística e representativa da paisagem e não nela mesma. Nessa perspectiva, o exercício estético não está no ato de olhar a paisagem e apreender a realidade pelos sentidos, mas na arte de traduzi-la em linguagem pictórica, representando-a. Como uma crítica à essa perspectiva, Corbin (2001) argumenta que segundo a ótica rousseauniana, a paisagem não pode ser vista como espetáculo, como algo a ser pintado e admirado de longe, por meio de sua representação pictórica. É preciso ser experimentada e interpretada pela própria experiência sensível, de forma direta. Nisso reside a originalidade de Rousseau, para o qual o termo "paisagem" remete à ideia da própria natureza vivenciada, tal como ele próprio procurou experimentar durante toda sua vida.

Originalidade que não se perde no radicalismo de, por exemplo, negar totalmente o labor humano, ou mesmo a arte representativa. Se considerarmos que a *natura facti* é reprodução imitativa, o artifício não vai simplesmente imitar ou representar, mas criar, em forma de *poiesis*, valendo-se dos elementos naturais. Tal como ocorreu com a estátua de Galateia, pode ser que o sentimento humano envolvido, seja no jardim, na educação, na arte ou nas relações humanas, consiga dar vida ao objeto de modo que a natureza e a cultura se fundem sem prejuízo de nenhuma delas. Afinal, o amor do belo, em termos morais, é um sentimento tão natural quanto a *amor de si*, como Rousseau comenta na *Carta a D'Alembert* (O.C., t. V, 22)[36]. Desse modo, ao recusar o conceito aristotélico da catarse, a "poética" rousseauniana lança mão de um fenômeno purgativo que em vez de eliminar o mal, opta por bem utilizá-lo, regrando sua dosagem. Pois, em nenhum momento, o objeto de sua crítica são as obras de arte em si, mas o efeito delas (BAKER, 2018). Uma vez que o veneno pode ser considerado remédio, como já vimos, a representação, seja literária e/ou pictórica pode servir de motivação à busca do real, mas nunca sua substituição. Nessa perspectiva, a estética rousseauniana, que se revela pelo estilo de sua escrita, pela majestade de sua produção musical e teatral; e pela originalidade do debate sobre a beleza, deslumbra o público (Lefebvre, 1997) e o convida a experimentar o real. Quem, ao ler a descrição do jardim de Júlia, não fica desejoso de adentrá-lo, sentir a fragrância das plantas e o sonoro canto dos pássaros? Ou então com vontade de deitar à sombra do carvalho, à beira de um rio, ao ler as passagens nas quais o escritor descreve o estado de natureza no *Segundo discurso*? Ou passear com ele nas belas paisagens descritas em *Os devaneios de um caminhante solitário*? Ou acompanhar o canto doce, a voz altissonante da camponesa Colette, na ópera *O adivinho da aldeia*, e com ela procurar seu amado perdido?

Aliás, se no *Primeiro discurso* Rousseau condenou os falsos valores da cultura sofisticada, é nessa obra que ele apresenta as

---

36. "L'amour du beau est un sentiment aussi naturel au coeur humain que l'amour de soi-même".

qualidades estéticas e morais de uma cultura popular, portanto menos sofisticada (CRANSTON, 1991a). Nesse sentido, tanto o jardim inglês quanto a ópera italiana, e inclusive a educação do Emílio, gozam do mesmo estatuto, que é o da proximidade da natureza, da pureza do coração humano e da preeminência dos sentimentos naturais. Ademais, mesmo considerando as artes plásticas como sem vida e fruto do gosto frívolo, ao publicar o *Emílio* Rousseau não deixou de ilustrá-lo com um belo frontispício e outras quatro placas ricamente desenhadas. Seu romance *Nova Heloísa* foi também enriquecido por doze gravuras que ajudam o leitor a compreender melhor a mensagem. A questão terapêutica, que já tratamos anteriormente, evidencia-se de duas formas neste caso: a primeira está no fato de que basicamente é a natureza que aparece como pano de fundo em todas essas ilustrações; e, a segunda é que são meros referenciais que nos remetem ao real, que é a natureza.

Entretanto, sem dúvida nenhuma, onde a natureza aparece de forma mais sentimental, mais íntima e mais poética é em *Os devaneios de um caminhante solitário*. É nesse texto inacabado que Rousseau se sente um pastor, um guardião de um jardim natural onde passa os principais momentos de seus dias, herborizando. Ao ler seu texto, depreende-se facilmente que durante esses momentos, os sentimentos invadiam sua alma e ele se misturava com a própria natureza, proporcionando calma interior e um estado de espírito de paz. É nesse sentido que na *Metafísica do belo*, Schopenhauer (2003, 93) dirá: "Eis por que a natureza, por meio de sua beleza estética, faz efeito de maneira tão benéfica sobre a mente". Pois, se o sentimento interior[37] pode mudar o caráter da figura, do si-

---

37. Que Rousseau também chama de natureza: "La nature, c'est-à-dire, le sentiment intérieur..." (*Lettre à Vernes*, 18 de fevereiro de 1758, CC. V. 32, apud AUDI, Paul, *Rousseau, Une philosophie de l'âme*, Paris, Verider, 2008, 261), isto é, a natureza como interioridade absoluta.

mulacro, logo a natureza mesma, como vegetação e meio ambiente, também pode ter efeito no comportamento humano, seja de forma passiva, como é a perspectiva de Rousseau; ou mesmo numa perspectiva de "vontade" dessa natureza, como defende o mesmo genial Schopenhauer (2013) na obra *Sobre a vontade da natureza*. Rousseau não fala de "vontade", mas em *Os devaneios* admite uma "inclinação da natureza" (ROUSSEAU, 2017, 75) que traz benefícios para a alma humana. Diz ele (2017, 111): "Acredito tratar-se de uma consequência natural do poder das sensações sobre meus sentimentos internos".

Desse modo, suas meditações misturadas com devaneios[38] revelam não uma misantropia ou uma insociabilidade[39], como foi interpretado por muitos, mas uma relação especial com a natureza que a coloca como o verdadeiro jardim da sensibilidade. O que resulta, segundo Hatzenberger (2015), numa experiência sinestésica a qual busca estabelecer uma conexão significativa que provoque sentimentos puros no coração. No caso de Rousseau, a botânica foi para ele uma ação contemplativa, a busca da genuína beleza das plantas, bem como da harmonia de sua constituição. Se tivesse conhecido a teoria dos fractais[40], Rousseau certamente teria ido mais longe e relacionado essa contemplação botânica

---

38. "Algumas vezes, meus devaneios terminam pela meditação, mas, com mais frequência, minhas meditações vêm terminando pelo devaneio" (ROUSSEAU, *Os devaneios*, 85).

39. "Tornei-me um solitário ou, como dizem, insociável e misantropo, pois prefiro a mais selvagem solidão à companhia dos homens maus que alimentam apenas de traições e ódio" (ROUSSEAU, *Os devaneios*, 89).

40. Fractal (do latim *fractu*: fração, quebrado) é um termo da geometria não-clássica criado em 1975 por Benoît Mandelbrot (1924-2010), matemático francês. A teoria considera que os objetos possuem um padrão repetitivo em suas partes constituintes, isto é, a propriedade da autossemelhança: se o objeto for divide em partes, cada parte será semelhante ao objeto original. Cf. MANDELBROT, Benoît, *Les objets fractals, Forme, hasard et dimension*, Paris, Flammarion, 1975.

com suas reflexões metafísicas sobre o cosmo, semelhante à que o vigário saboiano concedeu a Emílio quando o levou a contemplar uma colina, e naquele momento, a contemplar o sublime, isto é, a magnificência da paisagem natural, a qual descortinou-se diante de seus olhos[41].

Daí a importância dessas reflexões, pois como bem pontua Larrère (2012a), a modernidade desencantou a natureza, esvaziou-a de seu sentido, e fez dela um "termo vago". E, nesse sentido, o discurso de Rousseau é um remédio contra esse desencantamento, pois seu legado, no que diz respeito à floresta, ao campo e ao jardim, tem o potencial de nos ajudar hoje nos temas voltados para o meio-ambiente e no cuidado com a proteção da natureza. Não é exagero colocá-lo como um dos precursores da ecologia, uma vez que quando falamos de meio ambiente hoje, de certa forma essa preocupação já estava no espírito inquieto de Rousseau. Por exemplo, ao comentar a influência dos climas sobre a civilização, nos *Fragments politiques* (O.C., t. III, 1966, 530), Rousseau diz que "o homem se agarra a tudo que o rodeia", no sentido de que depende de seu meio e se preocupa com o ambiente que o rodeia, sabendo que suas ações modificam, para melhor ou pior, o espaço onde vive. O que é uma perspectiva, digamos, à frente de seu tempo, pois como bem acentuam Larrère e Larrère (1997), a preocupação deliberada em defesa do meio ambiente só surgiu depois do século XIX. Porém, como o ho-

---

41. "Estávamos no verão e levantamos com o raiar do dia. Ele levou-me para fora da cidade, numa colina, embaixo da qual passava o Pó, cujo curso víamos através das margens férteis que banha; ao longe, a imensa cadeia dos Alpes coroava a paisagem; os raios do sol nascente já deslizavam sobre as planícies, e projetando nos campos as longas sombras das árvores, dos outeiros, das casas, enriqueciam com mil acidentes de luz o mais lindo quadro suscetível de impressionar o olho humano. Dir-se-ia que a natureza exibia a nossos olhos toda a sua magnificência para oferecer o texto a nossas conversações" (Rousseau, *Emílio*, 299).

mem saiu da natureza, deixando aquela harmonia simbiótica em que vivia e, com o tempo, passou a mutilar as plantas e os animais, o que fazer agora? Voltar ao estado de natureza não é possível nem recomendável. Resta então uma mudança na mentalidade e nas ações do homem, mas não no sentido de uma posição ultrarromântica e ecossistemática de defesa de uma natureza virgem e selvagem, sem a presença humana desumanizadora. Apesar da histeria escatológica, afirmar o fim da natureza e defender um naturalismo anti-humanista é, certamente, uma tese perigosa e não faz parte da perspectiva de Rousseau. Seu legado é o do meio-termo entre a visão sacralizante e a utilitária.

Mas também seu legado tem a ver com uma preocupação profunda acerca da natureza interior, da busca de um Eliseu psicológico no qual a alma encontre abrigo, conforto e satisfação. Nesse caso, o jardineiro não é Júlia, nem Girardin ou Kent, mas é o vigário de Saboia, o personagem do *Emílio* que contempla o sublime na natureza e abstrai disso uma espécie de religião natural[42] que possa ser encontrada dentro de seu próprio coração[43]. Em estudo comparativo entre as *Confissões* de Rousseau e as *Confissões* de Agostinho, Hartle (apud PUENTE, 2005, 64) diz que "o lugar que ocupava a Providência Divina nas Confissões do bispo de Hipona é ocupado pela natureza no caso do pensador genebrino". Mesmo assim, o que se abstrai disso é a natureza interior e não mais a exterior. Nas palavras do vigário saboiano o que se apresenta

---

42. Embora, como nos lembra Shklar (*Men & citizens*), a fé expressa pelo vigário no *Emílio* não fosse exatamente a mesma que a de Rousseau, mas sim a que um jovem possivelmente ouviria e seguiria.

43. Como diz o personagem Francês, do *Rousseau juiz de Jean-Jacques*, no Terceiro diálogo, "o apologista da natureza hoje tão desfigurada, e tão caluniada de onde trará seu modelo a não ser do seu próprio coração?" (ROUSSEAU, 1964, t. I, 866).

não é uma religião propriamente dita, nos termos institucionais, mas uma devoção interior capaz de operar a transcendência humana e facilitar a realização de sua essência de tal forma que qualquer outro credo ou culto poderia ser dispensado: "vede na minha exposição unicamente a religião natural; é estranho que se faça necessário outra" (ROUSSEAU, 1973, 337). Até porque, como Rousseau afirma, as organizações e as revelações humanas "não fazem senão degradar Deus, dando-lhe as paixões humanas. Longe de esclarecer as noções do grande Ser, vejo que os dogmas particulares as embrulham; que longe de as enobrecer, eles as aviltam" (ROUSSEAU, 1973, 337). Assim como o homem natural e o estado de natureza se contrapõem ao estado de sociedade aviltado e ao homem corrompido, a religião natural serve de contraposição às instituições existentes, fruto dessa sociedade, e uma alternativa de reatar os laços do homem com suas origens. Por isso, o vigário diz: "Fechei pois todos os meus livros. Um só permanece aberto a todos os olhos, o da natureza. É nesse grande e sublime livro que aprendo a servir e adorar seu divino autor. Ninguém é desculpável por não o ler, porque ele fala a todos os homens uma língua inteligível a todos os espíritos" (ROUSSEAU, 1973, 353).

Tema complexo e polêmico[44], a religião natural se apresenta no *Emílio* como uma das lições introdutórias às questões morais. Uma vez que a sociedade corrompida não serve como referência, é preciso buscar na Natureza os exemplos, os recursos didáticos e todos os elementos necessários à reflexão em torno dos costumes, bem como ao julgamento das ações humanas. O Livro IV do *Emílio*, contendo a *profissão*

---

44. "Foi essa seção do *Emílio* a principal responsável pela censura que atingiu o livro e pelos infortúnios que Rousseau sofreu em consequência" (DENT, *Dicionário Rousseau*, 187).

de fé, procura refletir sobre a idade da razão e das paixões, na qual o jovem se encontra no momento de realizar um "segundo nascimento" e "nasce[r] verdadeiramente para a vida" (ROUSSEAU, 1973, 231). Quando o sujeito, tendo sido "batizado" pela natureza, desenvolve sua razão sensitiva, é então capaz de controlar e educar seu *amor-próprio* e viver em plena vida social. Isso para educar, como diz Dalbosco (2011, 184), por um caminho natural, no qual se possa "fortalecer um núcleo interno de resistência da criança contra a 'invasão perversa' da sociedade". Mas, como diz Gouhier (1970), essa educação deve impedir que a criança seja o homem do homem histórico, para ser o homem do homem que permaneça fiel à natureza, mesmo na cultura.

Em termos educacionais, o jardineiro é Jean-Jacques, o preceptor, que desenvolve ao longo das etapas do processo cognitivo de Emílio a razão sensitiva capaz de torná-lo um sábio, uma espécie de homem natural capacitado para viver em qualquer lugar. Como pode-se ver em duas passagens do *Emílio*: "É pelo efeito sensível dos sinais que as crianças aferem seu sentido" (ROUSSEAU, 1973, 58); e: "Não deis a vosso aluno nenhuma espécie de lição verbal; só da experiência ele as deve receber" (1973, 78). Tudo começa, portanto, com as experiências sensíveis, com as vivências empíricas junto à natureza. A pretensão de Rousseau é desenvolver na criança uma racionalidade sensitiva contrária à perspectiva da razão intelectiva, cartesiana e sem conexão com a realidade concreta. Daí sua valorização do paisagismo inglês, em detrimento da racionalidade geométrica e formal do paisagismo francês. Com isso, a metáfora do jardim como um espaço pedagógico e a do jardineiro como um sábio educador ganha mais corpo, pois sua ação está voltada para uma obra pedagógica que responde ao problema da formação do homem numa sociedade corrompida (JIMACK, 1960), almejando a preservação de sua bondade natural. Como diz Saint-Preux a Júlia: "Sempre acreditei que o bom não era senão o belo posto em ação, que um estava intimamente ligado ao outro e que ambos tinham uma fonte comum na natureza bem ordenada" (ROUSSEAU, 2006, 67). Ou seja, a fusão da moral, da estética, da política e da pedagogia em uma só arte, tendo por artista principal, nesse romance, a personagem Júlia, a jardineira.

Nessa metáfora, a arte dos jardins é apenas a tarefa virtuosa de dar continuidade entre a natureza e a cultura. A transição é suave se o educador conseguir criar um ambiente que, diferente do sistema tradicional, não reproduza as doutrinas restritivas e autoritárias, como a dos jesuítas ou a da educação tradicional como se desenvolveu; mas que ensine, seja em casa, no campo ou na instituição escolar, de forma agradável, respeitando as tendências naturais, como ocorre na arte do jardim inglês. No livro de leitura de Emílio e de Sofia, *As aventuras de Telêmaco*, o autor diz que o preceptor Mentor, depois de apaziguar a guerra entre o rei de Saleno e seus vizinhos, passou a reestruturar a cidade, comentando que: "Mentor, como se fosse um habilidoso jardineiro que poda os ramos inúteis das árvores frutíferas, procurava dessa maneira eliminar o fausto que corrompe os costumes, reduzindo todas as coisas a uma nobre e sóbria simplicidade" (FÉNELON, 2006, 145. Grifo meu). O que no remete à educação do Emílio, que, além de moral e política, é, como procuro demonstrar, uma educação estética. Rousseau diz: "Meu principal objetivo em ensiná-lo a sentir e amar a beleza em todos os gêneros é fixar ali seus afetos e seus gostos, para evitar que seus apetites naturais sejam alterados" (O.C., t. IV, 677). Desta forma, concebe-se uma educação negativa que impede o nascimento de vícios, como explica Rousseau a Christophe de Beaumont, em uma carta: "Fechai a entrada ao vício, e o coração humano será sempre bom. Com base neste princípio, estabeleci a educação negativa como a melhor, ou ainda, a única boa" (O.C., t. IV, 945). Concebe-se, portanto, uma estética negativa que não altere o gosto natural e que projete o jardim como uma textualidade que fala aos corações. Para decifrá-lo, é preciso preparar a visão, os ouvidos, os olhos e também o coração, para compreender a combinação, os elementos que o compõem e os efeitos que podem operar na alma. E essa experiência hermenêutica é, certamente, melhor conduzida por jardineiros sensíveis e por educadores amorosos.

Portanto, como a educação negativa consiste em preservar o coração do vício e a mente do erro, como afirma Rousseau (O.C., t. IV, 112.113), uma educação estética negativa deve evitar abordagens que distorçam a natureza. Toda a educação de Emílio segue essa lógica e pode ser considerada como um grande devaneio educacional contra a deformação, a desfiguração e a corrupção dos elementos naturais: da natureza físico-orgânica à natureza humana. Passo a passo, esse método educacional desperta a criança para as sensações, que são os primeiros materiais do conhecimento; desperta para os sentidos e para os exercícios do corpo em sua relação com as coisas; e, ao final, desperta a mente para a luz da sabedoria quando se atinge a compreensão de que a aparência externa é a imagem das disposições do coração.

Outrossim, a imagem de tal ambiente e a contextualização de Emílio em uma caminhada educativa poderiam levar a crer que na perspectiva da educação natural, negativa, sensual e estética de Rousseau reinam a liberdade total, o casuísmo e o espontaneísmo, dos quais Emílio não teria nada a aprender de forma direta, mas por si mesmo. Esse ponto de vista gerou a chamada corrente pedagógica não diretiva, baseada na ideia do desejo natural da criança de aprender, bem como na ausência de regras e ações pedagógicas diretivas. Teóricos, como

Neill[45] ou Rogers[46], podem ter inspirado sua pedagogia no pensamento de Rousseau, mas erram os que interpretaram a corrente não-diretiva, isto é, a da liberdade quase incondicional da criança e da diminuição do papel do educador, como algo advindo e presente na pedagogia rousseauniana.

Conforme Rousseau diz nas *Confissões*, seu plano era desenvolver um tratado sobre a psicologia da aprendizagem, que levaria o nome de *moral sensitiva* ou de *materialismo do sábio*. Se fossem uma compilação, certamente o *Nova Heloísa*, o *Emílio* e as *Cartas morais* comporiam essa obra maior da qual o fruto não seria outro senão o desenvolvimento da razão. Mas não se trata de uma razão puramente intelectual, lógico-matemática, nem tampouco, para tomar os termos de Horkheimer (2015), de uma razão que se manifesta de forma *objetiva*, *subjetiva* ou *instrumental*[47]. Sua forma de manifestação é *sensitiva* ou *perceptiva* porque procura desabrochar as potencialidades naturais que se desenvolvem por estímulos externos, estímulos sensuais do mundo físico, apreendidos pelo corpo e seu ambiente; e que exercem sobre a moral uma influência capaz de promover a perfectibilidade humana rumo ao autoaperfeiçoamento. Diz ele: "Como tudo que entra no conhecimento humano entra pelos sentidos, a primeira razão do homem é uma razão perceptiva; é ela que serve de base para a razão intelectual: nossos primeiros mestres de filoso-

---

45. Alexander Sutherland Neill (1883-1973), educador escocês, fundador da Escola Summerhill.
46. Carl Rogers (1902-1987), psicólogo americano.
47. No livro *Eclipse da razão*, Max Horkheimer (São Paulo, UNESP, 2015) traz de volta a mesma discussão que fez com Adorno sob a busca do motivo de a humanidade entrar no estado da barbárie e não no da humanização. No texto, principalmente no primeiro capítulo, o autor fala das formas pelas quais a razão se manifestou ao longo da história, caracterizando-a como *razão objetiva*, *razão subjetiva* e *razão instrumental*.

fia são nossos pés, nossas mãos, nossos olhos" (ROUSSEAU, 1973, 121).

De modo que a passagem da "razão sensitiva" à "razão intelectual" deve ser realizada, conforme Rousseau desenvolve no *Emílio*, a partir das interações que ele chamou de três mestres: *a natureza, as coisas e os homens*. Pela *natureza* há a expansão do processo bio-psíquico no desenvolvimento as faculdades internas; pelas *coisas*, as aprendizagens empíricas com os objetos; e pelos *homens*, o desenvolvimento das relações humanas em geral para a aprendizagem dos preceitos morais. A escalada é sensitiva, psicológica e moral, permeada pela experiência estética da natureza – como uma possibilidade hermenêutica para se chegar ao nível do intelectual. A experiência autêntica do conhecimento (GADAMER, 2007) realiza-se pela virtude do jardineiro (PAIVA, 2009) em possibilitar uma espécie de hermenêutica da natureza, na qual seja possível apreender o pressuposto da originalidade para bem conduzir o processo de reconfiguração do homem numa sociedade corrompida, bem como a reconfiguração da própria sociedade. Como no Eliseu, é a razão que deve servir de base para a condução do processo, sem esquecer da consciência como guia de tudo, mesmo que seus traços sejam encobertos. Sem isso, não há virtude, nem tampouco o resgate da originalidade na alma humana, como se processa no plano de reconfiguração do homem de Rousseau.

E como só é possível tornar-se sábio, preparado para bem viver no meio social, promovendo boa interatividade humana e buscando a felicidade, pelo desenvolvimento da razão sensitiva, o segredo está na natureza. Pois somente por meio do bom uso dos elementos da natureza é possível que a arte e a ciência, e, por extensão, todas as ações humanas, existam e se desenvolvam para o benefício humano, para o próprio sentido de humanização. E se tudo isso é possível na dimensão da *natura facti*, então o *jardin de Julie* pode ser tomado como um exemplo de ação virtuosa em favor tanto da natureza quanto do homem, pois é pela virtude de sua criação que foi possível o desenvolvimento da sensibilidade, melhor dizendo, da razão sensível. Ainda assim, como um espaço natural autocontido distinto de outras formas de arte, um jardim pode ser visto como uma forma sofisticada de expressão sensível e um exercício mimético da experiência humana com a natureza. Mothe e Lis (1984, 33), em seu livro *Michel le jardinier au jardin de Jean-Jacques Rousseau*, chegam a dizer de forma um tanto enfática e poética: "Ao instituir, por meio da botânica, a democracia nas plantas, Rousseau terá assinado um novo contrato vegetal". E continuam, de forma apologética: "Ele terá demonstrado que todas as plantas são livres e iguais em direitos, desde a orquídea até o humilde criptógama. Também terá aberto a porta para uma socialização da natureza que agora chamamos de ecologia".

Não chego a elogios tão efusivos, mas arrisco dizer que a lição que Rousseau nos deixa é a de que a arte dos jardins é a cunhagem efetiva da sensibilidade onde ela existe apenas como possibilidade, parafraseando o filósofo espanhol Savater[48] em sua sentença sobre a educação. O que não é diferente, pois a jardinagem ganha, na filosofia rousseauniana, uma perspectiva pedagógica. Na abertura do *Emílio*, quando o autor aconselha a previdente mãe a cultivar, a regar a jovem planta, ele diz: "Estabelece desde cedo um cinto de muralhas ao redor da alma de tua criança" (ROUSSEAU, 1973, 10). Talvez aqui esteja a resposta para muitos que interrogam, como o faz Hatzenberger (2015), por que o *Eliseu* é um jardim

---

48. Savater (*O valor de educar*, São Paulo, Planeta, 2005, 33) diz que "a educação é a cunhagem efetiva do humano onde ele só existe como possibilidade".

escondido e fechado a chave[49]: ele está guardado do mal exterior. De modo que, concluindo, como o jardim se torna o paradigma da vida humana, é imprescindível que cultivemos o nosso da melhor forma possível. E se alguém, a exemplo de Emílio, disser: Mas, eu não tenho jardim! Então é tempo de plantar um.

Comentário
LUCIANO DA SILVA FAÇANHA

Agradeço ao convite e digo que é um prazer participar de sua sexta conferência. Parabéns pelo texto e pela leitura sensível. Meu comentário é mais no intuito de colaborar com sua fala, apontando algumas questões e algumas teses que levanto. Intitulei, inclusive, meu comentário como *A estética do efeito na linguagem poética de J.-J. Rousseau: Parecer que é*. De forma resumida, trago a questão da linguagem poética do genebrino e algumas passagens de sua obra, com o intuito de complementar sua fala.

Um dos traços mais fascinantes do pensamento da Ilustração é a inexistência de fronteiras precisas entre filosofia e literatura, ou entre a filosofia e as artes, e, consequentemente, a multiplicidade de gêneros então praticada pelo filósofo, ou mais precisamente, pelo homem de letras. Essa variedade de gêneros literários cultivados pela filosofia do período aponta para a valorização da linguagem, do paradigma da arte em ge-

---
49. "Esse lugar, embora muito perto da casa, está de tal forma escondido pela alameda coberta que dela o separa que não é percebido de nenhum lugar. A espessa folhagem que o rodeia não permite que a vista penetre e está sempre cuidadosamente fechado à chave" (ROUSSEAU, *Júlia ou a nova Heloísa*, 409-410).

ral, pois foi no século XVIII que a filosofia reconheceu a autonomia em todo o discurso artístico.

Rousseau tinha consciência que uma língua jamais poderia representar por completo os sentimentos que suscitam as paixões, pois não podem ser ditas (as paixões) com a mesma intensidade com que são sentidas (ou seja, de forma original), nem recuperar inteiramente a pureza e a leveza das expressões eloquentes. No entanto, Rousseau parece apontar uma saída: reconduzi-las "ao bom caminho", pois o genebrino acaba realizando a tarefa da *linguagem poética em sua plena estética*, a exemplo da cena lírica do *Pigmalião* e alguns acontecimentos que ocorrem no romance *Júlia ou a Nova Heloísa* (vinho e jardim), que são alguns dos melhores meios encontrados para *fazer falar as paixões*, e as maneiras mais eficazes para sua *mimesis perfeita das paixões*, como a escrita, que parece bem representar a *estética rousseauniana*, ao reproduzir a mais "perfeita imagem original", como nos primórdios, em que a linguagem era mais *poética* e, portanto, livre, (era língua) pois, mais próxima das paixões, logo, mais original e mais verdadeira. Dessa forma, se justifica a linguagem poética utilizada por Rousseau, mais próxima da poesia, da fala, tanto por se tornar mais original, mais próxima de como era nos primeiros tempos.

A cena lírica do *Pigmalião* se passa num teatro que representa um atelier de escultor, há vários pedaços de mármore e algumas estátuas começadas, porém, "há uma estátua escondida sob uma cobertura de um tecido leve e brilhante, ornado de franjas e guirlandas", é Galateia, estátua delineada de forma perfeita. Pigmalião a esculpiu à imagem de seu desejo, representando a beleza ideal, "que tomou corpo numa pedra inanimada". Mas, Pigmalião é um artista que sonha com alguma nova atitude diante das esculturas e, de quando em quando, em posse de seus utensílios, dá "golpes de cinzel" em alguns de seus trabalhos, e, de forma entristecida reclama: "Não tem alma e nem vida; é apenas pedra". Pigmalião deseja que a estátua ganhe vida, e, além disso, quer ser amado e reconhecido por sua própria obra. Por isso, a obra não deve permanecer uma pedra fria de mármore, mas, deverá ganhar vida. E, numa solicitação ao sublime, que se encontra nos seus sentidos, e toca os corações, o escultor clama aos deuses vida à matéria, para que esses belos traços encantados se animem pelos sentimentos. Suas súplicas são atendidas, e Galateia, a estátua criada por Pigmalião, passa a animar-se. Dessa forma, o delírio do artista chega ao último grau... Se por um lado o êxito dessa situação ocasiona o silêncio da própria arte ao transforma-se em realidade, pois, ao acabar com esse nefasto encantamento da obra "parecer que é", ou seja, de um "parecer mentiroso", a vida de Galateia faz desaparecer a arte. Por outro lado, isto não deixa de representar uma estética que somente considera arte o que está o mais próximo possível da realidade, que seja tão real que não seja possível observar qualquer traço do homem (nesse caso, do escultor). Esse parece ser o modelo de "arte perfeita", que aparece dentro de seu romance, no momento em que Júlia faz a revelação de dois enigmas que pairam na *Nova Heloísa*: o segredo de fabricação dos vinhos e a feitura do mistério do bosque.

Tudo é feito lá, na "voluptuosidade temperante" oferecida na Sala de Apolo, com ar de festa dionisíaca, porém, com deleites de pequena sensualidade, aguçados pelo império do gosto, ao "servir uma garrafa de vinho mais delicado, mais velho do que o comum". Júlia proporciona todo esse deleite, com o exemplo da "arte", ou melhor, do "segredo de fabricação" dos vinhos, dos "mistérios" em que se transforma a uva local em um vinho que ocasiona a ilusão da bebida de vários lugares. Explicação da mais pura *mimesis* rousseauniana. "O *rancio*, o *xerez*, o *málaga*, o *siracusa* que bebeis com tanto prazer são na realidade apenas vinhos de Lavaux diferentemente preparados e podeis ver daqui o vinhedo que produz todas essas bebidas longínquas". Júlia, "superintendente dessa ação", fornece uma explicação para essa criação artística de maneira formidável, é uma verdadeira conversão, pois, "é preciso, para isso, forçar um pouco a natureza, violentá-la com a ajuda de uma *parcimoniosa habilidade*"; é evidente que se trata de uma *mentira*, de uma *convenção*, mas, uma pequena mentira, pois, tem efeitos criativos, portanto, artísticos, possíveis tanto da perspectiva da verossimilhança quanto da necessidade, além de suprir tudo que seja necessário, no próprio lugar e não no exterior. Assim, a arte supre os limites inevitáveis da natureza, o vinho fica perfeito, não parece que é *mimesis*, não se percebe traços da mão humana.

Dessa mesma forma funciona com a *estética rousseauniana do Eliseu*, ou, a feitura do "mistério do bosque". Precisamente, Saint-Preux se reporta a esse lugar na quarta parte do romance, dizendo que observou "um local retirado", que parece ser "agradável e útil", mas, constitui uma mancha; é onde Júlia "faz o seu passeio favorito e que chama seu Eliseu". Esse lugar foi elaborado e pensado pela heroína, como um espaço fechado, um *hortus clausus*, um *locus amoenus*. Mas, mesmo levando-o à imaginação quanto aos seus sentidos, julgando ser, inclusive, "o lugar mais selvagem", um "deserto", é um "jardim artificial", ou, um "deserto artificial", mas, "uma obra de arte que dá a ilusão da natureza selvagem", surpreendendo até a ingenuidade de Saint-Preux. "Este lugar é encantador, é verdade, mas agreste e abandonado, nele não vejo trabalho humano". "O trabalho humano foi tão perfeito que se tornou invisível. Não há nada nesse santuário da natureza que não tenha sido desejado e disposto por Júlia", pois ela assume que direcionou todos os passos, mesmo quando a natureza fazia tudo: "sou sua superintendente", diz Júlia novamente, não há absolutamente nada que ela não tenha organizado; assim, tem-se uma obra da natureza, mas também, obra de arte, obra de Júlia, pois, esta obra se constitui simultaneamente a partir de uma concepção estética da verossimilhança. O grande brilho dessa informação parece não vir, então, da natureza, mas, do primor do homem, que teve o cuidado em não deixar nenhum rastro de suas mãos e oferecer a grande ilusão da natureza, com a sua perfeição: "em parte alguma o menor traço de cultivo. Tudo é verdejante, fresco, vigoroso e a *mão* do jardineiro (de Júlia) não aparece, tudo foi apagado. Até as irregularidades encontradas são provindas da simulação, são feitas com arte"; logo, não se pode julgar a arte pelos seus efeitos, esse é o grande engano da procedência, pois é necessário o mínimo de ilusão.

Até a natureza não é mais obtida de forma natural, mas como produto do homem. Assim, "a arte consumada se torna novamente natureza", desse modo "apenas na arte consumada o trabalho se apaga e o objeto obtido é uma nova natureza. A obra é mediata, mas a mediação se esvaece e o gozo é novamente imediato (ou provoca a ilusão de ser imediato)". A explicação dos efeitos artísticos da *mimesis* rousseauniana, na qual a arte que será consumada torna-se novamente natureza, pois a natureza, sendo o "jardim artificial" ou "vinho", ou linguagem ou Galateia, não pode permanecer obra de arte, não pode simplesmente "parecer que é", precisa "ser perfeita", do contrário já não é mais arte. É ou não é a verossimilhança aristotélica?

São esses meus comentários, e muito obrigado.

Resposta

Eu que agradeço por sua participação e pela apresentação e tão belo texto o qual, realmente, complementa o meu.

Concordo plenamente com suas teses, sobretudo quando afirma que a "arte supre os limites inevitáveis da natureza" e que "a arte consumada se torna novamente natureza". Não é outra a perspectiva de Rousseau, que permite a possibilidade de uma "nova natureza", a qual chamo de *natura facti*. E talvez esteja aqui a diferença entre Rousseau e Aristóteles: não se trata de imitação, mas de reprodução.

Sétima conferência
NADA SE FAZ SEM ELAS
Mulher e mulheres no contexto social

"On ne fait rien dans Paris que par les femmes" (O.C., t. I, 289), ou seja, nada se pode fazer em Paris a não ser pelas mulheres[1]. Ao dizer isso, em suas *Confissões*, Rousseau demonstra, em minha opinião, uma admiração e uma sensibilidade para com o sexo feminino, de tal modo que em toda a sua produção literária abundam expressões de elogios, louvores e exaltações que devem ter conquistado os corações das mulheres de seu tempo, uma vez que a grande maioria o adorava. Sua novela *Julie ou la Nouvelle Héloïse* arrancou lágrimas das figuras mais encantadoras da sociedade feminina parisiense do século XVIII[2], e muitas dessas respeita-

---

1. Edmond e Jules de Goncourt (*La femme au dix-huitième siècle*, Paris, EJG, 1862, 163) dizem: "l'âme de ce temps, le centre de ce monde, le point d'où tout rayonne, le sommet d'où tout descend, l'image sur laquelle tout se modèle, c'est la femme".

2. Só para citar algumas, a Maréchale de Luxembourg (1707-1787); Mme. de Boufflers (1725-1800); a marquesa de Verdelin (1728-1810); e a Mme. de La Tour (1730-1789), cujo nome completo era Marie-Anne de La Tour de Franqueville, foi uma de suas maiores admiradoras e quem

das senhoras, querendo consultá-lo, acolhiam-se em salões literários. Se esses espaços eram o centro[3] da atividade intelectual para onde se dirigiam os *philosophes*, não era difícil encontrar entre eles Rousseau rodeado de mulheres encantadas por ouvi-lo. Encanto que se estendeu a um grande número delas, incluindo duas das primeiras "feministas", que foram Olympe de Gouges[4], autora da *Declaração dos direitos da mulher e da cidadã*, e Germaine de Staël[5]. Ambas teceram elogios à produção literária do genebrino e o tinham em alta estima, elogiando-o pelo fato de considerar as mulheres mais naturais que os homens.

Dessa forma, Grace e Kelly (2009) afirmam que dentre os grandes filósofos políticos, talvez Rousseau tenha sido quem mais deu atenção às questões relacionadas à mulher; e L'Aminot (1995) comenta que, bem ou mal, Rousseau foi o filósofo que mais contribuiu com o movimento feminista dos séculos XIX e XX[6]. Afirmações que receberam pouco eco no

---

mais se esforçou para publicar suas obras póstumas, bem como divulgar sua produção. Identificou-se com a Júlia da *Nouvelle Héloïse* quando o romance apareceu, mantendo correspondência com Jean-Jacques Rousseau até 1776.

3. Segundo Goncourt (*La femme au dix-huitième siècle*, 34-35. Tradução livre): "Ali, nesse salão feminino, sob suas lições, formou-se e constituiu-se essa França tão orgulhosa de si mesma, de graça consumada, de tão rara elegância, a França educada do século XVIII – um mundo social que até 1789 iria aparecer em toda a Europa como pátria do gosto de todos os Estados, como escola de costumes de todas as nações, como modelo de costumes humanos. Lá foi fundada a maior instituição da época".

4. Pseudônimo de Marie Gouze (1748-1793), dramaturga, ativista política e feminista francesa.

5. Anne-Louise Germaine de Staël-Holstein (1766-1817), escritora francesa, amiga de Benjamin Constant.

6. L'Aminot (La critique féministe, in: CLARK, Lorraine; GUY, Lafrance (org.), Rousseau and cristicism. Rousseau et la critique, *Pensée Libre*, Ottawa, n. 5 (1995) 153) informa que: "A crítica feminista de Rousseau durante o período que o movimento é organizado, que vai de 1880 a

meio de uma avalanche de críticas, como a da inglesa Mary Wollstonecraft[7], para quem o *Emílio* é um plano que objetiva tão somente a formação para o homem, restando à mulher, no Livro V, apenas a ideia de que ela deve passar por um treino a fim de que seja agradável aos homens[8]. O que possibilitou ao longo dos séculos seguintes, ao meu ver, uma leitura enviesada de Rousseau ao ponto de Elisabeth Badinter (2003) considerá-lo como um antifeminista por excelência. O tema passou a figurar no trabalho das feministas, ganhando uma repercussão tão considerável que até hoje o discutimos. Tanto é que Lynda Lange, ao organizar o livro *Feminist interpretations of Jean-Jacques Rousseau* (2002) diz na introdução que o "pior pesadelo de Rousseau" é ter um grupo de mulheres acadêmicas discutindo sua obra. E um pesadelo ainda pior do que isso é, sobretudo, quando a discussão toma um caráter estritamente condenatório, sem se dar o trabalho de analisar a obra rousseauniana em suas especificidades.

Lamentavelmente, Rousseau não se dedicou ao tema da mulher de forma aprofundada. Nos dois pequenos ensaios

---

1918, é bastante variada. (...) Longe de o condenar por essa opinião [de que seu tratado de educação subordina a mulher ao homem], as feministas do começo do século são indulgentes para com ele. Para grande parte delas, Rousseau ainda conserva seu poder revolucionário e suas ideias não são tidas como como um risco às conquistas da mulher moderna, como serão interpretadas mais tarde".

7. Mary Wollstonecraft (1759-1797) foi uma filósofa e escritora inglesa que advogou em favor dos direitos da mulher, criticando Burke e Rousseau. Dentre suas obras está a *Uma reinvindicação dos direitos da mulher*, publicado em 1792, além de outras obras.

8. Na nota 2 da página 21 de seu livro *A vindication of the Rights of Woman* (Mienola, New York, Dover, 1996), a autora afirma que no livro V do *Emílio* se apresenta um plano de educação da mulher. O que é, ao meu ver, um erro de leitura da autora inglesa, uma vez que Sofia não fora educada por Jean-Jacques, o preceptor, mas por sua família, numa clara alusão à educação aristocrática ou pequeno-burguesa de seu tempo.

dedicados especificamente a refletir sobre isso[9], o autor escreveu pouco, embora tenha deixado alguns comentários bem interessantes. Um exemplo é quando afirma que as mulheres são "privadas da liberdade pela tirania dos homens" (O.C., t. II, 1254), e que só por elas viria a salvação da humanidade. Outros comentários aparecem de forma esparsa em suas obras, nas quais saltam aos olhos passagens como a exaltação ao heroísmo da mulher ao longo da história e o elogio à sua igualdade nas virtudes cívicas e militares. Na *Carta a D'Alembert*, Rousseau traz as mulheres para a cena da vida pública ao falar de sua participação na dança do regimento militar na praça de Saint-Gervais, em Genebra. Em outras obras, faz um elogio às mulheres nas conquistas de Esparta e Roma, como logo no início no *Emílio*, em que aparece um trecho sobre a mulher que louvara a vitória mesmo tendo nela perdido seus cinco filhos. "Eis a cidadã", diz Rousseau (1973, 13) enfaticamente. Além de outros escritos, nos quais é clara a ideia de que as mulheres governam os homens e fazem deles o que quiserem. Enfim, no geral, quando se lê toda a obra de Rousseau, as virtudes morais é que são ressaltadas na imagem de uma mulher virtuosa, cujo correspondente romanesco é *Julie* (LECERCLE, 1969) e pessoal é Mme. de Warens, além de todas as mulheres com as quais Rousseau se relacionou de forma edipiana em busca de consolo. Ele mesmo confessa, dizendo: "Encontrei sempre nas mulheres uma grande virtude consoladora" (ROUSSEAU, 1968, 162).

Apesar dessas considerações, há, por outro lado, muitas afirmações que reforçam o papel feminino da submissão e do recato, como no próprio *Emílio*, cuja figura de Sofia reforça a passividade feminina, ainda em voga em seu século, reve-

---

9. *Sur les femmes* e *Sur les événements importants dont les femmes ont été la cause secrète* (O.C., t. II, 1254-1259).

lando uma ambiguidade da qual Rousseau nunca se livrou, nem em sua vida e muito menos em sua obra. De fato, um tema polêmico e complexo! Complexo porque, como ressaltam Grace e Kelly (2009), Rousseau não deixou de abordar a questão, mas, nas palavras de Badinter (2003, 28), "nesse ponto, Rousseau não inovou, contrariamente ao que acreditavam seus contemporâneos", pois o fez de forma poética e ambígua. Ou seja, seguindo a tendência literária dos *philosophes*, e de tantos outros, não expressou de forma evidente sua visão sobre o problema. Exemplificando essa ambiguidade, por um lado Rousseau deixa claro que a política real deve ser papel do homem, restando apenas o comportamento virtuoso para as mulheres, por outro, fica subtendido nos seus escritos que a mulher acaba revertendo a situação e protagonizando o cenário, por exemplo se considerarmos que é Sofia quem governa Emílio, ou Júlia a real governante da comunidade de Clarens. De fato, o genebrino não inova e não busca defender a mulher abertamente, como fizeram de certa forma Voltaire e Diderot[10], reproduzindo a compreensão geral de seu tempo de que a mulher deve-se manter na esfera privada e se dedicar ao matrimônio e à maternidade, obedecendo ao homem. Sendo assim, vale interrogar, como o faz Vargas (1997, 5) logo na introdução de seu livro *Rousseau, l'énigme du sexe*, "como pode Rousseau pintar as mulheres em cores sombrias e esperar delas a salvação da humanidade?"

---

10. Em resposta à obra de A. L. Thomas, *Ensaio sobre o caráter, os costumes e o espírito das mulheres nos diferentes séculos*, Diderot afirma: "O que é uma mulher? Negligenciada pelo esposo, abandonada pelos filhos, nula na sociedade, a devoção é seu único e último recurso. Em quase todas as regiões, a crueldade das leis civis uniu-se, contra as mulheres, à crueldade da natureza; elas foram tratadas como crianças imbecis" (apud THOMAS, Antoine Léonard; DIDEROT, Denis; ÉPINAY, Louise, *O que é uma mulher? Um debate*, Rio de Janeiro, Nova Fronteira, 1991, 125).

Polêmicas à parte, a vida de Rousseau foi marcada fortemente pela figura feminina desde sua infância, causando nele uma espécie de fascinação pela mulher. Fascínio que tentou, provavelmente, preencher o vazio da figura materna, negada pela morte de sua mãe dias depois de seu nascimento. A imagem idealizada de sua progenitora deve ter sido, em certos aspectos, transferida para as mulheres com as quais se relacionou ao longo de sua vida. Um impulso que, como um mecanismo de defesa, resultou numa sublimação, para tomar um termo da psicanálise (FREUD, 1987), cujo deslocamento se deu também na música, na literatura e na educação, resultando em uma farta obra que atraiu e encantou o grande público, inclusive o feminino. Como diz O'Dea (2018, 211. Tradução livre), "a obra de Rousseau parecia particularmente atrativa às mulheres por causa da atenção que dava à figura materna e às novas ideias no trato com a criança". Não se pode esquecer que seu tratado de educação, embora tenha um homem como protagonista, é dedicado à uma "boa mãe que sabe pensar" (ROUSSEAU, 1973, 5). Tal figura lembra a mãe que perdera[11] e que provavelmente tenha buscado, antes da escrita de sua obra educacional, na babá Jacqueline[12] e na tia Suzon[13], as duas responsáveis por sua formação inicial;

---

11. Suzanne Bernard (1673-1712), falecida por complicações no parto de Rousseau.

12. Jacqueline Faramand(1696-1777), a quem Rousseau chama carinhosamente de *Mie Jacqueline*, cuidou de sua educação inicial, juntamente com a tia Suzon. Em 1733, Jacqueline se casa com um tintureiro por nome de Jacques Danet (1696-1777).

13. Suzanne Rousseau (1682-1774), casou-se com Isaac-Henri Goncerut de Nyon, em 1730, foi uma das primeiras presenças femininas na vida de Rousseau, identificando-a com sua mãe. Vedrini (*Les jardins secrets de Jean-Jacques Rousseau*, Chambéry, Agraf, 1989, 3) afirma: "Encontramos na descrição desta mulher, como em todos os retratos femininos de Rousseau, gentileza, serenidade".

bem como na Mme. de Warens, a quem passou tratar, mesmo aos dezesseis anos, como sua *maman*. Esta, talvez a figura que mais tenha cativado seu espírito, proporcionou não apenas o consolo materno, como o despertar estético pela *belle femme* que ela era. Sua beleza o cativou tanto que ele diz em suas *Confissões*, de forma enlevada: "Que foi de mim, ao vê-la! Imaginava-a uma velha devota muito rabugenta; (...) Vejo um rosto repleto de encantos, uns lindos olhos azuis cheios de suavidade, uma tez fascinante, uma garganta encantadoramente modelada" (1973, 67)[14]. Com sua inesgotável bondade, ela exerceu uma influência considerável em Rousseau, não só no gosto pelas letras e pela música, como também na formação de seu caráter, possibilitando o desenvolvimento de um amor platônico que levou tempo para ser curado.

Mme. de Warens fora educada por um erudito pastor pietista que lhe ensinou, além de preceitos morais, música, literatura, filosofia da religião. Porém, fugindo da ruína financeira e do esposo, que a acusava de adultério, a jovem baronesa se converteu ao catolicismo e buscou abrigo com do bispo de Annecy, Monsenhor Michel-Gabriel Rossillon, e pensão com rei da Sardenha[15], que lhe concedeu uma ajuda

---

14. Segue toda a passagem: "Era uma passagem por trás da casa, a qual, entre um regato, à direita, que a separava do jardim, e o muro do pátio, à esquerda, conduzia à igreja dos franciscanos por uma porta falsa. Prestes a transpor essa porta, Mme. de Warens volta-se à minha voz. Que foi de mim, ao vê-la! Imaginava-a uma velha devota muito rabugenta (...). Vejo um rosto repleto de encantos, uns lindos olhos azuis cheios de suavidade, uma tez fascinante, uma garganta encantadoramente modelada. Nada escapou ao rápido golpe de vista do jovem prosélito; porque, no mesmo instante, o fui dela, convicto de que uma religião pregada por tais missionários não podia deixar de levar ao Paraíso" (ROUSSEAU, *Confissões*, 66-67).

15. Vítor Amadeu II (1666-1732), duque da Saboia de 1675 até a abdicação em 1730, Rei da Sicília de 1713 a 1720, quando tem que mudar os títulos para se tornar Rei da Sardenha.

com a qual passou a auxiliar jovens em necessidades materiais e espirituais, principalmente os fugidos de Genebra, como o próprio Jean-Jacques. É por todas essas condições que essa mulher se tornara, como dizem Silva e Costa (2017, 228), "referência e porto seguro por toda a vida adulta do jovem Rousseau". Um porto que serviu de ponto de partida para uma longa viagem em águas turvas, que é o tema da mulher no século XVIII, mas que proporcionou um itinerário pelo qual o filósofo desenvolveu uma visão tão peculiar.

Peculiaridade que tenha começado talvez entre os dez ou onze anos, quando, sob a guarda do Pastor Lambercier[16], recebeu de Gabrielle,[17] a irmã do pastor, umas palmadas que tiveram nele efeito erótico, despertando-o para a sensualidade[18] e o gosto por mulheres mais velhas. Ainda na adolescência, aconteceu sua "primeira paixão", quando se encantou por duas moças que encontrara pelo campo, ao ir visitar seu pai na cidade de Nyon. A primeira, Mlle. Goton, foi uma das mulheres que, segundo ele, mais mexeu com seus sentimentos, ao ponto mesmo de colocar sua vida em perigo. Diz ele: "Vendo apenas Mlle. Goton não pude ver mais nada; todos os meus sentidos foram perturbados. (...) Acredito que se tivesse demorado um pouco mais com ela, não teria sobrevivido; as palpitações teriam me sufocado" (O.C., t. I, 1959, 28. Tradução livre). Comentário que não foi menos dramático que o usado para descrever seu sentimento para com a

---

16. Jean-Jacques Lambercier de Bossey (1676- 1738), pastor calvinista da Igreja de Genebra, que lhe ensinou latim, matemática e outras matérias.

17. "Como Mlle. Lambercier tinha por nós uma ternura de mãe, tinha também a sua autoridade, exercendo-a por vezes até ao ponto de nos infligir o castigo das crianças, se o merecíamos (...) o que é mais curioso é que o castigo me afeiçoou ainda mais a quem mo havia aplicado" (ROUSSEAU, Confissões, 34).

18. "J'avais trouvé dans la douleur (...) un mélange de sensualité" (O.C., t. I, 44-45).

segunda, Mlle. Vulson, sobre a qual diz Rousseau: "Nossas separações eram feitas sempre com lágrimas. (...) Não podia falar dela e nem pensar nela. (...) Quando ela partiu, andei ébrio, louco; queria lançar-me à água atrás dela, e os meus gritos retumbaram no ar durante bastante tempo" (O.C., t. I, 1959, 29. Tradução livre).

Este ensaio seria insuficiente para comentar os incontáveis flertes, namoricos e paixões que Rousseau teve durante sua vida, mas vale a pena destacar alguns casos que influenciaram sua vida sentimental e intelectual. Em Turim, por exemplo, teve com a conhecedora da obra de Morus, a bela Signora Basile[19], um amor tão platônico que não ousava tocar seus vestidos[20], ou, em suas palavras, uma "loucura romanesca de que nunca mais me pude curar" (O.C., t. I, 1959, 93). Nesse mesmo sentido, experimentou sentimentos românticos, nem sempre correspondidos, com diversas outras, como Mlle. de Breil[21], que contava com a mesma idade, mas não ti-

---

19. "Ela era uma morena extremamente picante, mas o ar de bonomia natural pintado em seu rosto bonito fazia sua vivacidade em movimento" (FERRI, Mascia, Le donne di Rousseau, Amanti, sesso e vizi del filosofo della rivoluzione, Roma, Bonanno, 2009, 56. Tradução livre).

20. Faço questão de reproduzir aqui o original (O.C., t. I, 116. Grifo meu): "Rien de tout ce que m'a fait sentir la possession des femmes ne vaut (les moments) que j'ai passées à ses pieds *sans même oser toucher à sa robe*". Rousseau chegou adentrar o quarto dessa senhora e se prostrar diante dela, mas foi interrompido por alguém na cozinha. Ele diz: "Levantando-me à pressa, agarrei a mão que me estendia, e depus nela dois ardentes beijos, ao segundo dos quais senti essa encantadora mão premer-se um pouco contra os meus lábios. Nunca na vida tive um momento tão doce: mas a ocasião que perdi não voltou mais, e os nossos jovens amores ficaram por ali" (ROUSSEAU, Confissões, 92).

21. Pauline-Gabrielle de Breil (1712-?), filha dos marqueses de Breil. Casa-se em 1730 com Cesare-Giustiniano Alfieri di Sostegno (1710-1764). Sobre ela, diz Rousseau: "O que não teria feito para que ela se dignasse ordenar-me qualquer coisa, olhar-me, dizer-me uma palavra só que fosse!" (ROUSSEAU, Confissões, 109).

nha olhos para ele; ou com Mme. de La Tour[22], viúva de um comerciante de Lyon que o hospedou durante sua estada em Môtiers, ela tornou-se sua amiga fiel, correspondendo-se durante doze anos; ou ainda com a filha desta, Madeleine[23], a quem Rousseau dedicou sua obra *Lettres sur la botanique*, em homenagem à amizade que tinham. Relacionamentos que não passavam de cordialidade e respeito, como diz ele nas *Confissões*, tal como ocorreu aproximadamente dois anos depois, no verão de 1730, com a cozinheira de Mme. de Warens, Anne-Marie Merceret[24]. Ao retornar de uma viagem que fizera, e não encontrar sua *maman*, que tinha partido para Paris, perambulou pela região ao longo de um ano. Nessas andanças, acompanhou a menina e seu pai até a cidade de Friburgo, e, apesar do interesse amoroso por parte dela, Rousseau diz que não ousou agir, mesmo dormindo no mesmo quarto. Talvez, como diz Cranston (1991a, 88), "ela encantava seu estômago, mas não seu coração"; mas o mais certo é que a timidez e o recato ainda o dominavam ao ponto de resistir a tais assédios.

Outros assédios aconteceram quando começou a dar aulas de música, por volta de 1732-1733, contando com a

---

22. Julie-Anne-Marie Roguin (1715-1780), casou-se com Pierre Boy de La Tour (1708-1758) em 1740.

23. Madeleine Catherine Boy de La Tour (1747-1816), depois Madeleine Delessert, ao casar-se com Etinne Delessert (1735-1816).

24. "Aflige-me que tantas raparigas se tenham apaixonado por mim. No entanto, como não há que estar muito vaidoso dos resultados que tirei de todos esses amores, creio poder dizer sem escrúpulos a verdade. A. Merceret, mais nova e menos desembaraçada que a Giraud, nunca me provocou tão abertamente; imitava-me, porém, nas maneiras, nas inflexões da voz, repetia as minhas palavras, tinha por mim as atenções que eu devia ter por ela, e, como era muito medrosa, tinha sempre todo o cuidado em que dormíssemos no mesmo quarto: identidade que raramente fica por aí numa viagem de um rapaz de vinte anos com uma rapariga de vinte e cinco" (Rousseau, *Confissões*, 156).

idade de 20 a 21 anos, ainda em Chambéry. Rousseau teve diversas moças como alunas, pelas quais se sentia quase sempre atraído. Algumas mulheres casadas, como Mme. Lard e Mme. de Menthon, eram mais audaciosas, chegando ao ponto de beijá-lo na boca e convidá-lo aos cafés e almoços em suas casas, tentando, como diz Cranston (1991a, 107), "seduzir o mestre de música" que as atraíam por sua beleza e seu talento. Sem deixar de mencionar a sedução por parte da Mme. de Larnage[25], quando Rousseau tinha vinte e cinco anos, ou ainda em sua velhice, quando Charlotte Chaumet d'Ormoy (1732-1791) o cortejou por alguns anos e desenvolveu a obra *Les malheurs de la jeune Émilie. Pour servir d'instruction aux âmes vertueuses et sensibles* (*Os infortúnios da jovem Emília. Para servir de instrução às almas virtuosas e sensíveis*), publicado em 1777. A autora tentou atrair a atenção de Rousseau e conquistar sua amizade, mas encontrou um homem convalescente e sem muita paciência para esse tipo de assédio. Diz ele, na *Segunda caminhada*: "Um belo dia, durante minha convalescença, recebi de sua parte esse livro impresso e até mesmo encadernado, e vi, no prefácio, elogios tão grosseiros a mim, tão enfadonhamente lançados e com tanta afetação que me vi desagradavelmente incomodado" (ROUSSEAU, 2017, 29).

Por esses e outros exemplos, a figura feminina povoou o imaginário de Rousseau mais como um ideal, um ser que deve ser adorado por suas qualidades estéticas e morais, tal como a Galateia dos gregos antigos[26] ou a de seu melodrama tea-

---

25. Com a qual teve prazer: "Je dois à Mme Larnage de ne pas mourir sans avoir connu le plaisir" (O.C., t. I, 253).

26. Como aponto no texto citado abaixo (PAIVA, *Rousseau e as artes*, 2020), segundo Brandão (*Dicionário mítico-etimológico*, 2014) há dois personagens com esse nome, ambos de origem oriental, na mitologia grega, mas o mais conhecido é encontrado nos versos de alguns poetas, como Virgílio, que relatam a história de um escultor, rei celibatário da ilha de Chipre,

tral *Pygmaleon*[27], no qual um escultor, insatisfeito pela perda da inspiração e do talento, monologa tristemente com suas obras. Eis que, de repente, sua evocação e seu sentimentalismo operam uma espécie de metempsicose sobre a bela escultura feminina e ela, chamada por ele de Galateia, ganha vida e se reconhece. E a frase final de Pigmaleão, o escultor, direcionada àquela figura de pedra, bem poderia ser colocada na boca de Rousseau, o autor, mas direcionada à figura da mulher projetada em seus devaneios românticos: "Eu te dei todo o meu ser; não viverei mais a não ser por ti" (apud PAIVA, 2020, 237). A frase resumiria bem a intensa paixão que teve por mulheres como Sophie d'Houdetot[28], ou então a gratidão para com muitas que o ajudaram, como Mme. de Luxembourg, Mme. d'Épinay[29] e a Mme. de Broglie[30], além de outras tantas, cujo lastro era o da pura dependência, como sua governanta, e depois esposa, Thérèse Levasseur.

---

que acabou apaixonando-se pela estátua feminina que criara, a Galateia. Seu celibato era motivado pela recusa de esposar as mulheres libertinas e sem virtudes de sua ilha.

27. Cf. minha tradução em PAIVA, *Rousseau e as artes*. Disponível em: <https://periodicos.unb.br/index.php/fmc/article/view/31941/28849>.

28. Élisabeth Sophie Françoise Lalive de Bellegarde (1730-1813), condessa d'Houdetot, após seu casamento com Claude-Constant-César, conde d'Houdetot (1724-1806). O relacionamento com Sophie d'Houdetot pode ter sido o mais apaixonante, pois com ela passeava de mãos dadas pelos bosques e estradas que ligavam a Hermitage a Eaubonne, nas proximidades de Paris. Seus encontros eram regados a conversações literárias e carícias que incluíam até beijo na boca, para desespero e ciúmes de Mme. d'Épinay, cunhada de Sophie e anfitriã de Rousseau, a qual o chamava de "meu urso".

29. Louise-Florence-Pétronille de Tardieu d'Esclavelles (1726-1783), casou-se com 19 anos em 1745 com Denis-Joseph Lalive d'Épinay (1724-1782).

30. Louise de Broglie, condessa d'Haussonville (1818-1882), escritora liberal francesa. Louise de Broglie conseguiu para Rousseau o emprego de secretário na embaixada francesa em Veneza e foi a responsável por o apresentar aos literatos em Paris.

À parte de toda essa argumentação, os expoentes das luzes do século XVIII, na maioria, não escaparam de reproduzir em seus escritos a visão da família patriarcal e o papel feminino de passividade, negando-lhe a mesma educação projetada para o homem e deixando-as na escuridão intelectual. Badinter (2003, 68) informa que, no geral, "do século XVII até o fim do século XIX, a mulher erudita é constantemente ridicularizada e tudo se faz para que ela não exista". Fato comprovado pelos anais da história, que testificam que a mulher, ao desempenhar atividades laborais fora de casa, ganhava menos[31]. Embora Fénelon, ainda no século XVII, na obra *As aventuras de Telêmaco*, faça uma descrição de Antíope, a amada do protagonista, de forma a ressaltar sua virtude e sabedoria, não muito diferente das características que Rousseau coloca em Júlia, o autor seiscentista é vencido pela visão de seu tempo e escreve dizendo que a mulher deveria se aplicar a "orar a Deus (...), a se tornar pobre de espírito (...) e a se calar, deixando os outros falarem" (1713, 144). Em seus *Leviatã*, Thomas Hobbes (1983) define a mulher como inferior ao homem e, portanto, é o homem quem deve ser o chefe na constituição da família e da sociedade; John Locke (1996), nos *Dois tratados sobre o governo*, diz que o estatuto de submissão da mulher é decretado por Deus por causa do pecado de Eva e, portanto, são as mulheres naturalmente inferiores; já Montesquieu (1991), nas *Cartas persas*, reconhece que a inferioridade não é natural, mas política e pode ter sido introduzida de forma vantajosa para proteção das mulheres.

Essa última perspectiva adentrou o século seguinte e pode ser encontrada em maior ou menor grau também nos escri-

---

31. De acordo com Sée (*La France économique et sociale Au XVIIIe siècle*, Paris, Armand Colin, 1925), embora houvesse variação salarial conforme a região, em média, as mulheres recebiam 30% menos que os homens.

tos do Barão d'Holbach; na obra de Antoine Léonard Thomas, e até nos escritos de algumas mulheres, como Mme. de Genlis[32], Mme. de Maintenon[33], e a Marquesa de Lambert[34], além da já conhecida produção masculina inglesa nos nomes de David Hume, Adam Smith[35] e Edmund Burke[36]. Rousseau conhecia parte dessa produção e, obviamente, reproduziu a visão geral da que a sociedade de seu tempo ainda guardava da figura feminina: a mulher virtuosa que sabe manter o seu silêncio, cuja ação reverbera sua virtude no silêncio das paixões. Perspectiva que se manteve forte no século seguinte[37] e até mesmo no início do XX, como atesta Gina Lombroso, em *A mulher na sociedade atual*, afirmando: "a verdade é que as mulheres não se interessam pela política, principalmente as mulheres de família, muito ocupadas e preocupadas em distrair suas crianças" (LOMBROSO, 1929, 73). Para ela, as atividades políticas não seriam convenientes à mulher, a qual deveria dedicar-se ao cuidado da família, por ser "superior no mundo das emoções" (LOMBROSO, 1934, 36), repetindo

---

32. Stéphanie-Félicité Du Crest (1746-1830), escritora francesa.

33. Françoise d'Aubigné (1635-1719), nobre francesa, consorte do rei Luis XIV. Fundou em 1684 a Maison Royale de Saint-Louis, um internato para meninas filhas de famílias nobres empobrecidas, fechado em 1793.

34. Anne-Thérèse de Marguenat de Courcelles Lambert (1647-1733), escritora francesa, autora do livro *Avis d'une mere à son fils et à sa fille*, publicado em 1728.

35. Adam Smith (1723-1790), filósofo e economista britânico, nascido na Escócia.

36. Edmund Burke (1729-1797), filósofo e teórico político liberal irlandês. Foi membro do parlamento londrino pelo Partido Whig.

37. Basta lembrar o panfleto de John Stuart Mill (1806-1873), *A sujeição das mulheres*, no qual o autor retoma algumas questões trabalhadas por Wollstonecraft e denuncia: "Todas as mulheres são, desde a mais tenra infância, criadas na crença de que o seu ideal de caráter é diametralmente oposto ao dos homens: não vontade própria e capacidade de governarem autonomamente, mas submissão e rendição ao controle dos outros" (2006, 60).

uma ideia comum no século XVIII de que o homem deve "reinar" na cena pública e a "mulher" reinar na cena privada – tal como aparece no *Emílio*.

Nesse contexto, não sobrava muita perspectiva para as mulheres em termos educacionais e intelectuais. Basta lembrar que, em 1740, quando Rousseau foi preceptor de dois filhos do Sr. de Mably, entre eles havia uma garotinha[38] de sete anos à qual foi negada por seus pais a permissão de pegar as lições com seus irmãos. Salvo alguns casos isolados, como o de Pierre Fresnau[39], que foi um dos primeiros a ensinar a ambos os sexos, não havia escolas ou educação regular pensadas paras as mulheres, a não ser o ensino doméstico em algumas famílias ou as aulas dos conventos. Não é que não existiam escolas, pois algumas pessoas tiveram a iniciativa de abrir as *maisons d'éducation*, em sua própria casa, cujo número passou a ser significante a partir de 1770. Para se ter uma ideia, em 1754 o *Journal du citoyen* listou 33 internatos educacionais funcionando em Paris (Cf. GOODMAN, 2009), uma grande parte deles destinados às moças. Entretanto, o que elas recebiam nesses locais era somente a educação das primeiras letras: o básico da escrita e da leitura, além do catecismo, da aprendizagem da dança, do canto e do cravo. Ou seja, como dizia Mme. de Genlis[40], tais estabelecimentos ensi-

---

38. O Sr. de Mably tinha também uma filha, Catherine Françoise, mas, como diz Cranston (1991b), numa época de discriminação contra a mulher, não se esperava que ela assistisse aulas com seus irmãos.

39. Pierre Fresnau foi um professor francês que, tendo uma filha, abriu a Academia para Crianças de Ambos os Sexos, em Versalhes. Em 1772 publicou seu método e o material pedagógico que desenvolveu. Seu livro leva o título: *ABC ou Jeu des lettres de l'académie des enfants, et recueil de leurs études*. Cf. GOODMAN, Dena, *Becoming a woman in the Age of Letters*, Ithaca and London, Cornell University Press, 2009, 71-72.

40. Caroline-Stéphanie-Félicité, Mme. de Genlis (1746-1830), escritora francesa, autora de romances e de uma teoria educacional para crian-

navam apenas as "prendas domésticas", como a arte de enlaçar fitas, preparando as meninas para o casamento ou o convento. Ou, ainda, como relatam os irmãos Goncourt no livro *La femme au dix-huitième siècle*, "a primeira educação do século XVIII não tende a outra coisa senão corrigir nas meninas toda a vivacidade, o movimento natural e a infância, reprimindo seu caráter e seu corpo" (1862, 10. Tradução livre). Talvez por isso, Mme. de Lambert (1728), mesmo afirmando que a educação das mulheres era um tema negligenciado, tenha aconselhado sua filha a guardar o pudor, a modéstia, a doçura e a fugir das ciências vãs e do belo espírito, não muito adequados ao seu sexo. Além do mais, a própria escola fundada pela Mme. de Maintenon[41], a Maison Royale de Saint-Louis, que funcionou durante quase todo o século XVIII, trazia em seu regulamento, o *Reglemens et usages des classes* (1712), que as jovens "devem inspirar-se com um grande horror ao vício e um grande amor pela virtude [...]. Devem aprender os deveres de uma mulher honesta em sua casa, no que diz respeito ao marido, filhos e servos [...]".

Em resumo, parece notório que a condição da mulher nos setecentos não era favorável a grandes sonhos ou empreendimentos, até porque, na percepção geral, quando nascia uma mulher a família não a recebia com orgulho e festa,

---

ças. Sua crítica se encontra na obra *Discours sur la suppression des couvens de religieuses et sur l'éducation publique des femmes*, publicada em Paris em 1791. Embora sendo amiga e próxima do filósofo, diz em sua obra: "Jamais falei do nome de J.-J. Rousseau que não fosse de forma sentimental e com a expressão da maior admiração (...). Eu o critiquei porque há em seus escritos vários princípios perigosos; mas ao mesmo tempo ninguém sentiu melhor que eu o quanto a infância e os educadores lhe devem o reconhecimento" (Paris, 1791, v).

41. Françoise d'Aubigné era conhecida como marquesa de Maintenon ou Mme. de Maintenon, ou ainda Mme. Scarron, por ter-se casado com o escritor francês Pierre Scarron (1610-1660).

mas com decepção[42]. O século XVIII não era propício ao desenvolvimento do que Badinter (2003) chama de "ambição feminina", pois a ambição era um atributo reservado aos homens, e, quando muito, às mulheres da elite, as quais, segundo Goodman (2009), tiveram o escape da escrita de cartas, da literatura e dos salões[43]. No ambiente dos *philosophes* esse parecia ser um tema que os mesmos evitavam enfrentar e deixar sua opinião bem clara. Exemplo disso é o verbete *Mulher* da *Enciclopédia* (DIDEROT, 2015, 118 - vol. 5), cujo longo e prolixo texto, escrito pelo dramaturgo Desmahis[44], exalta a beleza da mulher, sua ternura e a superioridade de seus encantos, mas limita-se a comentar as desventuras de algumas figuras femininas da literatura, para encerrar com uma visão tradicional de mulher-mãe, consagrada às virtudes domésticas. Outros, porém, chegaram a criticar a condição da mulher-objeto, como o fez Diderot na obra *Sur les femmes*, na qual chega a afirmar que se fosse legislador faria tudo para compensar seus males e, assim, retirá-las de sua escravidão (DIDEROT, 1919); além do polêmico texto[45] do jovem A. L. Thomas, apresentado na Academia em 1771, que tentava defendê-las, e, mesmo assim, foi criticado pelo próprio Diderot,

---

42. "Quand au dix-huitième siècle la femme naît, elle n'est pas reçue dans la vie par la joie d'une famille. Le foyer n'est pas en fête à sa venue; sa naissance ne donne point au coeur des parents l'ivresse d'un triomphe: elle est une bénédiction qu'ils acceptent comme une deception" (Goncourt, *La femme au dix-huitième siècle*, 9).

43. Para a autora (2009, 75), "no geral, os salões de Geoffrin, Lespinasse e Necker formavam a base social da República das Letras do Iluminismo".

44. Joseph-François-Édouard de Corsembleu Sieur de Desmahis (1723-1761), dramaturgo francês amigo de Voltaire e um dos intelectuais a ter contribuído com a *Enciclopédia*.

45. O *Ensaio sobre o caráter, os costumes e o espírito das mulheres em diferentes séculos*.

pela Mme. d'Épinay[46] e por outras mulheres. Segundo os relatos[47], elas diziam que tais elogios as lisonjeavam menos do que as doces e apaixonadas injúrias de Rousseau. Mas o número desses era insignificante, e quase todos, como Diderot, limitavam-se a lampejos críticos, comentários fugazes e declarações bem-intencionadas, sem, contudo, constituírem-se em um tratado sistemático de defesa da mulher. Thomas chegou até criticar a "escravidão doméstica da mulher" (1991, 61), mas afirmou, por outro lado, que as mulheres eram incapazes de sentimentos universais e tinham menos sentimentos de justiça.

No fundo, o que parece é que todos concordavam com John Gregory (1724-1773), o qual escreveu um pequeno texto orientando suas filhas a serem amáveis, piedosas, humildes e a possuir todas as virtudes a fim de arrumar um bom casamento[48]. Ainda que os autores da *Enciclopédia*, a grande obra intelectual do século XVIII, tenham dado grande contribuição para a libertação do homem das amarras da Igreja e da Coroa, pois eram em grande parte republicanos, materialistas e humanistas, não vê neles o mesmo esforço pela emancipação das mulheres. Nem mesmo Voltaire, dotado de espírito crítico e libertino, ousou escrever o suficiente no verbete *Mulher* em seu *Dicionário filosófico*, a não ser alguns comentários sobre as diferenças físicas, além de críticas contra Montesquieu e a poligamia, sem, contudo, tomar ali uma posição clara em defesa da mulher. Sem deixar de mencio-

---

46. Que ela chama de "pomposo palavratório, bem eloquente, um tanto pedante, e muito monótono" que "não chega a nenhuma conclusão" (THOMAS; DIDEROT; ÉPINAY, *O que é uma mulher?*, 135-136).

47. Cf. MARMONTEL, Jean-François, *Mémoires de Marmontel*, Paris, Librarie des bibliophiles, 1891, v. I, 309.

48. GREGORY, John. *A Father's Legacy to His Daughters* [Um legado de um pai para suas filhas]. London: W. Strahan, 1774.

nar que a *Enciclopédia* teve autoria apenas masculina, sem a contribuição direta das mulheres do círculo cultural, como Mme. d'Épinay, que era uma mulher dada às letras, ou Mme. du Châtelet[49], dada às ciências; ou mesmo da condessa de Boufflers[50], da Mlle. Quinault[51], e da Mme. de Graffigny[52]. Todas elas conhecidas e capazes de contribuir com o empreendimento, pois tinham presença marcante nos salões e nos saraus parisienses, quando não eram elas mesmas as donas dos espaços em que os intelectuais se reuniam para seus encontros. Espaços dedicados aos debates, às leituras e aos jogos[53], como o famoso salão da Mme. Geoffrin[54], uma das mais destacadas figuras femininas de Paris, que se colocavam quase ao mesmo nível que os *philosphes*; ou o de Julie de Lespinasse[55],

---

49. Gabrielle Émilie Le Tonnelier de Breteuil, marquesa de Châtelet-Laumont (1706-1749), escritora e cientista francesa que teve, dentre seus relacionamentos amorosos, um caso com Voltaire.

50. Marie-Charlotte Hippolyte de Boufflers (1725-1800), uma "femme de lettres" que se tornou uma das principais anfitriãs nos salões literários. Amiga íntima tanto de Hume quanto de Rousseau, tentou apaziguar os ânimos entre os dois, durante a grande querela entre ambos (Cf. ZARETSKY; SCOTT, *The philosophers' quarrel*).

51. Jeanne Quinault (1699-1783), atriz e dramaturga francesa que dava conselhos aos intelectuais, inclusive a Voltaire e a Rousseau.

52. Françoise d'Issembourg d'Appencourt (1695-1758), autora de várias obras, mas mais famosa pela *Lettres d'une Péruvienne*, publicado em 1747.

53. Como afirma Goodman (Enlightenment Salons. The convergence of Female and Philosophic Ambitions. *Eighteenth-Century Studies*, v. 22, n. 3, Special Issue. The French Revolution in Culture, (1989) 329-350, aqui 333): "O objetivo inicial e principal por trás dos salões era o de satisfazer as necessidades educacionais autodeterminadas das mulheres que os iniciaram".

54. Marie Thérèse Rodet Geoffrin (1699-1777). Patrona do salão que se manteve aberto entre 1749-1777, aproximadamente, recebendo ali os principais iluministas.

55. Jeanne Julie Eleonore de Lespinasse (1732-1776), foi escritora francesa cujo salão funcionou entre 1765 e 1776.

ou ainda o de Mme. Helvétius[56], para citar apenas alguns exemplos. Larrère (2012b, 75) chega a afirmar que é possível "ver nisso uma alusão à ideia, cara a Rousseau, de que a distinção de classes apaga a diferença entre os sexos".

Porém, embora a figura dessas mulheres fosse tão impactante, do ponto de vista estético, seu poder se limitava às influências que exercem sobre os frequentadores de seu espaço, e não em acesso direto ao poder e à ação política de fato. Além do mais, Kingsley Martin (1963) afirma que os verdadeiros debates políticos aconteciam de fato nos salões masculinos, como no de Claude Dupin, no de Alexandre de La Poupelinière e no do Barão d'Holbach. De modo que, casos como a da Mme. de Pompadour[57] eram bem raros e, no geral, as mulheres que tiveram acesso à educação se restringiam à escrita de cartas, inclusive Dena Goodman (2009), na obra *Becoming a woman in the Age of Letters*, identifica uma quantidade considerável de mulheres letradas no século XVIII que tinham esse hábito[58]. Eram mulheres educadas pelas famílias nobres no rigor do conhecimento acadêmico, numa época em que os campos das letras e das artes eram, por assim dizer, dominado pelos homens. Como afirma Badinter (2003,

---

56. Anne-Catherine de Ligniville, Mme. Helvétius (1722-1800), rica parisiense que manteve um salão com o esposo, o filósofo Claude Adrien Helvétius (1715-1771).

57. Jeanne-Antoinette Poisson (1721-1764), marquesa de Pompadour, foi amante do rei Luis XV e deteve tanto poder político a ponto de governar Versalhes em lugar do monarca. Quando Diderot foi preso, em 1749, Rousseau tentou interceder em favor do amigo, escrevendo à Mme. de Pompadour na esperança de que ela o soltasse, como relata nas *Confissões*.

58. Fora do círculo das escritoras conhecidas, outras mulheres adquiriam o hábito da escritura de cartas, notadamente um ofício masculino. Dentre elas, Catherine de Saint-Pierre (1743-1804), Geneviève Randon de Malboissière (1764-1798), Maria-Jeanne (Manon) Phlipon (1754-1793) e Sophie Silvestre (1764-1799).

370), "De Fénelon[59] a Mme. de Genlis, passando por Mme. de Maintenon, à Marquesa de Lambert e Rousseau, os pedagogos perseguiram uma mesma finalidade: formar as meninas para serem futuras esposas, mães e donas de casa". Por isso, é preciso discordar de Damrosch (2005) quando afirma, na introdução da obra *Jean-Jacques Rousseau, Restless genius*, que Rousseau endossou uma visão de subserviência feminina que já estava ultrapassada no seu tempo. Um exemplo de que essa visão não estava ultrapassada é o fato de que o livro do Dr. Gregory foi uma das obras mais populares do século XVIII, com bastante sucesso ainda no século XIX, tanto na Inglaterra como na França, bem como por toda a Europa. Outra obra de sucesso foi o *De l'éducation des filles*, de Fénelon, que defendia a preparação educacional feminina para fins matrimoniais, embora afirme logo de início que "nada é mais negligenciado que a educação das meninas" (FÉNELON, 1713, 1).

Somente no período pós-revolucionário, com a *Declaration des droits de la femme et de la citoyenne*, escrita por Olympe de Gouges e publicada em 1791; e com a *Vindication of the rights of woman*, escrita por Mary Wollstonecraft e publicada em 1792, é que a situação começa a ter mudanças mais significativas, embora já existissem outras críticas bem antes dessas obras, como a comédia *L'École des femmes*[60], de Molière, e antes disso a obra *Le livre de la cité des dames*, da filósofa italiana Cristina de Pisano[61]. E toda essa produção fomentou a *Que-*

---

59. François de Salignac de La Mothe-Fénelon (1651-1715). Teólogo católico, poeta e escritor francês cujas ideias educacionais mesmo conservadoras contrariaram os princípios da Igreja e do Estado.

60. Obra escrita para ser apresentada no Palais-Royal, em 1662, cuja personagem Agnès encarna o desejo feminino de emancipação.

61. Cristina de Pisano (1363-1430), poetisa e filósofa italiana que viveu na França no início do século XV. Criticou a hegemonia masculina

relle des femmes, ou seja, a grande discussão que tomou a Europa sobre se as mulheres deveriam ser ensinadas e o que deveria ser-lhes ensinado. E, nesse contexto, o livro V do *Emílio* veio jogar mais lenha na fogueira, fazendo com que algumas mulheres reagissem criticando a obra do genebrino ou escrevendo seus próprios tratados, como foram os casos de Mlle. d'Espinassy[62], com seu *Essai sur l'éducation des demoiselles*, em 1764; de Mme. d'Épinay com a obra *Les conversations d'Émilie*, em 1774; e de Mme. de Bonnard[63] pela grande quantidade de cartas escritas sobre o tema.

Por um lado, Wollstonecraft (1996), mesmo defendendo os direitos das mulheres, reconhecia que, em seu tempo, elas eram fracas, artificiais e, em muitos casos, minavam o próprio fundamento da virtude e espalhavam a corrupção por toda a sociedade, como resultado da educação que tiveram, que as preparava tão somente para o que os irmãos Goncourt chamaram de *flatterie et gâterie* (lisonja e mimo)[64]. Por outro, seus escritos, juntamente com a produção intelectual de mulheres como Mme. d'Épinay e Mme. du Châtelet, podem ser considerados como as vozes com as quais o estatuto da mulher começa a ganhar mais visibilidade, saindo da sombra na qual se encontrava. Além, é claro, de Olympe de Gouges (1791), em sua *Declaração dos direitos da mulher e da cidadã*, quando diz, logo no primeiro artigo: "A mulher nasce livre e permanece igual ao homem em direitos". Enquanto Mme. d'Épinay foi

---

nas letras e se dedicou à vida literária. Em resposta ao *Cidade de Deus*, de Agostinho, Pisano tenta criar uma urbe simbólica que reconhece a igualdade dos sexos e que valoriza as virtudes femininas.

62. Adelaïde d'Espinassy (?-1777), escritora francesa. Publicou seu livro sem se identificar como autora.

63. Anne Charlotte Sophie de Silvestre (1764-1799).

64. "La gouvernante travaillait à faire de l'enfant une petite personne, mais doucement, avec beaucoup de flatterie et de gâterie" (GONCOURT, *La femme au dix-huitième siècle*, 9).

próxima de Rousseau e compartilhava com ele muitas de suas ideias, como a ideia de religião natural, e Olympe de Gouges[65] tenha considerado o filósofo como um "amigo das mulheres" (OZOUF, 1997, 240), a filósofa inglesa, embora reconhecendo a genialidade de Rousseau, foi mais radical em sua crítica e em quase todas as obras o nome do filósofo aparece como referência de alguém que tenha pensado somente na educação do homem, negligenciando totalmente a educação da mulher, assim como seu papel político na sociedade, ou, então, quando o fez, contribuiu apenas para piorar a situação, como afirma a autora: "Todos os escritores que escreveram sobre o tema da educação e as maneiras das mulheres, de Rousseau ao Dr. Gregory, contribuíram para fazer delas mais artificiais, de caráter fraco e, consequentemente, os mais inúteis membros da sociedade" (WOLLSTONECRAFT, 1996, 21).

Mesmo que chamasse Rousseau de "gênio" (1996, 24), considerando-o como um escritor que possuía uma "caneta mágica" (1996, 13)[66], Wollstonecraft afirma que a mulher rousseauniana é sujeito de uma educação deficiente, cujo objetivo principal é fazê-la submissa, um "insignificante objeto de desejo" (1996, 9), que cai facilmente no regime de opressão. Para ela, o que podemos chamar de "mundo de Sofia" é voltado

---

65. Pseudônimo da dramaturga francesa Marie Gouze (1748-1793), ativista política que se lançou na defesa da democracia e do direito das mulheres, escrevendo várias obras, dentre as quais se destaca a *Declaração dos direitos da mulher e da cidadã*, publicada em 1791.

66. Como fez em sua carta a Edmund Burke (1729-1797), dizendo: "Eu respeito um oponente, mesmo que ele mantenha tenazmente sua opinião com a qual eu não concorde" (WOLLSTONECRAFT, *A vindication of the rights of woman*, 48). Ela concorda com Rousseau em alguns pontos, como na liberdade natural, na artificialidade do teatro, na tensão entre natureza e cultura, entre outros, por isso, esclarece que sua luta não é contra a pessoa de Rousseau, mas "contra as ideias" (WOLLSTONECRAFT, *A vindication of the rights of woman*, 93) com as quais não concorda.

a apetecer o homem e a fazer da mulher um objeto sujeito à vontade dele. Crítica que também vamos encontrar, embora em menor grau, na obra *Les conversations d'Émilie*, escrito por Mme. d'Épinay em forma de diálogo peripatético entre uma garota e sua mãe[67]. No final da vigésima conversação, a mãe afirma que poderá ser censurada por defender uma educação literária a uma menina, mas mesmo assim responde à Émilie, sua filha: "Você não ficará mal-educada e ignorante" (1781, t. 2, 455). Por isso, mesmo não tão reconhecida em seu tempo, Mme. d'Épinay pode ser considerada a precursora das educadoras, quando, ainda nessa obra, diz à filha que ela deve buscar o cultivo do raciocínio e dos conhecimentos úteis e sólidos (ÉPINAY, 1781). Para ela, bem como para Wollstonecraft, enquanto a figura de Emílio simbolizaria as luzes, Sofia estaria nas trevas do conhecimento.

Contra essa crítica, interpreto que, por um lado, as circunstâncias da personagem Sofia, criada por Rousseau para ser a companheira do protagonista Emílio, não poderiam ser restritas a uma condição de "trevas", como foi criticado por Wollstonecraft, porque, ao descrevê-la, Rousseau afirma: "Sofia está instruída dos deveres e direitos de seu sexo e do nosso. Conhece os defeitos dos homens e os vícios das mulheres; conhece também as qualidades, as virtudes contrárias, e tem-nas marcadas no fundo de seu coração" (ROUSSEAU, 1973, 467). Essa e outras passagens demonstram que ela teve

---

[67]. Como informa Badinter (*Émilie, Émilie, A ambição feminina no século XVIII*, São Paulo, Discurso; Duna Dueto; Paz e Terra, 2003, 366), "Louise perseguia um duplo objetivo: traçar o retrato da boa mãe e o retrato do modelo feminino que ela sonhava ver desenvolvido", mas exagera quando diz que: "Mme. d'Épinay se apresenta como uma rival de Rousseau no terreno da pedagogia". N'*As conversações* há, certamente, críticas contra algumas propostas rousseaunianas, mas não uma oposição sistemática ou uma alternativa ao conjunto de ações pedagógicas que compõem o pensamento educacional encontrado no *Emílio*, fazendo dela uma "rival".

uma boa instrução doméstica, inclusive elevada para o padrão da época, além do auxílio do esposo em sua formação cultural e, embora não estivesse no mesmo patamar intelectual de Emílio, sua condição não era jamais a de trevas. Além do mais, a proposta do tratado elaborado por Rousseau era a educação de seu protagonista, e não a da companheira, escolhida somente quase no final da obra, como uma figurante que já havia recebido a educação burguesa de seu tempo. Ao escrever seu tratado de educação, Rousseau trocou inclusive ideias com diversas mulheres, como aconteceu com sua amiga Mme. de Créqui[68], filósofa convidada por ele para que lhe enviasse suas ideias educativas a fim de compor o *Emílio*. De modo que, como afirma Larrère (2012b, 92), "a situação de Sofia é diferente", pois, como mulher, sujeita a uma condição de dependência, sua educação se desenvolve por meio da razão prática e não pela razão sensível, como ocorrido com Emílio. Não era outra a condição de grande parte das mulheres desse século.

Considerando que o romance *Júlia ou a Nova Heloísa* concede mais protagonismo à mulher, a ponto de ser Júlia uma espécie de "primeiro-ministro" da comunidade de Clarens e quase uma "sacerdotisa" do jardim que edificara, no *Emílio* encontramos uma mulher de fato diferente, que nem ao menos gosta de atividades na terra, como trabalhar no jardim ou na horta. Mais do que isso, ela não goza do mesmo protagonismo que Júlia e, embora seja relativamente "bem nascida e de um temperamento naturalmente bom" (ROUSSEAU, 1973, 462), fica à sombra de Emílio e tudo deve fazer para

---

68. Renée-Caroline-Victoire de Froulay de Tessé, marquesa de Créquy de Heymont de Canaples d'Ambrières(1704 ou 1714–1803), foi uma mulher de letras, na França. Lamentavelmente ela recusou o convite de Rousseau.

agradá-lo. Assim, ao secundarizar seu papel no matrimônio[69], Rousseau acaba projetando, segundo Wollstonecraft, uma educação da mulher para o simples conformismo e para que seja o "membro mais inútil da sociedade" (1996, 21):

> Rousseau declara que a mulher nunca deveria, nem por nenhum momento, sentir-se independente, mas antes ser governada pelo medo de exercer sua astúcia natural, fazendo dela uma escrava a fim de torná-la um objeto de desejo mais atraente e uma companheira mais doce para o homem, sempre que ele decidisse relaxar (WOLLSTONECRAFT, 1996, 25).

À primeira vista, o que nos parece, no *Emílio*, é que a realidade de Sofia não passa mesmo disso, ou seja, de um mundo de mera submissão e compromisso às obrigações familiares; e a educação projetada por Rousseau faz dela a dócil companheira sem nenhum papel social. Embora possa ter ideias, dar opiniões e contribuir com a administração do lar, deve ser educada desde cedo para obedecer e sofrer injustiças. Segue-se ainda que Sofia deve saber cantar, dançar e conversar animadamente, sem se preocupar com questões metafísicas ou teológicas: "A arte de pensar não é estranha às mulheres, mas elas não devem interessar-se senão ligeiramente pelas ciências de raciocínio. Sofia tudo concebe, mas retém pouca coisa" (ROUSSEAU, 1973, 502).

---

69. Embora o faça de forma branda e poética, dizendo: "O império da mulher é um império de doçura, de habilidade e de complacência; suas ordens são carinhos, suas ameaças são lágrimas. Ela deve reinar na casa como um ministro de Estado, fazendo com que comandem o que quer fazer. Neste sentido os lares mais felizes são em geral aqueles em que a mulher tem mais autoridade: mas quando ela despreza a voz do chefe, quando quer usurpar os direitos dele e mandar sozinha, o que resulta da desordem é miséria, é escândalo, é desonra" (ROUSSEAU, *Emílio*, 480).

Entretanto, embora a perspectiva rousseauniana não possa fugir muito da crítica feita por Wollstonecraft, em minha opinião houve uma leitura apressada e equivocada do pensamento de Rousseau por parte da filósofa e de todos aqueles que veem na Sofia o projeto rousseauniano de educação da mulher. Malgrado a visão tradicional própria do século XVIII, qual seja a de sujeição da mulher, a da educação para os trabalhos domésticos etc., alguns trechos do *Emílio* e até de outras obras, como *Júlia ou a Nova Heloísa*, podem lançar novas luzes e revelar um filósofo que de alguma forma se distanciou da tendência geral deu seu tempo e que só não militou a causa – tal como o fez a filósofa inglesa – porque sua filosofia é a da condição humana e seu plano de formação é para o "homem" no sentido de ser humano. Ao mesmo tempo que nos deparamos com trechos que poderíamos chamar de machistas, encontramos outros que podem significar o contrário, como o que se segue:

> A relação social dos sexos é admirável. Dessa sociedade resulta uma pessoa moral de que a mulher é o olho e o homem o braço, mas com tal dependência um do outro, que é com o homem que a mulher aprende o que é preciso ver, e com a mulher que o homem aprende o que é preciso fazer. Se a mulher pudesse remontar tanto quanto ela o espírito dos pormenores, sempre independentes um do outro, viveriam numa eterna discórdia e sua associação não poderia subsistir. Mas na harmonia que reina entre ambos tudo tende a um fim comum; não se sabe quem mais se dedica; cada qual segue o impulso do outro; cada qual obedece e ambos são senhores (ROUSSEAU, 1973, 439).

O que se descortina no Livro V é o que Piau-Gillot (1981, 391) chama de "catálogo das características do eterno feminino: timidez, modéstia, pudor" como substrato da mentalidade social desse tempo. Além do mais, a ideia da mulher como propriedade e domínio – e muitas vezes fazendo comparação com a posse da terra – era comum no século XVIII. Mesmo assim, na poética matrimonial rousseauniana, ao desposar Sofia, Emílio não iria simplesmente "amanhar", "semear" e cuidar de sua "propriedade", tal como foi ensinado a fazer quando era criança e recebera um pedaço de terra para lavrar, em forma de acordo contratual com seu dono[70]. Nesse mesmo sentido, enquanto o Sr. de Wolmar pode ser considerado o proprietário legal de Júlia, haja vista o contrato matrimonial estabelecido, e Saint-Preux o possuidor, por ser seu amante e possuir sua alma, no *Emílio* amante e esposo são a mesma pessoa. Por isso Rousseau prefere usar o termo "companheira", logo no início do livro V, a qual precisava "de um amante" (1973, 475). O que pode até reverberar o plano platônico (*A República*) do bom filho, do bom pai, da boa mãe e do bom marido na constituição do Estado.

Por isso e pelos elogios que Rousseau faz às mulheres espartanas e romanas, são equivocadas as observações de Wollstonecraft sobre o "barbarismo" na teoria política de Rousseau; bem como a observação de Badinter (In: THOMAS; DIDEROT; ÉPINAY, 1991) de que a mulher rousseauniana é tola e inculta. Ora, é possível verificar, pelo relato do *Emílio*, que Sofia teve uma das melhores educações de seu tempo, capacitando-a a ajudar no governo da casa de seus pais. Criada "como tesouro" (1973, 482) por eles, em forma de educação doméstica, essa "aluna da natureza" (1973, 482) aprendeu de imediato a ser modesta, bem comportada e até requintada ao seu modo, além de ter desenvolvido os talentos

---

70. Cf. o "Episódio das Favas", no Livro II do *Emílio* (ROUSSEAU, *Emílio*, 85-89).

naturais, como o canto. Bem orientada pela família, Sofia foi levada, contra o costume da época, a escolher o próprio esposo. E, assim, tendo escolhido e sido escolhida "por concordância dos corações" (1973, 493), Sofia contraiu matrimônio e ganhou alguém que fosse capaz de ajudá-la a completar sua formação, como nos relata Jean-Jacques, o preceptor (1973, 501-502): "Sofia gosta de cantar, ele [Emílio] canta com ela (...) ensina música (...) dança com ela (...) afina o cravo para ela (...), dá lição de filosofia, de física, de matemática, de história, de joelhos diante dela, passeia a cavalo com ela para ver as belezas do campo, acompanha-a em seus passeios à pé pelas campinas". Com toda essa formação, como chamar essa mulher de "tola", "inútil" e estar "em trevas"? É certamente um anacronismo e uma interpretação bastante equivocada, ou de má vontade, dos escritos do genebrino. Piau-Gillot (1981, 322) diz: "O modelo ontológico proposto por Rousseau é consistente com o da ideologia dominante"; para logo depois interrogar: "Ele obviamente não é progressista, mas podemos considerá-lo como antifeminista?" Creio que não.

Ao aparecer na fala do preceptor essas nuances da ideologia dominante, há quase sempre um sentido a ser interpretado. Por exemplo, quando o preceptor considera a mulher mais propensa ao desregramento das paixões, é porque notou que Emílio acabou tornando-se um "escravo" do amor-próprio de Sofia, de seus caprichos e desejos e, assim, resolveu separá-los por um período de tempo, para um processo de depuração. Aqui Rousseau explora, bem antes que a romancista inglesa Jane Austen em *Razão e sensibilidade*, os perigos de um relacionamento marcado apenas pela paixão. E para evitar o desenfreamento dessa paixão alimentado pelo amor-próprio, o autor prevê uma fenomenologia da memória que se diferencia da imaginação e da representação criativa. Tomando aqui a perspectiva de Paul Ricoeur (2007), o que há no *Emílio* é um exercício mnemônico, isto é, da *mneme* e não da *anamnesis*. Ou seja, enquanto a *anamnesis* é entendia como um esforço, uma prática da memória para relembrar algo, a *mneme* é uma lembrança-afeto, algo que vem da alma, espontaneamente, causando nostalgia (saudade). Emílio passará por um processo de desenvolvimento da admiração, admirando o presente pela observação sensual do que vê em suas viagens, e o ausente pela memória de sua amada. Algo que nos remete ao *Teeteto*, de Platão, que coloca a admiração como origem da filosofia[71]. Para se evitar os opostos extremos entre a cópia perfeita, o *eikon* (que poderia ser uma imagem de Sofia), e o simulacro ou cópia defeituosa, o *phantasma*, Emílio precisa exercer sua capacidade de reviver os doces momentos que experimentou nos dias de namoro e as virtudes da amada, agora em sua ausência. Memória e admiração são aguçadas com essas viagens. Portanto, o sentido de "escala" (ROUSSEAU, 1973, 542) que é empregado para as medidas das leis políticas das regiões visitadas, deverá tornar-se um instrumento de medida também de seus sentimentos.

Não é à toa que o preceptor faz Emílio ler *Telêmaco*, livro que contém a história do filho de Odisseu que passa os dias buscando na memória a figura de seu pai, que partiu de Ítaca para a guerra. Sofia também leu a obra e deve estar, no contexto da narrativa, como o jovem, contando os dias para a volta de seu herói. O final do livro *Emílio* é bastante conhecido: o casal se une em matrimônio e recebe os conselhos para sua felicidade. Um deles deve ter provocado a ira de Wollstonecraft e de outras mulheres: "Tornando-se vosso marido, Emílio tornou-se vosso chefe; cabe-vos obedecer, as-

---

[71]. "Sócrates – Estou vendo, amigo, que Teodoro não ajuizou erradamente tua natureza, pois a admiração é a verdadeira característica do filósofo. Não tem outra origem a Filosofia" (PLATÃO, *Teeteto, Crátilo*, Belém: EDUFPA, ³2001, 55).

sim o quis a natureza" (ROUSSEAU, 1973, 567), diz o preceptor encerrando sua obra. Se não há aqui um avanço do papel da mulher na sociedade é porque, repito, Sofia representa a mulher e a instrução de seu tempo. Ademais, se Rousseau não concede um papel político nem ao Emílio, como concederia a Sofia?

Quem conhece a obra *Emílio e Sofia ou os solitários* sabe que o casal não viveu feliz para sempre. Talvez a morte de seus pais e a da filha tenha provocado em Sofia a desilusão da vida, levando-a à indiferença. Em busca de preencher o vazio, convenceu Emílio a mudar-se para Paris, contrariando o conselho de Jean-Jacques, o preceptor, e a vontade de seu esposo. O que veio a seguir foram desentendimentos, traição e separação, levando seu mundo a um desfecho bem diferente do fim virtuoso de Júlia. Nada disso, entretanto foi suficiente para uma leitura menos drástica da obra de Rousseau, feita por Wollstonecraft. Penso que a filósofa inglesa não foi justa com Rousseau, nem Badinter (2003) quando diz que ele se levanta contra a pretensão das mulheres de seu tempo de adquirir cultura e saber. Ora, se fosse assim, nem Sofia nem Júlia teriam sido educadas, teriam aprendido o canto, a dança e os demais conhecimentos. Talvez ele tenha sido contrário a essa aquisição como resultado de uma ambição que alimentasse o amor-próprio, à aquisição em termos gerais, criticando por isso as ciências e as artes como alimento da ambição.

A visão de Rousseau é, certamente, conservadora, porque tem como foco a família e os papeis tradicionalmente separados[72]. De modo que ele centra a responsabilidade da mulher dentro das duas esferas de confluência familiar: esposa e mãe. Entretanto, imputar-lhe uma perspectiva misógina é de

---

72. *Discurso sobre a economia política*. Cf. ROUSSEAU, 1964, t. III, 242: "O pai deve comandar a família".

um anacronismo que chega a ser grosseiro. Por isso, como diz Lange (2002), sem uma análise mais aprofundada, considerando o contexto de sua época e a contribuição que possa ter dado ao debate, hoje Rousseau poderia ser facilmente chamado de machista, e seria possível afirmar que seus escritos buscam fundamentar a exclusão das mulheres do mundo político se tomássemos suas afirmações sobre o papel das mulheres na sociedade. Talvez a pior delas seja a afirmação no *Emílio* (1973, 466), de que "a mulher é feita para ceder ao homem e até para suportar a injustiça dele" – algo que pode nos repugnar hoje, mas que era comum na época e defendido pela Igreja, como forma de purificação da mulher.

Rousseau integra a filosofia política e moral de seu tempo que procurava explicar as origens e as razões das diferenças constituintes buscando geralmente as causas na própria natureza: naturalmente homens e mulheres são diferentes. Rousseau reconhece essa diferença, tal como Wollstonecraft, destacando que foi no estágio pré-social, quando da instituição da família, que os papeis foram aos poucos sendo diferenciados. Porém, na base do pensamento rousseauniano, no *Segundo discurso*, por exemplo, a liberdade natural determina uma igualdade natural em que não há qualquer diferença significativa de gênero. A famosa frase da descrição do homem natural: "vejo-o fartando-se sob um carvalho..." (ROUSSEAU, 1999b, 58), bem poderia ser aplicada no feminino: "Vejo-a fartando-se sobre o carvalho...". O encontro furtivo, para satisfação sexual, não gerava nenhum vínculo, nem, tampouco, diferença, subjugação ou domínio: após a cópula, ambos seguiam seus caminhos separados e independentes. Quando aparece a família, embora em forma de uma sociedade natural, destaca-se o poder paterno pelo fato natural de ser fisicamente mais forte que sua esposa e sua prole.

No *Emílio* há um conjunto de preceitos e recomendações para a vida doméstica. As mulheres são incentivadas a amamentarem seus filhos, a serem boas donas de casa e a amarem a seus maridos. Mas não creio que a condição da mulher aí seja só isso, uma vez que o autor abre o prefácio dizendo que a obra tinha sido iniciada para agradar a "uma boa mãe que *sabe pensar*" (grifo meu). Abre-se para ela, portanto, um espaço de influência e condução virtuosa até mesmo social, tal como podemos vislumbrar no caráter de outra personagem, a Nova Heloísa, sobre a comunidade de Clarens. Júlia e o Sr. de Wolmar são, por certo, diferentes na constituição física, no caráter e nas ideias. Mas há no romance uma espécie de igualdade na diferença, uma vez que partilham uma harmonia que também está prevista no *Emílio*. A diferença é que Júlia desenvolve um papel social relevante em sua comunidade. Mesmo assim, como afirma Coulet (1989, 70. Tradução livre), "a mulher não é nada sem o homem, mas o homem não é nada sem a mulher. A complementaridade dos sexos no casal se dá na inferioridade ou na superioridade, mas na condição de dois seres diferentes, iguais em dignidade e indispensáveis um ao outro"[73].

Ou seja, nem Rousseau e nem Wollstonecraft condenaram a ideia de família e de responsabilidades distintas dentro dessa sociedade. Enquanto no pensamento da filósofa inglesa é possível prospectar uma ideia de "consentimento", quando ela diz que a mulher não pode *pela força* ser confinada aos deveres domésticos (1996, 3), em Rousseau a vida pessoal e doméstica goza de uma certa importância social: "Ela deve

---

73. "La femme n'est rien sans l'homme, mais l'homme n'est rien sans la femme et la complémentarité des sexes dans le couple n'est pas celle de l'inférieur et du supérieur, mais celle de deux êtres différents, égaux en dignité et indispensables l'un à l'autre".

reinar na casa como um ministro de Estado" (1973, 480). Perspectiva que consolida em Sofia somente seu reinado doméstico, mas que se amplia em Júlia, que, além de protagonista do romance, é quem realmente administra sua comunidade. Se a mesma situação não é clara no *Emílio*, é questão lógica: Sofia não recebeu a mesma educação proporcionada pelo preceptor do jovem Emílio, nem tampouco por Saint-Preux, o preceptor de Júlia. Ela foi educada pela sociedade na perspectiva da educação francesa tradicional criticada por Rousseau. É preciso lembrar que: "o que Sofia sabe mais a fundo, e que *lhe fizeram aprender* com mais cuidado, são os trabalhos de seu sexo" (1973, 473. Grifo meu). Se essa personagem tivesse triunfado na perspectiva da virtude e da sabedoria e com papel político, seria de fato uma contradição e invalidaria a proposta educativa do Emílio.

Como já foi dito, por um lado, a obra de Rousseau reforça a visão tradicional da relação homem-mulher, herdada da tradição judaico-cristã de destinação da mulher à maternidade e ligada à lógica da complementação do homem, tal como aparece e se desenvolve a figura de Sofia no livro V do *Emílio*. Dessa forma, concordando com Badinter (2003) é preciso dizer que Rousseau não inovou nada nesse ponto. Por outro lado, ele participava ativamente dos salões literários organizados pelas mulheres intelectuais de seu tempo, contribuía com a discussão em torno da educação da mulher, na figura da personagem Júlia, e chegou mesmo a produzir trechos poéticos sobre a mulher. Assim como Rousseau criticava os jardins franceses e a música francesa, criticava também a forma que os franceses tratavam suas mulheres. Nesse sentido, vejo no *Emílio* uma crítica velada e sutil a esse tratamento e à educação feminina. Falando aos franceses, Rousseau disse no *Emílio* (1973, 458): "Infeliz o século em que as mulheres perdem sua ascendência e em que seus juízos não interessam mais os homens! É o último grau da depravação. Todos os povos que tiveram bons costumes respeitaram as mulheres". Não me parece a posição de um machista inveterado, um misógino, como alguns textos sugerem e algumas críticas tentam enquadrar o filósofo de Genebra.

Diante de um quadro sócio-histórico no qual, como disseram Edmond e Jules de Goncourt (1862), que a primeira educação da mulher era para corrigir sua vivacidade e reprimir seu caráter, a educação recebida por Júlia destoa bastante dessa acepção e vai muito além da aprendizagem do catecismo, da música (canto, dança e cravo) e das artes domésticas. Além disso, foi ela quem planejou, construiu e administrou o Eliseu, o exemplar jardim à moda inglesa. Segundo Keith Thomas (1988), o uso da metáfora do jardim tinha suas raízes na tradição clássica, mas com uma dimensão espiritual, religiosa – o que faz de Júlia uma sacerdotisa, alguém que com honestidade, talento, carisma e benevolência (o que se espera de qualquer sacerdote) pode exercer seu domínio. Como o próprio Rousseau afirma no *Emílio* (1973, 461): "mas a mulher a um tempo honesta, amável e circunspecta, a que força os seus a respeitá-la, a que tem reserva e modéstia, em uma palavra a que sustenta o amor pela estima, manda-os a um simples sinal ao fim do mundo, ao combate, à guerra, à morte em o querendo. Este império é belo, parece-me, e vale a pena adquiri-lo"[74].

---

74. Amparando-se na leitura do Livro V do *Emílio*, Pissarra (*Rousseau. A política como exercício pedagógico*, 72) afirma que, quanto a isso, "é difícil aceitar hoje a visão que nosso autor tem das mulheres – embora totalmente de acordo com seu tempo, é bom frisar! A mulher é inferior porque a natureza a fez mais fraca, sendo portanto natural que ela obedeça ao homem. Educada pela ótica masculina – seu pai ou seu marido –, a mulher tem menos liberdade, aceita com mais facilidade a opinião dos outros, é também menos privilegiada intelectualmente".

Se Sofia não teve o mesmo caminho educativo de Júlia é porque, vale repetir, enquanto esta representava o projeto rousseauniano de educação da mulher, a outra representava o sistema de educação doméstica da sociedade francesa de então, nos moldes de Fénelon e de Gregory e dos demais que se lançaram à tarefa de redigir tratados sobre o tema e por eles ficaram tão famosos. Certamente que, segundo Badinter (2003), ao escrever as *Conversações d'Émilie*, numa forma de contraposição à figura de Sofia, Louise d'Épinay rivaliza-se com Rousseau e reproduz em sua obra a mesma relação íntima encontrada entre o educador e o educando do *Emílio*, pela qual provoca na menina um grau de autonomia, responsabilidade e conhecimento. Porém, isso não é muito diferente do que ocorreu com a personagem rousseauniana da *Nova Heloísa*. Mme. d'Épinay estava bastante impregnada da doutrina de Rousseau para fugir dela. Ademais, como poderia colocar-se como rival ou inimiga, se o próprio Rousseau havia lido e, inclusive, aprovado seu texto?

Por fim, o que pretendo dizer é que entre a condição geral de secundaridade e submissão da mulher setecentista, vivendo nas sombras do elemento masculino, e o status de iluminação que Wollstonecraft, de Gouges e até a brasileira Nísia Floresta[75] advogavam, há uma escala na qual Sofia pode ser posicionada no meio termo, nem totalmente nas trevas, nem totalmente na luz. Embora não tenha preeminência sobre o Emílio, por ser este o personagem central do romance e a figura que representa a formação humana conforme Rousseau a concebia, goza de um status que a coloca à frente da maioria das mulheres de seu tempo. De uma forma

---

75. Dionísia Gonçalves Pinto (1810-1885), cujo pseudônimo foi Nísia Floresta, publicou em 1832, em Pernambuco, o que pode ser considerado uma versão livre da obra *A vindication of the rights of woman*, de Wollstonecraft, o *Direito das mulheres e injustiça dos homens*.

ou de outra a perspectiva rousseauniana fomentou o debate tanto na Europa quanto no Brasil, de modo que desde Nísia Floresta, Violeta Leme, Bertha Lutz, entre outras, até hoje estamos a debater o tema. E, concordando com Piau-Gillot (1981), a concepção sexista de Rousseau é superada por um plano maior de formação humana e por suas discussões sobre as mudanças no campo da moral e da política. Há tanto em Júlia quanto em Sofia uma dimensão natural e social que configura antropológica e axiologicamente a mulher no contexto do século XVIII, e não seu estatuto ontológico.

Larrère (2012b, 94) diz: "Sofia não é uma mulher de conhecimento, mas Emílio não é um homem de ciência. A recusa do intelectualismo não pode ser aplicada somente à educação de Sofia". Do mesmo modo, se Sofia não tem papel político na sociedade, Emílio não é um cidadão. Ambos deixaram-se levar pelo desregramento do amor próprio, mas diferente de Sofia, Emílio manteve-se virtuoso mesmo na adversidade, o que era de se esperar, pois ela não fora educada tal como Emílio e, certamente, não pode ser tomada como modelo ou ideal rousseauniano de educação feminina. Seu ideal de educação da mulher está modelado no processo educacional de Saint-Preux, empregado com Júlia[76], e não no que se desenvolve com Sofia, no *Emílio*. Aliás, a corrupção moral de Sofia aponta para o fracasso de sua educação – o que permite uma interpretação de que nela não reside a defesa rousseauniana da educação da mulher, mas sua crítica. Ademais, como ainda salienta Larrère (2012b), na perspectiva de Rousseau não se chega a anular as diferenças por uma igualdade proclamada, mas cultivando-as.

---

76. Como diz Larrère (Locke et Rousseau, La place des femmes, *Annales de la Société Jean-Jacques Rousseau*, t. 50, Paris, Droz, 2012b, 98), "A *Nova Heloísa* é um verdadeiro romance de formação, um *Bildungsroman*, em que, através dos obstáculos que ela encontra, Júlia inventa sua liberdade".

A corrente mais radical, da metade do século XX em diante, condena Rousseau por seu suposto antifeminismo (L'AMINOT, 1995), mas deixa de lado o protagonismo da mulher em sua vida e em seus escritos. Portanto, pode-se acusá-lo de muita coisa, inclusive de misógino, mas, particularmente faço como Sophie d'Houdetot, ao ser questionada em sua velhice sobre o caráter de seu velho amigo: "ele tinha milhares de defeitos, mas desviei minha atenção deles para sua genialidade, bem como ao bem que ele fez à humanidade"[77]. Por isso os irmãos Goncourt o elogiam efusivamente, dizendo, além de outras coisas, que: "O que Voltaire é para o espírito do homem do século XVIII, Rousseau o é para a alma da mulher. Ele a emancipa e a renova"[78] (1862, 190). E, retomando o caso de Galateia, se "o milagre está na substituição de um objeto por uma consciência", como diz Starobinski (1991, 82), posso afirmar que as reflexões de Rousseau, embora ambíguas, ajudaram de alguma forma no processo de conscientização do valor da mulher enquanto um ser-sujeito e não um ser-objeto. Por fim, ao lembrar que em sua vida profissional, como copista de música, não era ele quem fixava os preços, mas era Thérèse, talvez sua afirmação de que nada pudesse ser feito sem as mulheres não se relacionasse apenas a Paris, mas a toda a sua vida e à vida de todos nós.

Comentário
JACIRA DE FREITAS

Obrigada, professor. Gostaria de dizer que fiquei, de fato, bastante surpresa com sua leitura de Rousseau acerca do

---

77. Cf. Cranston (1991b, 61).
78. "Ce que Voltaire est à l'esprit de l'homme au dix-huitième siècle, Rousseau l'est à l'âme de la femme. Il l'émancipe et la renouvelle".

tema, em si bastante complexo e polêmico, como seu texto revela claramente. Nele aparecem as diferentes interpretações sobre a concepção rousseauniana sobre a mulher – as correntes que apoiam ou rejeitam a visão de Rousseau –, considerando-a até mesmo misógina, que é o caso das mais radicais. Enfim, o texto passa por essas várias considerações e interpretações, citando nomes, como de Tanguy L'Aminot, que comenta que, por bem ou por mal, Rousseau teria contribuído sim com o movimento feminista no século XIX e XX, ou a leitura de Badinter, que o considera um antifeminista por excelência. Então, o professor aprofunda essa discussão, levando-nos a acompanhar detalhadamente essas diferentes concepções e experiências de Rousseau com relação às mulheres, buscando compreender em que medida sua visão sobre elas seria ou não influenciada por essas vivências.

Então, a pergunta que está, de algum modo, implicitamente contida no texto é por que tamanha divergência de interpretações? Porque para compreender as noções e os conceitos rousseaunianos, bem como todas as ideias desse genebrino, é imprescindível a consideração da totalidade da obra do autor, tal como o texto nos permite apreender. E essa é, no meu entender, a grande contribuição que seu texto nos traz. Pois mostra as diferentes nuances e as diferentes situações que se encontram nas diferentes aparições da imagem ou da figura da mulher na obra rousseauniana. Por exemplo, temos diferentes sociedades nas quais a figura feminina aparece: a Júlia, como a real governante da comunidade de Clarens, um modelo de comunidade autárquica. Ou seja, na esfera da ficção é possível uma sociedade na qual o papel da mulher, e mesmo sua posição social, tenha relevância e a virtude feminina esteja presente. Temos outra situação no *Emílio*, que é um outro lugar, uma outra sociedade, como bem explorado por você nesse belíssimo texto. Essa outra sociedade, que é Paris, sempre aparece na obra de Rousseau como o lugar da depravação e da degeneração humana, por isso a relação de Emílio e sua esposa se degenera. E, nesse sentido, a mulher não escapa, uma vez que está imersa em uma sociedade na qual os princípios morais foram corrompidos. Mas há, nos primeiros livros do *Emílio*, exemplos de mulheres do povo e sua sabedoria na arte de educar a criança, como no caso do estímulo à linguagem espontânea, às formas de expressão natural, capazes de transmitir de forma transparente os sentimentos e as emoções. Também vale lembrar o exemplo da cidadã espartana, com seu elogio às mulheres das sociedades da antiguidade, intrinsecamente ligado à própria sociedade com a qual vive.

Então, a mulher à qual Rousseau se refere, em grande parte dos escritos, é a mulher das sociedades corrompidas. E quando se retiram essas observações e reflexões de Rousseau sobre a mulher do seu contexto, sem levar em consideração o lugar, faz-se uma leitura um tanto apressada. Até mesmo a *Carta a D'Alembert* nos ensina que há diferentes espetáculos para diferentes públicos, e da mesma forma, a mulher é expressão de cada lugar social em que se insere. Assim, a visão de Rousseau acerca da mulher não se separa da sociedade na qual ela está inserida e, por isso, qualquer crítica mais virulenta às sociedades ocidentais de sua época, em particular a Paris – que representa em escala menor o máximo de corrupção atingido por aquela sociedade –, é também uma crítica à mulher.

Seu texto se refere explicitamente a isso, quando menciona as donas dos espaços onde os intelectuais se reuniam. E, ao final, a análise cuidadosa sobre o mundo de Sofia e de Júlia, a partir das considerações de Cathérine Larrère, reafirma o que foi dito anteriormente. É, pois, uma leitura sofisticada sobre um tema que ainda mantém tantas polêmicas, mas em especial pela não consideração do conjunto da obra, em consequência do julgamento apressado e superficial que deixa, sim, de levar em conta as nuances de uma extensa obra perpassada pela política e pela crítica à sociedade do espetáculo, a sociedade da aparência. Então, a cidadã espartana é uma clara expressão disso. Julie, ou Júlia, a nova Heloísa, desempenha o papel análogo àquele atribuído à mulher na sociedade grega, o do *oikos*, a administração da casa, da propriedade rural e seus servidores, com todas as suas inúmeras e complexas atribuições; o que, no entender de Rousseau, é essencial, já que exprime a possibilidade da manutenção das relações sociais, do aspecto econômico e político, e mesmo da paz social. Uma comunidade com tais características é uma sociedade de pequenas proporções e depende, para sua existência, da atuação firme, mas generosa, dessa mulher. Então, por isso, concordo com a visão geral do tema, sobretudo sobre sua interpretação de Badinter. A visão de Rousseau é, de fato, conservadora, mas imputar-lhe uma perspectiva misógina é, no mínimo, forçado.

De fato, há tanto em Júlia quanto em Sofia uma dimensão natural e social que configura antropológica e axiologicamente a mulher no contexto do século XVIII e não seu estado ontológico. As dimensões natural e social coexistem no ser social, e é isso a grande especificidade da leitura que Rousseau faz da mulher. Cada mulher é resultado da sociedade na qual vive, portanto, não se pode falar de uma mulher em geral sem levar em conta as diferentes obras em que ela aparece. Quer se trate de uma ficção, como o *Emílio*, ou de uma obra no nível do dever ser, como o *Contrato Social*, quer se trate de análises e reflexões feitas por Rousseau a partir do mundo sócio-histórico, da realidade que vivenciou, tecendo suas considerações acerca da vida na sociedade real, como em Paris – a sociedade que ele considera tão corrompida –, a visão sobre a mulher dessa sociedade não se diferencia da visão que se tem dessa mesma sociedade, na qual ela se encontra inserida.

São essas as minhas considerações. Gostei muito do texto, aprendi muito com ele e agradeço.

Resposta

Eu que a agradeço. Lembro-me, inclusive, que já discutimos sobre esse assunto em encontro realizado no Paraná, quando apresentei um texto, e depois em São Paulo, quando comparei as leituras de Mary Wollstonecraft e Rousseau. A junção dos dois foi publicada em forma artigo por uma revista[79]. Ou seja, por esses dois textos, já tivemos a oportunidade de conversar e reafirmo que essas leituras me parecem claras, e acho interessante como, por outro lado, essa interpretação de um Rousseau machista se perpetua – fato que constantemente ouço de várias pessoas. Muitos não se dão o trabalho de ler toda a obra e se equivocam, como no caso do abandono dos filhos, do conceito de propriedade etc., então eu me pergunto: por que não se dedicam primeiro a uma leitura mais aprofundada, para depois emitir um parecer consolidado, teoricamente respaldado? Isso reafirma a fala de Salinas Fortes de que todo mundo se acho preparado a interpretar Rousseau[80], embora digam coisas absurdas. Portanto, espero que esta conferência sirva para divulgar essa nossa leitura, a qual considero mais sensata.

---

79. Cf. Paiva, Wilson Alves de, A questão da mulher em Rousseau e as críticas de Mary Wollstonecraft, *Revista Ethic@*, Florianópolis, v. 18, n. 3 (2019) 357-380. Disponível em: <https://periodicos.ufsc.br/index.php/ethic/article/view/1677-2954.2019v18n3p357/42719>.

80. "Rousseau é, por excelência, o autor sobre o qual todo mundo se julga apto a discutir, sem se dar ao trabalho de ler de fato sua obra" (Salinas Fortes, Luiz Roberto, *Rousseau, O bom selvagem*, São Paulo, FTD, 1989, 8).

Oitava conferência
A ESTÁTUA DE GLAUCO
O desvelamento e a renovação da figura

Todo pensador passa por um processo de amadurecimento intelectual. Suas ideias iniciais podem variar um pouco, evoluir ou mesmo mudar completamente. De modo que as últimas obras de um escritor são, obviamente, a demonstração de sua maturidade. E, nesse processo, para evitar a contradição, alguns até desconsideram o que escreveram antes, procurando justificar suas motivações. Se não o fazem, cabe aos seus intérpretes encontrar as nuances e as particularidades que evidenciam esse processo, bem como articular as relações significativas para melhor compreender a coerência interna e, se possível, a unidade de seu pensamento. É o caso de Rousseau. Ele mesmo confessa ter escrito obras frágeis e até medíocres[1], dignas de serem queimadas. O que é compreensível, pois como começou a escrever muito cedo, dificilmente não teria algo a alterar e complementar com a maturidade, ou a interpretar à luz de seus escritos posteriores, ou à luz das

---
1. "De tempos a tempos faço alguns versos medíocres" (ROUSSEAU, *Confissões*, 169).

análises de seus intérpretes, aos quais sobra a árdua tarefa de explicar suas ambiguidades, aporias e paradoxos.

Contra a ideia de incoerência e contradição na obra de Rousseau, uma das vozes a se erguer em sua defesa foi a do crítico literário romeno Basil Munteano[2], que afirmava ser o filósofo genebrino um homem duplo e contraditório, mas consciente de suas contradições, inclusive gostando delas. Segundo ele, Rousseau refletia sobre elas e as provocava deliberadamente, pois a condição era para ele um método de conhecimento. Muitas outras vozes se levantaram e, no cômputo geral, é possível resumi-las na compreensão de que o que há em Rousseau é, na verdade, a síntese das dicotomias existentes no século XVIII (BERLIN, 2013), principalmente quando colocamos de um lado sua produção lógica, racional e normativa, que traduz a tendência civilizadora do Iluminismo, e, de outro, sua produção literária, que traduz o remanescente lirismo barroco e o próprio rococó[3] francês, bem como o sentimento naturalista pré-romântico, de valorização das emoções e da introspecção melancólica.

Percebe-se em seus escritos "a expressão de um ritmo existencial" (PRADO JR., 2008, 52) que conjuga as típicas contradições de sua época numa singularidade de pensamento e numa unidade interpretativa. Sem a compreensão

---

2. Cf. MUNTEANO, Basil, *Solitude et contradictions de Jean-Jacques Rousseau*, Paris, A.G.Nizel, 1975.

3. Do francês *rocaille*, seixo, pequena pedra ou concha. Movimento estético do século XVIII e XIX que se levantou contra a suntuosidade do gótico e do barroco e buscou nas curvas e na assimetria as formas de manifestar, de forma mais leve a delicadeza a sensualidade em suas diversas manifestações artísticas. Como diz Carpeaux (*História da Literatura Ocidental*, v. III, 1019): "O Rococó contém, no germe, o século XVIII inteiro com suas consequências". Na música, o termo mais apropriado é o "galante", como a peça de Rousseau, *As musas galantes*, ou a ária "L'amour croît s'il s'inquiète", da ópera *Le devin du village*.

desse aspecto, ficamos à deriva na efluência de sua filosofia e afogamo-nos na liquidez das aparentes contradições. Um exemplo disso é a perspectiva sobre a desigualdade. Enquanto sua *Épître à monsieur Parisot*[4] (O.C., t. II, 1136-1144), escrita entre 1741 a 1742, afirma que não seria bom que houvesse menos desigualdade na vida social, o *Segundo discurso*, escrito mais de dez anos depois, a denunciará de forma veemente. Outro exemplo é o *Projet pour l'éducation de monsieur de Sainte-Marie* (O.C., t. IV, 35-51), escrito no final de 1740, no qual Rousseau recomenda que o tutor deve exercitar o raciocínio com a criança, tal como John Locke[5] defendia; e, no *Emílio*, o autor criticará o filósofo inglês e afirmará que o que se deve colocar em evidência é o desenvolvimento da sensibilidade, não o do raciocínio. O Rousseau do *Contrato social* não parece ser o mesmo Rousseau da *Nova Heloísa*, nem nos argumentos, nem no estilo da escrita, pois seu tratado político, cuja importância evoca a necessidade da natureza documental, como escritura, tem uma estrutura retórica quase para ser declamada; seu romance epistolar, de natureza mais parlatória, segue uma rígida escrita descritiva. E, por fim, no *Emílio*, no trecho *A profissão de fé do vigário saboiano*, salta aos olhos um dualismo psicológico, no qual a consciência é tida como natural ao mesmo tempo que implica julgamento de nossas ações. Além da quase afirmação de uma sociabilidade

---

4. Gabriel Parisot (1680-1762), cirurgião, membro da Academia de Lyon.

5. John Locke (1632-1704), filósofo inglês, afirma em seu livro *Some thoughts concerning education*: "Raciocínio – Pode-se maravilhar que mencionei o raciocínio com as crianças, e ainda penso ser o caminho correto de lidar com elas. Elas o desenvolvem tão cedo quanto a linguagem e não deixo de observar que elas amam serem tratadas como criaturas racionais, mais cedo do que se imagina" (Mineola, New York, Dover, 2017, 64. Tradução livre).

humana natural[6] que, indubitavelmente, rema contra a corrente de sua filosofia.

Por esses e outros exemplos é possível detectar a evolução de suas ideias. Porém, tal aspecto não caracteriza uma ruptura radical ou uma contradição irremediável, capaz de comprometer a unidade de seu pensamento[7]. Essa questão, que sempre voltamos a ela, é defendida por alguns comentadores, como Ernst Cassirer (1874-1945), grande estudioso da obra rousseauniana que defendeu diante da Sociedade Francesa de Filosofia, em 1920[8], que há realmente uma coerência interna e uma unidade no pensamento de Rousseau. O próprio genebrino afirma na *Carta a Christophe de Beaumont*: "Escrevi sobre diversos assuntos, mas sempre nos mesmos princípios: sempre a mesma moral, a mesma crença, as mesmas máximas e, se quiserem, as mesmas opiniões". De modo que o ponto de vista da unidade foi adotado por outros estudiosos, como Robert Derathé, na obra *L'unité de la pensée de Jean-Jacques Rousseau*; além de outras tantas, como a *Pensée de Rousseau*, cole-

---

6. Cf. ROUSSEAU, *Emílio*, 331; O.C., t. IV, 600: "Mas se, como não se pode pôr em dúvida, o homem é sociável por sua natureza, ou ao menos feito para sê-lo, ele só o pode ser através de outros sentimentos inatos, relativos à sua espécie; pois, em se considerando unicamente a necessidade física, ela deve certamente dispersar os homens ao invés de aproximá-los".

7. Para Melzer (1998), o pensamento de Rousseau é de fato contraditório. Opinião da qual discordo e reafirmo minha leitura de que em vez de contradição é preciso falar em paradoxo. Seu pensamento é paradoxal, bipolar, e conjuga, ao final, os dois polos em uma unidade. Concordo com com Imbert (*Contradiction et altération chez J.-J. Rousseau*, Paris, Montréal, L'Harmattan, 1997, 7. Tradução livre) que diz logo na introdução de seu livro *Contradiction et altération chez J.-J. Rousseau*, que "em Rousseau a contradição se manifesta como um processo de união dos contrários".

8. Na reunião consagrada a discutir a unidade do pensamento de Rousseau, realizada em 27 de fevereiro de 1932, Cassirer buscou interpretar essa unidade à luz da filosofia kantiana, com foco na liberdade moral, enquanto outros, como Victor Basch, salientaram que a "alma" do pensamento de Rousseau está na natureza sensível e sensual, no sentimento.

tânea de Bénichou e outros, editada em 1984; o texto *L´unité du rousseauisme*, de Yves Vargas, inserido na obra *Penser Rousseau*, organizado por L'Aminot (2005); bem como no famoso texto de Starobinski (1976) *Jean-Jacques Rousseau la transparence et l'obstacle*, no qual o autor comenta a ideia de "sistema". Ou seja, todos defendem que para entender o rousseauísmo em sua unidade é preciso levar em conta o "coração", isto é, o sentido geral, cujas ideias reunidas formam o núcleo que dá vida e sustenta todo o sistema filosófico de Rousseau, por mais contraditório ou paradoxal que possa parecer.

Na visão de Vargas (1997), essa coerência ou unidade do pensamento de Rousseau é polissêmica e aberta, permitindo múltiplas interpretações nos momentos de silêncio, quando a escrita não é suficiente, deixando ao leitor a tarefa de completar essa falha, ou juntar as peças desse quebra-cabeça. E, para Prado Jr. (2008), todo o ecletismo rousseauniano se unifica em sua retórica, a qual funde sua literatura com sua filosofia e sintetiza os veios paradoxais que, às vezes, confundem os marinheiros de primeira viagem. Por isso, já pedindo desculpas, o autor do *Emílio* suplica: "Perdoai meus paradoxos; é preciso fazê-los quando se reflete; prefiro ainda ser homem a paradoxos do que homem a preconceitos" (ROUSSEAU, 1973, 79). Nisso se compreende que, como uma bateria que possui dois polos constituintes, a filosofia de Rousseau se organiza de forma bipolar (nada a ver com a patologia do transtorno bipolar), sempre fundamentada em seus binômios, que, de forma geral, resumem sempre a relação dialética[9] entre a natureza e

---

9. Starobinski, em *L'oeil vivant* (Paris, Gallimard, 1961) fala da bipolaridade na obra de Rousseau, sendo uma bipolaridade que não se trata de uma balança entre dois termos antitéticos, pois segundo ele, face ao mesmo problema, Rousseau recorre alternadamente à retórica da antítese ou à da dialética da superação. Já o termo "dialética" não é unívoco e possui diferentes significados, conforme o autor. Em Rousseau é claro o

a cultura. Mais do que isso, sua filosofia inverte os polos ao apostar no suplemento[10] como possibilidade de retorno do originário; do simulacro que retoma seu modelo; e, por fim, do veneno que indica as possibilidades de seu remédio[11].

Outra análise bastante válida para esta reflexão é o trabalho de Georges Snyders *La pédagogie en France aux XVIIe et XVIIIe siècles*, em que o autor procura apontar um caráter conciliador do pensamento de Rousseau, oferecendo uma

---

sentido metodológico da dicotomia, mas também de síntese dos opostos, ainda que numa constante determinação recíproca entre eles. Embora esse sentido de síntese tenha sido desenvolvido por Hegel (1770-1831), já está presente de certa forma no pensamento de Rousseau, quando a conjugação dos binômios indica uma superação sintetizadora, como é o caso do *Emílio*. Salinas Fortes (*Paradoxo do espetáculo*, 24) diz que ao acompanharmos de perto a evolução de Emílio, é possível perceber que a metáfora desse texto "funciona como uma verdadeira alavanca pedagógica e como um paradigma essencial a organizar o 'sistema' na sua totalidade". Ele diz ainda (*Paradoxo do espetáculo*, 43, nota 4) que essa "dialética" serve ao uso "prático" da razão em sociedade. Essa leitura não é nova, pois Félix Bovet (1824-1903), um editor suíço, escreveu na introdução de sua edição do *Discours sur les richesses*, de Rousseau, que "o calor do coração do homem sincero e o fulgor do reformador convencido da infalibilidade de sua *dialética*, fazem chocar as antíteses e jorrar os paradoxos" (Paris-Nêchautel, Chez Charles Reinwald, 1853, 5. Tradução livre. Grifo meu).

10. "O conceito de suplemento – que aqui determina o de imagem representativa – abriga nele duas significações cuja coabitação é tão estranha quanto necessária. O suplemento, acrescenta-se, é um excesso, uma plenitude enriquecendo um outra plenitude, a *culminação* da presença. Ele cumula e acumula a presença. É assim que arte, a *tekhné*, a imagem, a representação, a convenção etc., vem como suplemento da natureza e são ricas de toda esta função de culminação. Esta espécie de suplementaridade determina, de uma certa maneira, todas as oposições conceituais nas quais Rousseau inscreve a noção de natureza na medida em que deveria bastar-se a si mesma" (Derrida, *Gramatologia*, 177-178).

11. "E é assim que as artes e as ciências, depois de terem feito eclodir os vícios, são necessárias para impedi-los de se tornarem em crimes; elas cobrem pelo menos com um verniz que não permite que o veneno se exale tão livremente. Destroem a virtude, mas preservam o simulacro público, que é sempre uma bela coisa" (O.C., t. II, 972. Tradução livre).

contribuição ao debate sobre a superação da antinomia aqui citada. Para ele, Rousseau realiza uma síntese entre o velho e o novo[12], em termos da evolução do pensamento político, realizando também uma síntese entre as ideias tradicionais comuns à pedagogia setecentista e os ideais de uma pedagogia nova que eclodiram nos séculos XVIII e XIX. Por isso, para Gadotti (2002), ele é o "divisor de águas entre a velha e a nova escola", colocando-se contra toda uma tradição cujo reflexo era a obra pedagógica dos jesuítas[13]. Suchodolski (2000) chega a afirmar mesmo que Rousseau inaugura uma visão mais existencial da pedagogia; e Cambi (1999) o classifica como o "pai da pedagogia moderna". Os elogios desses autores não são voltados apenas à especificidade da infância, mas também à síntese que o genebrino opera entre as correntes tradicionais e os movimentos novos no campo pedagógico.

---

12. Opinião que Derathé parece compartilhar. Para este (*Jean-Jacques Rousseau et la science politique de son temps*, 377), por mais original que Rousseau tenha sido, inaugurando mesmo uma nova era para a filosofia política, como qualquer outro escritor não pode romper totalmente com o passado. Um exemplo disso é quando Rousseau afirma, no *Contrato Social* (Livro IV, Cap. II), que "Existe uma única lei que, pela sua natureza, exige consentimento unânime – é o pacto social, por ser a associação civil o mais voluntário dos atos deste mundo. Todo homem, tendo nascido livre e senhor de si mesmo, ninguém pode, a nenhum pretexto imaginável, sujeitá-lo sem o seu consentimento. Afirmar que o filho de um escravo nasce escravo é afirmar que não nasce homem". Fórmula brilhante que, segundo Derathé (*Jean-Jacques Rousseau et la science politique de son temps*, 379), já se encontra em Pufendorf e Burlamaqui.

13. À frente dessa tradição estão os jesuítas, que rejeitaram o *Emílio* e se manifestaram contra ele no periódico da Ordem, *Journal de Trévoux*, classificando-o como um tratado quimérico de educação (*Jean-Jacques Rousseau et la science politique de son temps*, 22) e uma obra perniciosa porque valorizava a espontaneidade da criança e a bondade natural. Além dos jesuítas, os oratorianos, os jansenistas e um grande número de pedagogos também viam o ato educacional pela mesma perspectiva, ou seja, como instrução.

Essa síntese ou conciliação de tendências perpassa as práticas pedagógicas e abrange o âmbito mesmo da vida social, num esforço de superar o conflito entre uma visão de mundo que, influenciada pela religião, enxergava no homem a corrupção original, e outra que, ao contrário, depositava uma confiança excessiva no homem e uma esperança no processo civilizador típicas dos intelectuais do século XVIII, como aponta Carlota Boto (2017)[14].

A análise sintetizadora de Rousseau é *sui generis*, pois ao mesmo tempo que destoa do discurso dos *philosophes*, apontando as fissuras do processo, sinaliza as possibilidades de seu tratamento. Diante do naufrágio da condição humana e da desfiguração do sujeito em sua identidade natural, é possível pensar no resgate da alma original, que permanece indestrutível no meio dos destroços, embora envolta por camadas que a maculam, tal como aconteceu com a estátua de Glauco, "que o tempo, o mar e as intempéries tinham desfigurado de modo que se assemelhava mais a um animal feroz do que a um deus" (O.C., t. II, 972. Tradução livre), velado pela escuridão das águas. Ou seja, a alma foi alterada por suas próprias paixões ao ponto de se tornar quase irreconhecível, pois "em lugar dessa simplicidade celeste e majestosa com a qual seu autor a tinha marcado, não se encontra senão o contraste disforme entre a paixão que crê raciocinar e o entendimento delirante" (O.C., t. II, 972. Tradução livre). Malgrado a desfiguração, podemos verificar que na metáfora utilizada por Rousseau aparece um *quase* que nos ajuda a entender sua

---

14. "Não eram homens políticos, mas eram sujeitos da política. Os políticos de seu tempo os ouviam e os ecoavam. Defendiam as próprias ideias, procuravam ver à frente de seu tempo e eram, fundamentalmente, intérpretes da história, da política e do Estado. Como tal, agiam também como formuladores de políticas públicas. Por essas razões, foram eles os arautos da modernidade" (Boto, *Instrução pública e projeto civilizador*, 16).

perspectiva: O homem – como a estátua do deus citado – mudou sua aparência "a ponto de tornar-se *quase* irreconhecível" (grifo meu), mas não a ponto de perder totalmente seus traços característicos. Isso quer dizer que a situação não está perdida, uma vez que a desfiguração não foi completa, logo, restando algumas nuances que permitam reconhecer um pouco de sua figura original, torna-se possível um processo de desocultação e desvelamento e, em seguida, a ação de reconfigurá-la, valendo-se das características originais e agregando outras necessárias para o êxito do empreendimento.

Tal alegoria é dotada de um otimismo[15] humanista que não vê o homem com os mesmos olhos da Igreja, isto é, como um ser intrinsecamente perdido no pecado. Mesmo porque a hipótese antropológica do *Segundo discurso* comporta uma ideia de progresso do espírito que resulta na depravação moral, mas por acidente de percurso; o aperfeiçoamento das faculdades pode corresponder a um melhoramento da condição humana se for bem encaminhado, mas não leva necessariamente à corrupção do gênero humano. Pois, ao retomar a figura platônica da estátua de Glauco[16] como metáfora da condição humana,

---

15. Starobinski (*Jean-Jacques Rousseau, A transparência e o obstáculo*, 84. Grifo do autor) diz: "Não encontramos esse realismo otimista em Rousseau salvo quando ele espera encontrar, sob as máscaras, um fato humano, uma realidade moral; Rousseau trabalha no desvelamento de uma *natureza humana*". Costa (*Rousseau e a origem do mal*, Dissertação de Mestrado em Filosofia, Salvador, UFBA, 2005, 79) diz que "um certo otimismo é uma consequência importante nesse pensamento de Rousseau sobre como se passa a vida humana: mesmo que os indivíduos tenham conseguida tornar más as suas vidas, esses males estão providencialmente impedidos de se agigantarem a ponto de tornar a vida em geral um mal".

16. O nome Glauco deriva do adjetivo grego *glaûkos* (Γλαύκος) que significa cintilante, resplandecente e o que possui a cor do mar, para uns o "azul do mar" (Brandão, *Dicionário mítico-etimológico*) e para outros é "verde-mar" (Kerény, *A mitologia dos gregos*). Há alguns heróis com esse nome, mas quando Rousseau o menciona, está, certamente, referindo-se à divin-

Rousseau coloca o problema da seguinte forma: o homem, assim como a imagem do deus marinho, está desfigurado em sua condição civil, a qual impôs o que Audi (2014) chamou de "tribunal da representação", pela qual um mar de vícios e uma intempérie de paixões arrancaram os traços originais, de forma que o homem civilizado se aproximou mais da aparência de monstro que da romântica figura do bom selvagem. E, como diz Starobinski (1991, 27), a análise de Rousseau quanto a essa questão hesita entre duas posições. Uma que denuncia a completa desfiguração da imagem de Glauco, o que significaria aí a degeneração da alma humana ao ponto de não se ter a menor possibilidade de recuperação de sua constituição original; e outra que sustenta que a beleza primitiva se encontra velada, ocultada pelos artifícios da espetacularização social, mas preservada intacta em sua formosura original. Dentre as duas posições, "Rousseau sustenta ambas, alternadamente, e por vezes mesmo simultaneamente".

Assim como o Eliseu, o jardim de Júlia, a alegoria de Glauco serve aos propósitos da análise da reconfiguração do humano, pois o processo histórico agregou os homens mas arrancou-lhes os traços de sua originalidade. Sem esses atributos, o homem acabou alterado pelas condições sociais que aceleraram seu aperfeiçoamento em sentido contrário à sua

---

dade marinha. Segundo a mitologia grega, Glauco nasceu mortal, filho de um humano com uma ninfa, mas ao ingerir uma erva mágica, recebeu a imortalidade das deusas do mar e passou a habitar o mundo marítimo, na condição de um deus. Platão, em *A República*, escreve assim: "O que dissemos da alma é verdadeiro em relação ao seu estado presente. Por isso, a vimos no estado em que poderíamos ver Glauco, o Marinheiro: teríamos muita dificuldade em reconhecer a sua natureza primitiva, porque as antigas partes do seu corpo foram umas partidas, outras gastas e totalmente desfiguradas pelas águas, e formaram-se partes novas, compostas por conchas, algas e seixos. Também vemos assim a alma, desfigurada por mil males" (PLATÃO, *A República*, 342).

primeira constituição. Desfigurado, quase irreconhecível, restam-lhe alguns traços da divina face e da beleza que sua condição lhe proporcionava. Se a causa não é perdida, uma busca intensa, levada por impulsos nobres, pode possibilitar um resgate, pois, podemos refletir como fez Platão (2004, 342): "Se, levada por um nobre impulso, se erguesse do mar em que agora se encontra e sacudisse as pedras e as conchas que a cobrem, (...) aí então seria possível ver sua verdadeira natureza".

Da mirada otimista à realidade prática muitas questões podem ser levantadas. Uma delas, talvez a principal, é: como resolver a antinomia da formação humana com vistas a atender às necessidades sociais e, ao mesmo tempo, salvar os traços originais da natureza humana? O grande problema da vida social, bem denunciado por Rousseau, é que no desenvolvimento do processo cultural, precisamente representativo, o homem tomou gosto pelo prestígio e desenvolveu um *pathos*[17] extremamente desagregador e personalista para a vida em sociedade, que podemos chamar de síndrome da espetacularização. Todos querem ser objeto de espetáculo porque o prestígio traz consigo o reconhecimento, o privilégio, a bajulação, a riqueza, o conforto, o luxo e a glória pessoal. Bem longe da ação de exteriorizar-se e imaginar-se no lugar do outro, movido pela faculdade da compaixão, o comediante que atua no campo da representação política coloca-se no lugar do outro no sentido de usurpar-lhe o direito.

Malgrado haver escrito a comédia *Narciso ou o amante de si mesmo* com apenas dezoito anos, Rousseau já concebia essa compreensão. Como afirma Salinas Fortes (1997, 172. Grifo

---

17. Palavra grega(πάθος) que significa sofrimento, paixão ou uma condição que evoca dor e estado doentio. Nos princípios da persuasão de Aristóteles (*Ethos, Logos* e *Pathos*), o *pathos* é o tom do discurso que busca gerar uma emoção no ouvinte (ARISTÓTELES, *Arte Retórica e Arte Poética*, Rio de Janeiro, Tecnoprint, 1985).

do autor), "o narcisista de Jean-Jacques realiza o comediante: mascara-se, traveste-se, brilha pela aparência e vive um personagem, que, neste caso, é apenas uma idealização de si, Ego ideal, eu supervalorizado". De modo que a ordem social é, então, um espetáculo enganoso, que em vez de unir as pessoas acaba por separá-las, interpondo o fenômeno, o parecer. De que servem as luzes da ribalta? Tão somente para ofuscar o público e iluminar as máscaras. O brilho das artes, das ciências e do conhecimento em geral ressalta o colorido do artifício e a realidade quimérica que o teatro proporciona. Tomando, pois, sua função social, o teatro se opõe ao caráter democrático de uma agregação espontânea, como a festa popular[18], e emudece a massa dos cidadãos, desagregando-os em sua unidade.

Na tentativa de juntar as metáforas que ilustram o projeto formativo de Rousseau, quais sejam a do jardim, a do teatro e a do deus, podemos dizer que cultivar a planta do jardim rousseauniano significa deixar que ela cresça naturalmente, impedindo que as influências maléficas possam alterar sua constituição original. No entanto, como esse jardim não é mais o primitivo, mas um jardim tal como o Eliseu, edificado pelas mãos humanas, trata-se de um empenho que consiga fazer algo muito mais significativo ao homem que as ar-

---

18. Uma reação explícita aos espetáculos do teatro francês de seu tempo, o tema das festas populares, desenvolvido por Rousseau nas *Considerações sobre o governo da Polônia*, na *Nova Heloísa* e na *Carta a D'Alembert*, acusa a pompa e o formalismo que traduz o jogo da dissimulação e da aparência existente na sociedade. Essencialmente política, a ideia da festa popular prima pela informalidade, espontaneidade e pela participação coletiva. Nela, a realização é comum, favorecendo que os grupos superem suas diferenças sociais, criando um vínculo afetivo importante na formação do espírito de coletividade e de pátria, como possibilidade de reconstituição de sua unidade perdida (FREITAS, Jacira de, *Política e festa popular em Rousseau, A recusa da representação*, São Paulo, Humanitas, 2003).

tes teatrais poderiam promover, tal como a diversão pública ou mesmo um processo catártico, desde que seja longe dos palcos. Em vez de um espetáculo enganoso, desfigurador, o trabalho formativo deve ter o ideal da festa popular, em que as relações humanas são mais simples, mais diretas e sem espetacularização.

Pela análise que Rousseau faz em suas obras, podemos dizer que o mundo virou um teatro grotesco, repleto de comediantes, bufões e farsantes, cujas máscaras desfiguraram sua aparência, deixando sua índole marcada pelo destaque que o papel lhes proporcionava. Infelizmente o disfarce não melhorou a aparência humana: pelo contrário, desfigurou os traços que a Natureza lhe deu. Por isso, uma vez que o estado primitivo não retorna, e o homem vive no estado de sociedade, é preciso considerar que todo o projeto e toda a reflexão em torno desse objetivo precisa levar em conta dois aspectos importantes: primeiro, que deve ser um processo cultural, que lance mão das ciências e das artes para melhor conduzir seu melhoramento, até mesmo para poder curar o mal que provocaram; segundo, que é um processo político, que tende a ampliar a visibilidade não por uma questão de riqueza, honraria ou força, mas pelas virtudes necessárias à convivência, à igualdade e à liberdade no meio social; além, é claro, de ser um processo pedagógico.

Por isso o *Emílio* é a Galateia de Rousseau[19], cuja beleza serve como parâmetro para outra estátua, a hedionda figura de Glauco. Do desvelamento à restauração, o caminho a ser percorrido é o da educação negativa, fazendo desvelar a própria consciência[20] para que ela atue no pleno convívio social,

---

19. "Emile was Rousseau's Galatea" (SHKLAR, *Men & citizens*, 59).
20. "Consciência, consciência! Instinto divino, voz imortal e celestial, guia seguro do ser que é ignorante e limitado mas inteligente e livre; juiz infalível do bem e do mal que torna o homem semelhante a Deus; és tu

isto é, na presença, alimentada pelos movimentos da vida sensitiva. Nessa perspectiva, dentre tantos tratados de educação escritos no século XVII e XVIII[21], o *Emílio* aparece como uma tentativa audaciosa e apaixonada de discutir tanto o problema da infância, em todos os seus processos pedagógicos, quanto o da formação humana como um todo[22], principalmente se considerarmos que a obra prefigura a tarefa de fazer do homem um ser autônomo e livre, devidamente preparado para opor-se ao estado de depravação ao qual a humanidade chegou, resistindo o máximo possível à influência das paixões, dos vícios e às falsas soluções que podem aparecer[23]. Se isso é possível, a obra então se revela como uma

---

que fazes a excelência de sua natureza e a moralidade de suas ações. Sem ti, nada sinto em mim que me eleve acima dos animais, além do triste privilégio de me conduzir de erro em erro, com a ajuda de um entendimento sem regra e de uma razão sem princípio" (ROUSSEAU, *Emílio*, 331).

21. Cf. Py, Gilbert, *Rousseau et les éducateurs, Étude sur la fortune des idées pédagogiques de Jean-Jacques Rousseau en France et en Europe au XVIIIe siècle*, Oxford, Voltaire Foundation, 1997. Vários tratados foram elaborados nesse período, como o *Traités des études*, de Charles Rollin, o do Abade Fleury, o de David Willians, o de Tronchin e o de Berquin. Mesmo assim Rousseau insiste: "Meu assunto era totalmente novo depois do livro de Locke e receio muito que continue a sê-lo ainda depois do meu" (ROUSSEAU, *Emílio*, 6).

22. Tema polêmico desde os gregos antigos, sobretudo a partir dos sofistas e das formulações platônicas, o assunto ganha destaque no século XVIII e fomenta a discussão em torno dos fins do trabalho educacional. Com base em *A filosofia do Iluminismo*, de Ernst Cassirer, no *Jean-Jacques Rousseau et la sciènce politique de son temps*, de Robert Derathé, e na obra *La pédagogie en France aux XVIIe Et XVIIIe siècles*, de Georges Snyders, podemos dizer que o embate ideológico se dava principalmente entre duas visões de mundo que refletiam nas questões pedagógicas: uma ascética, defendida pelos religiosos que buscavam um ideal de afastamento do mundo; e outra que, pelo contrário, defendia um engajamento nos problemas sociais pela razão e o acúmulo de conhecimentos. Para Snyders, Rousseau opera uma síntese entre as duas correntes.

23. Como diz Nascimento (Política e pedagogia em Rousseau, *Perspectiva*, 6 (11), jul/dez, 1988a, 13-21, aqui 13): "Quando todas as soluções

verdadeira obra de arte que pretende reconfigurar (VARGAS, 1995) a existência humana e dar finalmente à figura de Glauco uma significação real para a construção não apenas da individualidade como da sociabilidade. Configurar é dar os traços característicos de uma figura[24] para dar-se a conhecer, apresentar-se através dela. Isso já foi feito quando o homem deixou seu estado natural e adentrou o mundo imagético da representação. Uma vez que não se pode retroceder, readquirir os traços originais exatamente como foram concebidos, trata-se agora de agir com todo o artifício no sentido de melhorar a aparência humana, reconfigurando seus traços e produzindo uma *estampa*[25]. E, de volta à metáfora do jardim, ao conceito de *natura facti*, como *poiesis* da reprodução natural, a estampa antropológica que resulta da formação humana é, nesse caso, o *homo facti*, como *poeisis* do trabalho educativo. É o que se pode depreender desse compêndio literário chamado *Emílio ou da educação*.

Censurado pela Sorbonne e condenado pelo Parlamento de Paris, em 1762, e depois por Genebra e pela Holanda, o

---

para os problemas políticos aparecem como falsas soluções, enfim, que a corrupção do homem civil já se encontra bem avançada e tudo indica que o processo de corrupção e degenerescência da máquina política é irreversível, resta ainda uma saída possível para o homem. Mas esta não se encontra na política, e sim, na educação".

24. No sentido de imagem, semelhança e representação do objeto. Cf. ABBAGNANO, *Dicionário de Filosofia*).

25. "A *estampa*: nascendo a arte da imitação, só pertence à obra propriamente dita o que pode ser retido na estampa, na impressão sedutora dos *traços*. Se o belo nada perde em ser reproduzido, se é reconhecido em seu signo, nesse signo do signo que é uma cópia, é porque na 'primeira vez' de sua produção ele era já essência reprodutiva. (...) De um lado, com efeito, Rousseau não duvida que a imitação e o traço formal sejam a própria arte e herda, como o óbvio, o conceito tradicional de *mimesis*; conceito que foi, de início, o dos filósofos que Rousseau, como nos recordamos, acusava de terem matado o canto" (DERRIDA, *Gramatologia*, 254).

livro é o resultado de três anos de trabalho intenso de compilação de suas ideias educativas desenvolvidas, segundo seu próprio autor[26], ao longo de vinte anos de reflexão, iniciado provavelmente com o *Projeto para a educação do senhor de Sainte-Marie*, escrito como resultado de sua atuação como preceptor dos filhos do Senhor de Mably, em Lyon, entre 1740 e 1741. Nessa obra já aparecem ideias como a de formar o coração, o juízo e o espírito, a do exercício físico, a das experiências sensoriais, e a da punição do orgulho (ROUSSEAU, 1994a). O *Projet* não traz grandes novidades, pois retoma algumas questões que já apareciam no pensamento pedagógico de John Locke, assim como nas linhas do *Traité des études*, a conhecida obra de educação escrita por Charles Rollin e bastante lida na França. A grande novidade está no *Emílio*, e é nele que se encontra a "enciclopédia de temas filosóficos do século XVIII" (VARGAS, 1995, 5)[27], destacando-se a destinação social do indivíduo e a emulação da essência humana. Diz Rousseau sobre a educação do jovem Emílio: "Meu principal objetivo, ensinando-lhe a sentir e amar o belo em todos os gêneros é de nele fixar suas afeições e seus gostos, e impedir que suas tendências naturais se alterem e que ele busque um dia, em sua riqueza, os meios de ser feliz, que deve encontrar perto dele" (ROUSSEAU, 1973, 400). Como diz o "Francês", no *Rousseau juiz de Jean-Jacques*, "O *Emílio* em particular, esse livro tão lido, tão pouco entendido e mal apreciado, não é se-

---

26. "l'Emile, qui m'avoit coûté vingt ans de méditation et trois ans de travail" (O.C., t. I, 386).

27. "Il n'est pas un problème philosophique du XVIIIe siècle qui n'y soit abordé: la liberté, la connaissance, l'erreur, l'amour-propre, le goût, amorale, la vie, la matière, les lois physiques, le travail, la musique, le bon gouvernement, le féminisme, les droits de chasse, la monnaie, la propriété, la médicine…" (VARGAS, Yves, *Introduction à l'Émile de Rousseau*, Paris, PUF, 1995, 5).

não um tratado da bondade original do homem, destinado a mostrar como o vício e o erro, estranhos à sua constituição, são nele introduzidos e o alteram insensivelmente" (O.C., t. I, 934. Tradução livre).

Para além disso, o personagem concebido no contexto dessa realidade, Emílio, é paradoxalmente educado contra ela. Entretanto, tal paradoxo não revela um pensamento contraditório, mas a própria contradição do mundo. Por isso, não é a sociedade que forma o Emílio – como resultado de uma educação pública –, mas é o Emílio que, devidamente educado pela inegável ação virtuosa do preceptor, tem as condições de influenciar o meio social como modelo de virtude. Para exemplificar, basta lembrar que mesmo sendo treinado para visualizar distintos tipos de máscaras em sua infância, será ele quem menos saberá dissimular quando tiver que se relacionar com os outros, uma vez que foi educado para ser verdadeiro. Sendo uma espécie de homem natural vivendo em sociedade, procurará resistir com todas as forças e sabedoria ao "turbilhão social" de vícios e paixões inflamadas, superando toda e qualquer adversidade. Pois como diz Espíndola (2007, 89), "cultivando esses valores Emílio abre, finalmente, a perspectiva de tornar-se feliz na sociedade, mostrando-se livre espiritualmente, apesar de sua discrição, de sua modéstia, de sua sinceridade, de sua subordinação ao cumprimento de seus deveres etc". Por isso, considero equivocada a leitura de que o Emílio deve ser totalmente isolado da sociedade e educado fora dela e contra ela[28], como alguns defendem. Isso o

---

28. Há uma tradição de intérpretes que repetem isso. Shklar (*Men & citizens*), por exemplo, diz: "Para encontrar autorrealização, a criança deve ser educada contra a sociedade, em isolamento e rejeição de todos os costumes e opiniões prevalecentes". Cassirer (*A questão Jean-Jacques Rousseau*, São Paulo, UNESP, 1999, 114) afirma sobre o Emílio: "Desde o início a obra fica fora das condições da realidade social. Ela desliga o dis-

levaria à situação tragicômica da "precaução inútil"[29], discutida por Martin (2012) no contexto do "isolamento virtuoso" das crianças. E, considerando o *Emílio* um arquétipo da formação geral do homem, sua abstração nos permite pensá-lo para qualquer época e qualquer sociedade, desde que dada a ênfase no desenvolvimento da consciência por meio de um processo educativo que contemple tanto a formação humana quanto a cívica, pois não é na esfera da autoridade ou da lei, mas "na esfera da consciência, dos hábitos e costumes, que as obrigações são fixadas e respeitadas" (MARUYAMA, 2001, 113). Concordo com Francisco (2009, 61. Grifo do au-

---

cípulo de todas as relações com a comunidade humana; de certo modo, coloca-o num espaço sem ar. Os muros dessa prisão fecham-se em torno dele cada vez mais estreita e firmemente. Ele é cuidadosamente afastado de todo contato com a sociedade e com as formas de vida, e, em vez disso, cerca-o uma grande imagem fictícia, uma espécie de fantasmagoria social que o educador cria para ele artificialmente como por encanto". Já Roque Spencer Maciel de Barros faz, nas *Meditações sobre Rousseau*, uma observação curiosa: "Rousseau isola Emílio do *convívio vicioso* de sua sociedade" (p. 58. Grifo meu), com o qual concordo plenamente; o afastamento (em vez de isolamento) se dá em relação ao convívio vicioso da sociedade e não à sociedade em si.

29. *La Précaution inutile* é título de uma novela de Paul Scarron (1610-1660), escritor fancês e primeiro marido da Mme. de Maintenon. A obra, publicada em 1656, inspirou a *L'école des femmes* de Molière. O enredo da obra poderia ser assim disposto: o solteiro Don Pedro, rico e virtuoso cavalheiro espanhol, desejando casar-se, faz uma viagem de dezessete anos pelas maiores cidades da Espanha e da Itália, mas se decepciona com as sucessivas traições das eleitas de seu coração. O sentido que Martin retoma em seu livro *Éducations négatives* (Paris, Garnier, 2012) é uma fábula atribuída a João Damasceno (676-749), *Les oies de frère Philippe*, reproduzida por Boccaccio no *Decameron*, e por La Fontaine. As versões variam, mas resumem a história de um menino criado isolado até os 12 anos para evitar a influência da figura feminina. Quando finalmente mostraram-lhe o mundo, e nele as mulheres – chamadas de gansos –, ao ser perguntado do que mais havia gostado, o menino respondeu que dos gansos e que a todo custo queria um deles (LA FONTAINE, Jean de, *Contes et nouvelles em vers*, Paris, Gallimard, 1982; BOCCACCIO, Giovanni, *Decameron*, Lisboa, Bertrand, 1976).

tor) quando afirma que o que se pretende no *Emílio* "é dar solução à contradição do homem, isto é, formá-lo não homem natural *ou* cidadão e sim, homem natural *e* cidadão. O *Emílio* quer-se tanto um tratado de educação doméstica, quanto de educação pública".

Geralmente a recusa dessa perspectiva se dá pelo fato de se pensar que Rousseau não tenha se preocupado com a educação pública, nem escrito nada sobre ela, uma vez que, ao falar seu nome, sempre vem à mente o *Emílio*, um tratado de educação doméstica. Mas, no *Discurso sobre a economia política*, por exemplo, ele diz que "a educação pública sobre as regras prescritas pelo governo, e sob as ordens dos magistrados colocados pelo soberano, é, portanto, uma das máximas fundamentais do governo popular e legítimo" (O.C., t. III, 260-261). E ele explica que se as crianças são educadas de modo igual e no sentido da igualdade, instruídas a respeitar a vontade geral, imbuídas do amor à pátria, certamente aprenderão a prezar seus semelhantes e ao bem comum. Nas *Considerações sobre o governo da Polônia* Rousseau fala da importância de uma educação pública e gratuita, regulamentada por leis, para "dar às almas uma forma nacional" (1982, 36), realizada em público, com festas, exercícios e competições, isto é, com apresentação pública.

Assim, retomando a consideração de que o mundo se tornou pura representação e que a apresentação estética, tanto da roupa, quanto das mesas, dos palácios, dos jardins e das relações sociais em geral, passou a dar o tom à logica da vida, qual seria a medida da representação e, por conseguinte, do teatro? Aqui a resposta é um tanto quanto difícil, pois a seguir o curso da reflexão posta por Rousseau na *Carta a D'Alembert*, o ornamento e o luxo da apresentação teatral podem suscitar nos espectadores o gosto por seu aparato e pela pompa dos apresentadores, além, é claro, de produzir efeitos negativos sobre suas mentes. Apesar de tudo isso, o teatro está mais próximo das pessoas que os livros, como Rousseau afirma no texto *Mélanges de littérature et de morale* (O.C., t. II, 1250), "Depois de muito tempo não se fala mais ao público a não ser através dos livros e se alguém lhe diz alguma coisa de viva voz e que seja interessante, é pelo teatro". A medida do teatro pode ser então a do discurso e da oratória quando o orador se apresenta a si mesmo e comunica o que tem em seu coração. Desse modo, o encontro desses matizes se dá no palco, o palco da vida, onde o preceptor contracena com seu discípulo, ora representando papéis definidos, ora observando os atores sociais. Na introdução do *Paradoxo do espetáculo*, Salinas Fortes (1997) apresenta o "estado da questão" citando o *Emílio*[30], em que abundam as referências ao teatro e à representação:

Mas que se *represente* um jovem educado segundo minhas máximas. Que se *figure* meu Emílio, ao qual dezoito anos de cuidados assíduos não tiveram por objeto mais do que conservar um *juízo* íntegro e um *coração* sadio; que seja *figurado* no levantar do pano, lançando pela primeira vez os olhos sobre a *cena do mundo*; ou antes colocado atrás do *teatro*, vendo os atores pegar e colocar suas roupas e contando as cordas e polias cujo grosseiro prestígio ilude os olhos dos espectadores (Grifo meu).

---

30. Rousseau, *Emílio*, 269. No entanto, cito a partir do livro de Salinas Fortes por considerar que a tradução do autor ficou mais fiel ao original, tirada diretamente das *Oeuvres completes*, Coleção Plêiade, Gallimard, tomo IV, 1969, 532: "Mais qu'on se réprésente un jeune homme élevé selon mes maximes. Qu'on se figure mon Émile, auquel dix-huit ans de soins assidus n'ont eu pour objet que de conserver un jugement intègre et un coeur sain; qu'on se le figure, au lever de la toile, jetant pour la prémiére fois les yeux sur la scéne du monde; ou plutôt, placé derriére le théâtre, voyant les acteurs prendre et poser leurs habits, et comptant les cordes et les poulies dont le grossier prestige abuse les yeux des spectateurs".

Se o mundo é um teatro e a vida uma encenação, a melhor máscara a ser colocada é a de um homem civil, e o papel a ser desenvolvido é o de um homem virtuoso que tudo faz pela coletividade. Como Emílio é feito para viver entre os homens (ROUSSEAU, 1973, 379), é preciso conhecê-los em seu modo de vida: "É tempo de mostrar-lhe o exterior desse grande palco cujos jogos interiores já conhece" (ROUSSEAU, 1973, 379). Entre os jogos interiores e os exteriores da encenação, o que aparece é o homem do homem com toda sua depravação, cujas fantasias cobriram os traços e a figura do homem original, aquele que no jardim original vivia inteiramente na natureza e sentia os desígnios da Natureza. Era como um deus, inteiro em sua originalidade.

Malgrado o modismo, em Rousseau o emprego dessa analogia tem, segundo nossa interpretação, um propósito mais crítico, qual seja o de compreender a problemática a partir de dentro e poder, assim, refletir sobre a gradação representativa que ela comporta – como numa escala[31] – entre o menor e o maior grau de representação que ocorre em todos os do-

---

31. Sobre a utilização da "escala" neste sentido, citamos Salinas Fortes (*Paradoxo do espetáculo*, 81): "Conhecer algo é, assim, situá-lo no interior de uma ordem ou pensá-lo na sua diferença com o eu outro. Mas essa arte comparativa não atua apenas, como vemos, no interior de um único universo de representação. Ela coloca a seu serviço as possibilidades de espelhamento estrutural entre diferentes linguagens, fazendo-as operar com termos de referência e de comparação umas em relação às outras. É, assim, por exemplo, que os 'princípios' do direito político, de que o *Contrato* fornece a teoria, são comparados a uma 'escala'. Ou, então, permanecendo ainda no plano político, que a linguagem matemática é utilizada para ordenar o espaço das relações políticas e o esquema da 'proporção contínua' é explorado como dispositivo analógico auxiliar na fixação das posições relativas entre os diferentes termos constitutivos do universo figurado pelo 'corpo político'. *E é igualmente, nessa mesma perspectiva, que a eficácia pedagógica, no Emílio, terá como medida o esquema operatório do jogo dramático*" (Grifo meu).

mínios do conhecimento. Sua análise é desenvolvida de tal forma que podemos tirar dela uma "teoria da representação", cujo problema está posto da seguinte forma: à medida que adquire cultura, o homem adentra o mundo da representação. Seu início está no momento em que o homem da natureza desenvolve a capacidade de reflexão. Com o pensamento vêm as palavras, destas vem a escrita[32] e, enfim, os demais desdobramentos e suplementos simbólicos numa intensidade que Rousseau chega a comentar no *Segundo discurso* (1999b, 115): "Como, tudo reduzindo-se às aparências, tudo se torna artificial e representado". O problema que Rousseau procura discutir é que, em grau elevado, o valor recai sobre o signo e não sobre a coisa representada. Tomando o exemplo do dinheiro, nas *Considerações* (1982, 78), diz ele que "no fundo, o dinheiro não é a riqueza, é apenas o signo: não é o signo que se deve multiplicar, mas a coisa representada". Segundo o *Contrato social*, no campo político, "no momento em que um povo se dá representantes, não é mais livre; não mais existe" (1999a, 189) porque não está ele mesmo no poder, mas transfere para seu representante sua soberania, eliminando-se enquanto partícipe do poder soberano. No campo pedagógico, como nos diz no *Emílio*, a excessiva utilização dos livros e dos objetos educativos, em vez da coisa representada, é perniciosa: "Quereis ensinar geografia a essa criança e ides buscar globos, esferas, mapas: quantas máquinas! Por que todas essas representações?" Por isso diz: "Em geral, não deveis nunca

---

32. "A análise do pensamento se faz pela palavra; e a análise da palavra pela escrita; a palavra *representa* o pensamento por meio de signos convencionais e a escrita *representa* do mesmo modo a palavra; assim, a arte de escrever não é mais do que uma *representação mediata* do pensamento, ao menos quanto às línguas vocais, as únicas em uso entre nós" (*Prononciation*, O.C., t. II, 1252. Tradução de Salinas Fortes, *Paradoxo do espetáculo*, 28).

substituir a coisa pelo sinal, a menos que vos seja impossível mostrá-la, porque o sinal absorve a atenção da criança e a leva a esquecer a coisa representada" (ROUSSEAU, 1973, 178). Portanto, é preciso concordar com Salinas Fortes (1997, 29) quando afirma que em Rousseau "educar significa exercitar o educando contra os sortilégios do jogo deformante da representação". Como bem colocado pelo autor, uma prática que prepare o aluno contra "os sortilégios do jogo deformante da representação" e não contra a representação em si. Sendo impossível mostrar o objeto real, negociar com a própria riqueza ou exercer o poder político diretamente, uma vez que vivemos em mundo representativo, a saída parece ser a de utilizar a representação de forma virtuosa, evitando cair no jogo da deformação do representado e da desfiguração de seu simulacro.

Nessa perspectiva temos, por um lado, o esforço do preceptor em levar o Emílio a contemplar a vida simples do homem do campo, suas festas e toda sua maneira de ser e agir; por outro, o discípulo precisa fazer uma leitura política da vida social, procurando entender como ela se organiza, como os homens agem, como se apresentam diante dos outros e como se mascaram. Só assim será capaz de medir a realidade e então posicionar-se nessa escala de modo a evitar os efeitos depreciadores do disfarce[33] e viver o mundo da representação de forma a tirar-lhe proveito para si e para os outros. Assim, entre o imperativo de se evitar as máscaras e a inexorabilidade de usá-las[34], o homem social pode represen-

---

33. "Emílio é o homem da sociedade que menos sabe disfarçar" (ROUSSEAU, Emílio, 488).
34. "O homem da sociedade está todo inteiro na sua máscara. Não estando quase nunca em si mesmo, quando está se acha estranho e mal à vontade. O que é, não é nada, o que aparece, é tudo para ele" (ROUSSEAU, Emílio, 254).

tar um papel cívico, isto é, agir menos em proveito próprio e agir com vistas ao bem comum. Querendo ou não, vivemos um mundo simbólico, representativo e em relação imperiosa com o outro. Nessa relação, cabe à ação educativa exercitar o educando contra os "sortilégios do jogo deformante da representação" (SALINAS FORTES, 1997, 29). Ou seja, em vez de criar uma representação defeituosa, a educação possibilita as condições propícias para o pleno desenvolvimento das faculdades humanas e seu emprego contra a transgressão do coração humano.

Nisso, a evolução da humanidade pode ser analisada em analogia à evolução da criança. Toda a análise de Rousseau em torno do aperfeiçoamento, do progresso e das virtudes humanas pode ser vista perpendicularmente com a tarefa educativa da infância e a formação geral do homem. Por isso, no *Emílio* encontramos as cinco etapas, ou estágios, evolutivos do fenômeno educativo: a primeira etapa da *idade da natureza*, que corresponde ao Livro I e aos dois primeiros anos de vida da criança, favorece a liberdade e os primeiros movimentos físicos, e a relação com mãe é direta e constante. No estágio seguinte, a segunda etapa da *idade da natureza*, que corresponde ao Livro II do *Emílio* e vai dos dois aos doze anos, a criança desenvolve a fala e outras habilidades sensitivas que levam ao fim da infância. A terceira etapa, a *idade da força*, surge no Livro III. Como afloram-se as paixões entre os doze e quinze anos, a educação deve proporcionar experiências úteis ao desenvolvimento do raciocínio. Contudo, é na etapa seguinte, *a idade da razão e das paixões*, disposta no Livro IV, que vai dos quinze aos vinte anos, que os princípios da sociabilidade devem ser desenvolvidos com maior ênfase a fim de educar as paixões e o *amor próprio*. No último estágio, que corresponde ao Livro V e a idade adulta, está o matrimônio, ou seja, a formação da família, que é, segundo Rousseau, a primeira instituição realmente social. Como baluartes da cultura, as instituições sociais desnaturam o homem e configuram os traços de uma nova natureza. E o diferencial das boas instituições é justamente a forma como desnaturam o homem e encaminham o processo cultural com vistas a uma melhor adaptação desse homem à vida coletiva. Como diz Dalbosco (2011, 21), evidencia-se muito mais em Rousseau do que em Kant o princípio de que "a ação moral é resultado de um longo processo formativo que já começa com o nascimento da criança e a acompanha em seu paulatino processo de socialização".

Em que sentido a obra é um remédio? Basicamente no sentido da aquisição cultural e na ampliação das possibilidades humanas de uma forma nova, distinta da realidade dada, e que possibilite a plena realização do homem em sua verdadeira natureza. Vemos que do início ao fim do *Emílio* a criança é preparada para desenvolver sua sensibilidade, suas disposições naturais e suas possibilidades criativas (para si e para os outros) para, ao fim, tornar-se o homem pleno, preparado para viver em qualquer sociedade sem se corromper. Um exemplo disso está na sequência do Livro V do *Emílio*, que é a obra *Emílio e Sofia*, na qual o autor relata as desventuras do casal. Malgrado toda adversidade enfrentada, tais como a infidelidade de Sofia, a perda da filha, o ambiente parisiense, e toda espécie de sofrimento, Emílio permanece firme nos princípios da bondade e da virtude. Mesmo sob a condição de escravo, na Argélia, seu caráter permaneceu inflexível e soube tirar dele proveito quando, mesmo tratado brutalmente, animou seus companheiros e persuadiu o amo de que os escravos trabalhariam melhor se fossem bem tratados. "Sabemos carregar o jugo da necessidade" (ROUSSEAU, 1994b, 239), argumentou Emílio ao tentar convencer o patrão de suas boas intenções.

Por que Emílio teve que sofrer tanto? Propósito de Rousseau? Fatalidade da vida? Em busca de uma resposta, presumimos que a intenção de Rousseau, expressa no início do *Emílio* era a de generalizar os pontos de vista e considerar no aluno "o homem exposto a todos os acidentes da vida humana" (1994b, 16), de maneira que pudesse desenvolver nele o próprio instinto de conservação e adaptação às circunstâncias gerais. Ademais, talvez Rousseau quisesse demonstrar que embora toda a arte possa ser empregada no processo educacional, o resultado é realmente indeterminado, como afirmara no início de seu tratado (1994b, 11), tendo em vista a dura realidade da existência humana. Porém, com a sorte desejada, é possível que a ação educativa consiga aproximar-se da meta, que não é outra senão "a própria meta da natureza" (1994b, 11), possibilitando que o homem viva de acordo consigo mesmo, livre do julgo das paixões e das paixões, mas na perspectiva do outro. Nas palavras do desventurado Emílio foi exatamente isso o que lhe ensinara seu preceptor: "Não podendo, então, me proteger de todos os laços que nos atam às coisas, você me ensinou a, ao menos, escolhê-los, a abrir a minha alma apenas aos mais nobres, a não ligá-la senão aos mais dignos objetos que são meus semelhantes, a estender por assim dizer o eu humano sobre toda a humanidade e a me preservar assim das vis paixões que o restringem" (ROUSSEAU, 1994b, 23).

Diante de uma realidade na qual o homem se encontra desfigurado e as instituições públicas corrompidas[35], o que resta é a educação doméstica, aquela que evoca a primazia da natureza e forma tão somente o indivíduo, dada a impos-

---

35. De tal forma que Rousseau chega a dizer enfaticamente que "a instituição pública não existe mais, e não pode mais existir, porque não há mais pátria, não pode haver cidadãos" (ROUSSEAU, *Emílio*, 14).

sibilidade de uma formação cívica. Mas, continua Rousseau em sua crítica, interrogando, "o que será para os outros um homem unicamente educado para si mesmo?" (1994b, 15). Ou seja, de que adiantará essa "primazia da natureza" se esse homem se encontra na ordem civil? O que fazer? Nesse ponto, Rousseau expressa seu desejo de superação dessa antinomia com as seguintes palavras, as mais importantes da parte inicial do *Emílio* segundo Francisco (2009): "Se o duplo objetivo que se propõe pudesse porventura reunir-se num só, eliminando as contradições do homem, eliminar-se-ia um grande obstáculo à sua felicidade" (1994b, 15)[36]. Como uma luz no fim do túnel, vislumbra-se a junção da educação possível: a da natureza com a civil. Contudo, enquanto não houver "pátria" e "cidadão" nos termos que Rousseau os entende[37], é possível ir construindo a rota, formando o homem em toda

---

36. Muito esclarecedor o texto de Francisco (Aspectos das relações mestre-aluno em Rousseau, In: Cenci, A. V.; Dalbosco, C. A.; Mühl, E. H. *Sobre filosofia e educação: racionalidade, diversidade e formação pedagógica*, Passo Fundo, Universidade de Passo Fundo, 2009) sobre o tema. Quanto ao trecho citado, diz a autora: "Essas palavras, talvez as mais importantes de toda a parte inicial do *Emílio* acerca dos princípios que governam a educação humana, expõem claramente o propósito maior do autor na obra: trata-se não de formar apenas o homem natural, o indivíduo, o ser da casa e da pequena sociedade da família, mas de buscar, na mesma medida, formar o cidadão, o homem social, o ser da sociedade stricto sensu. É evidente, portanto, que o *Emílio* não pode ser simplesmente lido como uma obra de educação doméstica, de formação do homem natural. Há aí, sem dúvida alguma, a intenção de formá-lo. Mas, há, igualmente, por outro lado, a intenção de encontrar as vias para se chegar ao cidadão. Entretanto, mais do que tudo, o que se pretende é dar solução à contradição do homem, isto é, formá-lo não homem natural *ou* cidadão e sim, homem natural *e* cidadão" (Ibid., 61).

37. Legitimados por um pacto nos moldes do *Contrato social*, ou pelo menos numa nação em que o povo seja soberano direta ou indiretamente e haja uma educação voltada para os ideais cívicos, como aparece nas *Considerações sobre o governo da Polônia*.

sua interioridade e renovando os traços de sua exterioridade, a fim de que resista o império do *amor-próprio*. Isto representa, nos termos que utilizo neste texto, o homem reconfigurado, uma vez que seu modo de ser, na resistência e na posição contrária à opinião pública e as tendências gerais da sociedade depravada, dar-lhe-á uma identidade cujos traços serão distintos das características do homem primitivo, bem como das do homem civil à sua frente. Mais ainda, o homem no sentido pleno da palavra[38], ou seja, aquele que mesmo jogado ao "turbilhão social" (ROUSSEAU, 1973, 286) das sociedades existentes, consiga ter domínio de si e não se submeta aos ditames das paixões e nem às opiniões dos homens. Enfim, o homem se torna social de forma virtuosa – utilizando os recursos culturais – sem deixar para trás suas qualidades naturais. O objetivo é atingir aquilo que Charles Taylor (2011) chama de "liberdade autodeterminante", isto é, a ideia de que o indivíduo decide por si mesmo naquilo que lhe diz respeito, sem ser moldado pelo julgamento alheio ou por quaisquer influências externas. Perspectiva que tem amparo em diversas passagens do *Emílio*.

Assim, de pedagogo romanesco Rousseau se transforma em pedagogo social, ou melhor, pedagogo político, porque estabelece os caminhos para bem conduzir o homem em sua trajetória civil e, valendo-se dos pressupostos naturais e intrínsecos, transformar as estruturas da vida em sociedade através de um amplo projeto de positivação dos verdadeiros fundamentos sociais. Como afirma Waksman (2016, 97), "Rousseau propõe uma educação que dá lugar à socialização do indivíduo, evitando a transformação do *amor de si* na forma de *amor-próprio*". Se falha, o próprio Rousseau sentencia: "Esten-

---

38. Cf. DERATHÉ, Robert, L'homme selon Rousseau, in: BÉNICHOU, P. et al., *Pensée Rousseau*, Paris, du Seuil, 1984, 111.

damos o amor próprio sobre os outros seres, nós o transformaremos em virtude, e não há coração humano em que essa virtude não tenha sua raiz" (ROUSSEAU, 1973, 283; O.C., t. IV, 547). O desafio pedagógico está posto, qual seja, o de educar o *amor-próprio* em seu potencial positivo (NEUHOUSER, 2013), uma vez que não se pode suprimi-lo, de tal modo que a relatividade própria dessa paixão seja entendida na dimensão do respeito e da dignidade humana. A insistência de Rousseau para se escolher entre o homem e o cidadão não é, no fundo, um clamor para uma escolha, mas para uma reflexão crítica (SHKLAR, 1985). Dessa forma, contra o disfarce de uma civilidade doentia, a formação humana como Rousseau a concebe deve ser vista como um bálsamo cujas propriedades terapêuticas podem contribuir com a recuperação de um homem desvirtuado e com a restauração de sua real figura. Em outros termos, a obra é uma grande pedagogia que nos ensina a melhor forma de conduzir o homem pelas vias do engrandecimento de sua interioridade e pelos caminhos do mais virtuoso relacionamento com as coisas e com os semelhantes. Por isso, em minha opinião, o *Emílio* se destaca entre os escritos rousseaunianos como a mais sublime declaração de amor ao homem que alguém jamais pôde escrever.

Para Vargas (1997, 56. Tradução livre), "o homem rousseauista é como aquele do enigma da esfinge, que anda sobre quatro, duas e três patas, conforme o momento, não sendo mais que um corpo fervente, depois uma alma inquieta e finalmente uma ficção que o permite ter um corpo sensível". Revisitando o mito do rei Édipo[39], mais conhecido na clássica versão

---

39. *Édipo Rei* foi uma obra do dramaturgo grego Sófocles (c. 497-406 a.C.). No mito de Édipo é revisitado um outro mito da antiguidade clássica: a esfinge, neste caso um monstro alado que habitava os penhascos próximos a Tebas, desafiava os homens e os devorava se não respondes-

de Sófocles, às vezes nos deparamos com tal homem, criado pela natureza, que depois se cria e se recria na própria ficção, do mesmo modo que parece ter sucedido com o próprio Jean-Jacques Rousseau. Mas que homem é esse? O homem natural? O cidadão? Como digo no livro *O Emílio de Rousseau e a formação do cidadão do mundo moderno*, não é nem um nem outro, mas os dois ao mesmo tempo. O homem se torna duplo, ou, na expressão de Jimack (1960, 96), "composto", cuja composição ou duplicidade o capacita a ser o que é, conforme agraciado pela natureza, e atuar no palco da *civitas*, encarnando seu papel de *cive* com todo o fervor e dedicação. Nessa metáfora, se o personagem não subsumir o ator, ou, em outras palavras, se a existência não subsumir a essência humana, nasce daí o autêntico cidadão, isto é, a "esfinge rousseauniana" cujo enigma é bem mais difícil de ser decifrado que o da mitológica.

Uma dessas dificuldades está na realização do projeto educativo rousseauniano na prática, pelo menos em sua totalidade. O caminho mais fácil seria o da reconfiguração total do homem, que significa, segundo Melzer (1998, 164), "modificar mesmo sua psicologia, reprogramar seu espírito e transformar suas inclinações". A questão é que uma ação de tamanha envergadura nem um Estado totalitário poderia conseguir, mesmo lançando mão de uma pedagogia tão macabra quanto a do regime nazista, ou, antes dele, a do regime soviético[40]. No entanto, não apenas no campo educacional,

---

sem aos seus enigmas. A questão proposta: "Que animal anda pela manhã sobre quatro patas, a tarde sobre duas e a noite sobre três?" Apenas Édipo foi capaz de dar a resposta correta – o homem, que "em bebê engatinha sobre os quatro membros, adulto anda sobre suas próprias pernas e, na velhice, apoia-se em um bastão, o terceiro pé" (*Introdução*, in: Sófocles, 2018, 11).

40. As entrevistas conduzidas pela jornalista Svetlana Aleksiévitch e publicadas no livro *O fim do homem soviético* (São Paulo, Companhia das

como em todos os aspectos, é preciso concordar com Benjamin Constant (2009) quando diz que não se pode imputar a Rousseau os pretextos para as diversas formas de tirania, mas antes às leituras equivocadas de seu pensamento que alguns empreenderam. O que se depreende de tantas outras dificuldades surgidas quando não entendemos seus paradoxos, suas metáforas e sua expressão retórica. Seu discurso revela, por assim dizer, uma verdade prática, vivenciada e compartilhada por ele com seus leitores. Logo, é por sua linguagem "que a justificação da inocência se torna possível" (PRADO JR., 2008, 132). O que, de certa forma, dá sentido ao seu lema: *vitam impendere vero*[41], isto é, consagrar a vida à verdade, ousar ser o que se é.

A crítica aos membros da República das Letras é parametrizada por outra frase latina, colocada no prefácio da peça *Narciso ou o amante de si mesmo*[42]: *satis eloquentiae, sapientiae*

Letras, 2016) mostram bem o efeito psicológico devastador que a pedagogia formadora do *homo sovieticus* imprimiu nas mentalidades. Mas a queda do regime vai além disso e traz em sua gênese problemas estruturais muito mais profundos, como demonstra Jacob Gorender, em seu livro *O fim da URSS* (São Paulo, Atual, ⁹1992).

41. "Consagrar a vida à verdade", frase do poeta satírico romano Juvenal. Sobre essa frase, Rousseau diz nas *Confissões*, em referência às relações que estabeleceu em Turim, em sua adolescência: "Creio que foi desde então que experimentei aquele jogo maligno de interesses ocultos em que esbarrei toda a vida e que provocou em mim uma bem natural aversão pela ordem aparente que os gera" (*Confissões*, 98).

42. A peça é pequena e é formada por um ato, dezoito cenas e sete personagens ao todo. O enredo se desenrola no dia do matrimônio de Valério, o protagonista. A história inicia com uma a tentativa de Lucinda, sua irmã, de tentar curá-lo de sua vaidade. A brincadeira conta com um retrato de Valério, deixado em sua penteadeira, no qual ele está caracterizado como uma mulher maquiada, portando roupa e enfeites femininos. Valério não se reconhece a própria imagem e se apaixona pelo retrato. No dia de suas bodas, sai em busca de si mesmo para se casar. Cf. *Oeuvres complètes*, t. II, 957-1018. Para a tradução em português, cf. ROUSSEAU, Jean-

parum[43], isto é, bastante eloquência, mas pouca sabedoria, tal como eram os discursos proferidos na corte e nos salões, oferecendo mais significação à exterioridade e ao suplemento do imaginário fantasioso. Mesmo tendo sido seduzido de início por esse tipo de comportamento[44], Rousseau sente-se curado tanto pelo efeito da iluminação de Vincennes, tanto por ter visto os escritores de perto e diagnosticado seus males. Como um "médico" da civilização, prescreve a moral sensitiva (O.C., t. I, 1959, 409), como a melhor condutora do processo de restauração da figura, retirando a crosta de suplementos que, como as algas na estátua de Glauco, corroeram seus traços originais ao ponto de a presença não ser desejada e preterida pelas máscaras. Como nos lembra Salinas Fortes (1997, 25), "a análise da vida social segundo o esquema ser/parecer é central em Rousseau, desde o *Primeiro discurso*". Seu lamento (ROUSSEAU, 1999b, 192), de que "não se ousa mais parecer tal como se é", vai-se repetindo até suas últimas obras, quando comenta melancolicamente: "Como seria doce viver entre nós, se a contenção exterior sempre representasse a imagem dos estados do coração, se a decência fosse a virtude, se nossas máximas nos servissem de regra, se a verdadeira filosofia fosse inseparável do título de filósofo!" (ROUSSEAU, 1999b, 191). E completa: "Mas tantas qualidades dificilmente andam juntas e a virtude nem sempre se apresenta com tão grande pompa" (ROUSSEAU, 1999b, 191).

Jacques, *Narciso, ou o amante de si mesmo*, Cadernos De Ética e Filosofia Política, v. 2, n. 33 (2018) 166-212. Disponível em: <https://www.revistas.usp.br/cefp/article/view/133722>.

43. O.C., t. II, 962. "Eloquência suficiente, mas pouca sabedoria".

44. "Seduzido, durante muito tempo, pelos preconceitos de meu século, considerava o estudo a única ocupação digna de um sábio e encarava as ciências com respeito e os sábios, com admiração" (ROUSSEAU, *Discurso sobre as ciências e as artes*, 291).

Sendo assim, Rousseau, no final de sua vida, resolve escrever suas *Confissões*, abrindo-a com a expressão *Intus et in cute*, dizendo: "Quero mostrar aos meus semelhantes um homem em toda verdade da natureza, e esse homem serei eu. Eu só. Sinto o meu coração e conheço os homens. Não sou feito como nenhum dos que tenho visto; e ouso crer que não sou feito como nenhum dos que existem" (O.C., t. I, 1959, 5. Tradução livre). E conclui o parágrafo dizendo assim: "Se não sou melhor, sou pelo menos diferente. Se a natureza fez bem ou mal, ao quebrar o molde em que me moldou, é o que só poderá ser julgado depois de me haverem lido". E, quanto a isso, no prefácio de *Émile ou de l'éducation*, edição francesa da Garnier-Flammarion, Michel Launay (in: ROUSSEAU, 1966) questiona, obviamente depois de o haver lido, como levar a sério um livro sobre educação da parte de um homem que abandonou "alegremente" seus filhos?[45] Rousseau sai em sua defesa com uma declaração que transita entre a sinceridade e a ingenuidade. Trata-se do relato no sétimo livro das *Confissões* (1968, 110-111) em que afirma que durante sua estada em Paris e os encontros que tinha na casa de uma senhora de La Selle com pessoas da sociedade parisiense, descobriu que: "Aquele que mais contribuísse para o povoamento da casa dos expostos seria sempre o mais aplaudido". E completa, dizendo: "Isso me venceu; adaptei meu modo de pensar ao modo que via em pessoas muito amáveis e, no fundo, gente muito direita; e disse a mim mesmo: 'Já que é costume da terra, quando se vive nela pode-se segui-lo'".

Segundo Cranston (1991a, 245), a condição geral das crianças não era das melhores e sabemos que milhares eram

---

45. "Comment prendre au sérieux un livre sur l'éducation, de la part d'un homme qui abandonna 'gaillardement' (c'est lui-même qui l'avoue dans les Confessions) les cinq enfants qu'il fit à Thérèse Levasseur?" (ROUSSEAU, *Émile*, 5).

abandonadas nas ruas de Paris, e poucas levadas para os orfanatos. Rousseau comenta (1968, 132) que diante do que passava e das inconstâncias de sua vida, havia escolhido o melhor para seus filhos. "Quisera eu, e ainda hoje o quereria, ter sido educado e sustentado como eles o foram". Evidentemente, nesses comentários o grande filósofo, que sempre criticou a dissimulação, acaba colocando uma máscara e se esconde nos meandros literários da retórica. Ou, talvez tenha se mostrado por inteiro como sempre foi: uma nobre alma infantil e ingênua. Ele diz na *Nona caminhada* de *Os devaneios* (ROUSSEAU, 2017, 114): "Registrei em meus escritos a prova de que me dedicara a essa pesquisa com cuidado demasiado para não a ter feito com prazer, e seria seguramente a coisa mais incrível do mundo que a *Heloísa* e o *Emílio* fossem obra de um homem que não amasse as crianças".

Com ou sem máscara, o que temos é a trágica experiência de vida de Jean-Jacques Rousseau que abandona sua Genebra para ser um cosmopolita; que se afasta da sociedade para estudá-la e compreendê-la em todos os seus fundamentos e assim conceber sua utopia; que deixa de viver entre os homens para esquadrinhá-los em todos os seus sentimentos e paixões; e que deixa de amar seus filhos para amar todas as crianças do mundo. O *Emílio* é, assim, a declaração de amor ao homem e a fé na capacidade de transformá-lo em um ser bom e útil à humanidade. E na construção desse colorido mosaico, bem como de toda sua obra, o pensador genebrino adentra um mundo de profundas reflexões que só um longo devaneio solitário seria capaz de proporcionar. A exemplo dos poetas árcades que adentravam os campos, pântanos e florestas para entender os meandros da alma humana e deixar um legado inestimável, uma fonte inesgotável para uma melhor compreensão do homem, do cidadão e dos melhores meios de formá-los com vistas ao bem comum. Se, como diz Shakespeare (2014,

682)⁴⁶, o mundo é um palco, nós os atores e a vida uma encenação, a melhor máscara a se colocar é a de um homem civil, e o papel a ser desenvolvido é o de um homem virtuoso que tudo faz pela coletividade. Como Emílio é preparado para viver entre os homens (ROUSSEAU, 1979, 379), é ele quem domina todo o cenário como um verdadeiro suplemento de uma ordem, a ordem natural, auxiliado por acessórios devidamente colocados pela sabedoria e pela astúcia do preceptor, sendo preparado para viver entre os homens, mesmo sob todas as influências de uma sociedade perversa e absurda. No processo do desvelamento, do fundo do mar surge a estátua monstruosa de Glauco, amedrontadora pois sem o encantamento de sua divindade. Por sua vez, a retirada do véu sobre a estátua de Galateia revela sua beleza e sua substância ocultas. Na primeira figura, é o erro e a corrupção que são revelados, enquanto na segunda figura revelam-se o que estava oculto, isto é, sua beleza e substância. Resta uma terceira figura: "Que se figure meu Emílio", conclama o preceptor ao palco, em que esse o homem da natureza fará a fusão de Glauco e Galateia em um só personagem que, sem véu, apresenta-se tal como é.

Ralph Waldo Emerson abre seu livro *Natureza* dizendo: "Nossa era é retrospectiva. Constrói sepulcros aos antepassados. Escreve biografias, histórias e críticas. As gerações anteriores olhavam Deus e a natureza cara a cara; nós o fazemos através de seus olhos" (EMERSON, 2011, 9). E foi exatamente

---

46. Trecho da peça *As You Like It*, no ato II, cena VII, quando o personagem Jacques diz:
"All the world's a stage,
And all the men and women merely players;
They have their exits and their entrances;
And one man in his time plays any parts,
His acts being seven ages. At first the infant,
Mewling and puking in the nurse's arms".

o que tentei fazer com a produção destas conferências, à luz de uma leitura rigorosa das obras de Rousseau. Reportando-me a Joel Pimentel de Ulhôa, estudioso da obra de Rousseau: ler uma obra sendo "fiel a um filósofo não é apenas lê-lo de forma tecnicamente rigorosa, mas por um processo empático, reviver com ele o problema em torno do qual foi produzido seu discurso e, na medida do possível, aproveitar seu legado na solução de nossos problemas" (ULHÔA, 2000, 32). Para concluir, acresce-se a isso que, no prefácio da segunda edição de seu livro *Men & citizens. A study of Rousseau's social theory*, Judith Shklar (1985) afirma que o genebrino é um daqueles autores que têm alguma coisa pessoal para dizer a cada leitor. E, nesse caso, a melhor forma de compreendê-lo é realizando sua própria leitura. Portanto, para além de uma exposição catedrática, espero que estas conferências tenham servido para instigar a curiosidade sobre o filósofo Jean-Jacques Rousseau e servido de convite à leitura de suas obras.

E, nesse sentido, encerro estas conferências com o mesmo questionamento de Hölderlin[47]: "Teu discurso solitário será alguma vez entendido?" Teremos algum dia a capacidade de entender toda sua mensagem e a riqueza da obra de Rousseau? Considerando a produção acadêmica e todas as reflexões que se tem feito nesses quase dois séculos e meio, bem como a influência que sua obra tem exercido sobre diversos campos do conhecimento e da prática, terá sido ele um profeta e um mensageiro de uma era melhor? Ou não terá passado de um sonhador? De qualquer forma, como ele mesmo diz em nota de rodapé no *Emílio* (1973, 103): "Dir-me-ão que eu também sonho;

---

47. Johann Christian Friedrich Hölderlin (1770-1843), poeta lírico alemão. Esse questionamento surge no poema *Rousseau* (apud MILLET, Louis, *La pensée de Rousseau*, Paris, Bordas, 1966, 9). Para maiores comentários sobre o poema citado, reportamos ao texto de Starobinski (*Jean-Jacques Rousseau, A tansparência e o obstáculo*, 266-271).

concordo; mas (o que outros não fazem) ofereço meus sonhos como sonhos, deixando que o leitor procure ver se têm algo de útil para as pessoas acordadas". A todos nós, leitores de Rousseau, bem acordados e conscientes dos problemas educacionais, cabe o exercício prazeroso da exegese de seus escritos e do bom aproveitamento de seus sonhos.

Comentário
CLÁUDIO ALMIR DALBOSCO

Cumprimento o prof. Wilson Paiva pela bela conferência e quero, de imediato, ressaltar que a grandeza de Rousseau ficou bem ressaltada nessa oitava conferência, que toma como ponto de partida a metáfora da estátua de Glauco referida por Platão em seu *A República*, para interpretar, em seguida, a formação humana no *Emílio* de Jean-Jacques Rousseau. Você põe em confronto, portanto, dois autores clássicos com suas duas principais obras, visando problematizar a ideia de formação humana como aparece especificamente no *Emílio*, a qual nos lembra o conceito alemão de *bildung*. Que *A República* não é só uma grande obra filosófica, mas também um dos maiores tratados educacionais já escritos pela humanidade, isso o próprio Rousseau reconheceu no século XVIII e nós continuamos avalizando ainda hoje. De outra parte, tem se tornado cada vez mais consenso entre muitos intérpretes contemporâneos que o *Emílio* não é só tratado educacional mas também grande obra filosófica, conseguindo atualizar de maneira original muitos problemas filosóficos e educacionais da tradição.

Contudo, o que está em jogo nesta metáfora platônica e que luz ela joga para o problema da formação humana? Em que medida a estátua de Glauco auxilia na compreensão do esboço de um projeto educacional exposto por Rousseau no

Emílio? Se buscarmos entender a noção de metáfora em uma de suas possíveis definições, significa dizer que ela contém o esforço intelectual de trazer à luz o indizível de determinada coisa, problema ou campo de conhecimento. Ou seja, a metáfora surge quando a própria linguagem humana se depara com os seus limites e precisa apoiar-se em analogia e comparações para poder dizer o indizível, como diz Frank (1990)[48]. O que seria, neste contexto, o indizível para Platão e Rousseau, que só poderia ser exposto metaforicamente? É a própria condição humana em sua mais profunda ambiguidade, ou seja, em sua tensão desfigurada e reconfigurada.

Como aparece esta tensão constitutiva da condição humana nos dois autores? Em Platão trata-se do esforço de explicar a desfiguração da alma humana acometida por "mil males" em analogia com o que aconteceu com a corrosão, pelo efeito imparável do tempo, da estátua de Glauco depositada no fundo das águas. Para o pensador grego, a reconfiguração da alma humana é tarefa de uma filosofia educadora (*paideia*), cujo objetivo principal visa à formação de todas as capacidades humanas intelectuais e sensíveis, abrangendo, entre outras, a ginástica, a música, a matemática e a própria filosofia. Se na base da desfiguração atuam as paixões viciosas que enfraquecem a vontade humana, fazendo-a sucumbir às seduções dos desejos sensuais imediatos, a reconfiguração apoia-se no amplo espectro de uma educação virtuosa que encontra na sabedoria (*sophía*) a amarra de todas as demais virtudes, principalmente a moderação ou serenidade (*sophrosýne*). Se a *sophía* torna possível a apropriação do saber indispensável que capacita o ser humano ao exercício do "bem pensar", a

---

48. Cf. FRANK, M. *Das Sagbare e und das Unsagbare*. Studien zur Deutsch-französischen Hermeneutik und die Texttheorie. Frankfurt am Main: Suhrkamp, 1990.

sophrosýne, por sua vez, capacita-o para o domínio racional de si, visando o autogoverno nas ações, como afirma Spinelli[49] (2017, 60). Ora, é esta ampla formação virtuosa que prepara o homem livre para atuar como cidadão na *polis*.

Rousseau é herdeiro dessa tradição platônica reinterpretada pelo estoicismo, especialmente, pelo esforço de Sêneca em transformar a *paideia* numa *instructio*. De qualquer sorte, desaguam no *Emílio* estas duas grandes tradições de uma filosofia educadora que continua possuindo o objetivo de pensar a formação como modo de contornar a trágica ambiguidade da condição humana. Contudo, Rousseau acentua, de maneira mais clara e enfática do que Platão e Sêneca, a força que a sociabilidade exerce na agudização desta ambiguidade na medida em que potencializa enormemente os aspectos destrutivos do amor próprio. Se é o amor por si mesmo desdobrado em amor de si e amor próprio que empurra o ser humano para a cultura e sociedade, é o caráter eminentemente ambíguo do amor próprio que, enquanto força tensional construtiva e destrutiva, desfigura a condição humana em suas produções sociais e culturais, como digo em uma de minhas obras[50]. Segundo o diagnóstico rousseauniano, o excesso de amor por si mesmo estimula, então, o predomínio das "paixões odientas e irascíveis", impedindo que o progresso conquistado nas ciências e nas artes se traduza em aperfeiçoamento moral. Ao contrário, o avanço científico-artístico favorece o refinamento da astúcia e maldade humana.

Em síntese, a grande enfermidade é a perversão do amor próprio envenenado, potencializado social e politicamente.

---

49. Cf. SPINELLI, Miguel, *Ética e política, A edificação do éthos cívico da paideia grega*, São Paulo: Loyola, 2017.
50. Cf. DALBOSCO, Cláudio Almir, *Condição humana e educação do amor próprio em Jean-Jacques Rousseau*, São Paulo, Loyola, 2016.

O principal fármaco contra esta enfermidade é, como indica acertadamente Wilson Paiva nesta conferência, a educação por meio do amplo projeto de formação humana, apresentado passo a passo, etapa por etapa, no *Emílio*. Do projeto tripartite, natural (livros I, II e II), moral (livro IV) e político (livro V), cabe destaque, sem dúvida, a educação natural, porque cobre a infância, buscando preservá-la da colonização corrupta do mundo adulto. A educação natural é, neste sentido, antes de tudo, negativa porque seu objetivo consiste mais em proteger a criança dos vícios adultos do que ensinar-lhe as virtudes. Rousseau justifica em detalhes sua ideia de educação como preparação (*paideia* e *instructio*), alicerçando-a no princípio pedagógico de que é a natureza a grande educadora do aluno fictício, em sua infância, cabendo ao preceptor encenar todas as situações formativas possíveis, inserindo nelas pedagogicamente seu aluno.

Há um aspecto estoico claro neste projeto de educação infantil, primeiro, porque trata-se de preparar o infante para agir de acordo com a natureza, porque a natureza possui poder normativo indestrutível, indispensável ao fortalecimento do corpo e refinamento dos sentidos. Em segundo lugar, a presença do estoicismo e, principalmente de Sêneca, se faz notar quando Rousseau pensa o trabalho propedêutico da educação natural com base na tensão constitutiva da condição humana entre vício e virtude, apostando no convívio da criança junto à natureza como maneira de protege-la contra a invasão adulta viciosa e agressiva. Ou seja, é o aprendizado por meio da experiência com as coisas – e não primeiramente por meio da educação verbal – que se torna propedeuticamente mais interessante para abrir o caminho à posterior formação moral e política. Em síntese, esta dimensão da educação natural infantil torna-se exercício preparatório para o indispensável domínio de si, ou seja, do autogoverno (liberdade autodeterminante), nuclear para a participação adulta democrática na esfera pública.

Como se pode observar, esta oitava conferência do prof. Wilson Paiva abre um leque amplo de outras questões, conduzindo-nos a pensar adiante, com Rousseau e além de Rousseau. A conferência nos mostra também a potencialidade formativa e inspiradora do diálogo com o clássico, abrindo novos horizontes para pensar o próprio tempo presente.

Parabéns pelo belo trabalho e obrigado pelo convite.

Resposta

Eu que agradeço por sua participação, direta, neste momento, e indireta pelas obras que me servem de referência. Assim como toda a produção dos colegas rousseauistas tem me ajudado a entender a formação humana em Rousseau, seus comentários foram extremamente importantes e enriqueceram o tema da reconfiguração, sobretudo quando ressalta a importância de Platão. A figura de Glauco é paradigmática tanto para Platão quanto para Rousseau, e por isso eu a escolhi como tema geral destas conferências, pois encontramos em ambos a centralidade de uma filosofia educadora para combater essa enfermidade que abate o humano. Concordo com suas colocações e finalizo agradecendo novamente por sua contribuição e espero revê-lo nos possíveis próximos encontros.

BIBLIOGRAFIA

ABBAGNANO, Nicola. *Dicionário de Filosofia*. São Paulo: Martins Fontes, [4]2000.
AGOSTINHO, Santo. *De natura et gratia*. S. Aurelli Augustini Opera Omnes. Patrologiae Latina Et Elenchus. Disponível em: <http://www.augustinus.it/latino/index.htm>. Acesso em: 19 jun. 2020.
ALEKSIÉVITCH, Svetlana. *O fim do homem soviético*. Trad. Lucas Simone. São Paulo: Companhia das Letras, 2016.
ALTHUSSER, Louis. Sobre el "Contrato Social". In: LÉVI-STRAUSS, Claude et al. *Presencia de Rousseau*. Buenos Aires: Nueva Visión, 1972.
ANDROUTSOS, Georges. Les troubles génito-urinaires de Jean-Jacques Rousseau (1712-1788) sous l'aspect d'un nouveau diagnostic. *Revista Andrologie*, v. 14, n. 4 (2004). Disponível: <https://link.springer.com/content/pdf/10.1007%2FBF03035179.pdf>. Acesso em: 24 mai. 2019.
ALENCAR, José de. *O guarani*. Rio de Janeiro: Ediouro, [29]1999.
ALMEIDA PRADO, J. F. de. *Primeiros povoadores do Brasil. 1500-1530*. 5ª ed. rev. e aum. São Paulo: Companhia Editora Nacional, 1976.

AQUINO, Tomás de. *Summa theologiae*. Tetum Leoninum Romae 1892 editum ac automato translatum a Roberto Busa SJ in taenias magneticas denuo recognovit Enrique Alarcón atque instruxit. Disponível em: <http://www.corpusthomisticum.org/>.

ARISTÓTELES. *Metafísica*. Trad. Marcelo Perine. São Paulo: Loyola, ²2015, v. 2.

_____. *Arte Retórica e Arte Poética*. Trad. Antônio Pinto de Carvalho. Rio de Janeiro: Tecnoprint, 1985. Coleção Universidade de Bolso.

ATKINSON, Geoffroy. *Les relations de voyages du XVIIe Siècle et l'évolution des idées*. Paris: Libraire Ancienne Édouard Champion, 1924.

_____; KELLER, Abraham C. *Prelude to the Enlightenment*. London: Methuen, 1964.

AUDI, Paul. *Rousseau. Une philosophie de l'âme*. Paris: Verider, 2008.

_____. Rousseau et le tribunal de la représentation. In: DROIT, Roger-Paul (ed.). *Figures de l'altérité*. Paris: Presses Universitaires de France, 2014.

AUGUSTI, Valéria. O caráter pedagógico-moral do romance moderno. *Cadernos Cedes*, ano XX, n. 51, (2000). Disponível em: <https://www.scielo.br/scielo.php?script=sci_arttext&pid=S0101-32622000000200007&lng=pt&nrm=iso#ast01>. Acesso em: 21 jan. 2021.

BABBIT, Irving. *Rousseau and Romanticism*. Boston: New York: The Riverside Press Cambridge, 1924.

BADINTER, Elisabeth. *Émilie, Émilie. A ambição feminina no século XVIII*. Trad. Celeste Marcondes. São Paulo: Discurso; Duna Dueto; Paz e Terra, 2003.

BAKER, Felicity. The anthropological foresight of the Lettre sur les spectacles. In: GULLSTAM, Maria; O'DEA, Michael (ed.). *Rousseau on stage. Playwright, musician, spectator*. Oxford: Voltaire Foundation, 2018.

BARNY, Roger. Jean-Jacques Rousseau dans la Révolution Française (1787-1791). Contribution a L'analyse de l'ideologie revolutionnaire bourgeoise. *Annales historiques de la Révolution Française*, ano 50, n. 231 (1978) 109-116. Disponível em: <http://www.jstor.org/stable/41879137>. Acesso em: 5 jul. 2021.

BARROS, Roque Spencer Maciel de. *Meditações sobre Rousseau*. São Paulo: Centro Regional de Pesquisas Educacionais de São Paulo, dezembro de 1963.

BAUMAN, Zygmunt. *Vida líquida*. São Paulo: Editora Zahar, 2007.

BAUMGARTEN, A. G. *Aesthetica*. Laterza: Torino, 1936.

BAYER, Raymond. *História da estética*. Lisboa: Estampa, 1979.

BÉNICHOU, P. et al. *Pensée de Rousseau*. Paris: Seuil, 1984.

BENJAMIN, Walter. A obra de arte na época de sua reprodutibilidade técnica. In: _____. *Obras escolhidas, v. 1: Magia e técnica, arte e política*. São Paulo: Brasiliense, ³1987.

BERLIN, Isaiah. *The roots of romanticism*. Washington, DC: Princeton University Press, 2013.

BERLIOZ, Hector. *Mémoires*. Dir. Pierre Citron. Paris: Flammarion, 1991.

BERNARDI, Bruno. La notion d'intérêt chez Rousseau. Une pensée sous le ligne de l'immanence. *Cahiers Philosophiques de Strasbourg*, n. 13 (2002) 149-173.

BERTRAM, Christopher. *Rousseau and the Social Contract*. London, New York: Routledge, 2004.

_____. Rousseau e Genebra. *Revista Trans/Form/Ação*, Marília, v. 38, edição especial (2015) 93-110.

BLOOM, Allan. *Love & Friendship*. New York, Simon & Schuster, 1993.

BOBBIO, Norberto. *A era dos direitos*. Trad. Carlos Nelson Coutinho. Rio de Janeiro: Campus, 1992.

BOCCACCIO, Giovanni. *Decameron*. Lisboa: Bertrand, 1976.

BOTO, Carlota. O Emílio como categoria operatória do pensamento rousseauniano. In: MARQUES, José Oscar de Almeida (Org.). *Verdades e mentiras. 30 ensaios em torno de Jean-Jacques Rousseau*. Ijuí: Unijuí, 2005. Coleção Filosofia, 15.

_____. *Instrução pública e projeto civilizador. O século XVIII como intérprete da ciência, da infância e da escola*. São Paulo: UNESP, 2017.

BRANDÃO, Junito de Souza. *Dicionário mítico-etimológico*. Petrópolis: Vozes, 2014.

BRECHT, B. *Estudos sobre teatro*. Rio de Janeiro: Nova Fronteira, 2005.

BURGELIN, Pierre. Rousseau et la philosphie politique. Institut International de philosophie politique. *Annales de philosophie politique*, n. 5. Paris: PUF, 1965.

CAMBI, Franco. *História da pedagogia*. São Paulo: UNESP, 1999.

CAMPAGNOLO, Gilles. L'Économie politique de Rousseau. La première confrontation moderne du droit et de l'économie politique. In: SALEM, Jean; CHARRAK, André (org.). *Rousseau et la philosophie*. Paris: Sorbonne, 2004.

CANDIDO, Antonio. *O romantismo no Brasil*. São Paulo: Humanitas/FFLCH, 2004.

CARPEAUX, Otto Maria. *História da literatura ocidental, v. III*. Brasília: Senado Federal, Conselho Editorial, 2019.

CASSIRER, Ernst. *A questão Jean-Jacques Rousseau*. Trad. Erlon José Paschoal, Jézio Gutierre; revisão da trad. Isabel Maria Loureiro. São Paulo: UNESP, 1999. Biblioteca Básica.

CITTON, Yves. Retour sur la misérable querelle Rousseau-Diderot: position, conséquence, spectacle et sphère publique. *Recherches sur Diderot et sur l'Encyclopédie*, n. 36 (2004) 57-95. Disponível em: <http://rde.revues.org/282>.

CONSTANT, Benjamin. *A liberdade dos antigos comparada à dos modernos*. São Paulo: Atlas, 2009.

CORBIN, Alain. *L'homme dans le paysage*. Paris: Les éditions textuel, 2001.

COSTA, Israel Alexandria. *Rousseau e a origem do mal*. Dissertação de Mestrado em Filosofia. Salvador: UFBA, 2005. Disponível em: <https://repositorio.ufba.br/handle/ri/11479>. Acesso em: 29 mai. 2021.

COULANGES, Fustel de. *A cidade antiga*. São Paulo: Hemus, 1975.

COULET, Henri. Couples dans la Nouvelle Héloïse. *Littératures 21* (outono de 1989) 69-81. Disponível em: <https://www.persee.fr/doc/litts_0563-9751_1989_num_21_1_1482>.

CAUQUELIN, Anne. *A invenção da paisagem*. Trad. Marcos Marciolino. São Paulo: Martins Fontes, 2007.

CRANSTON, Maurice. *Jean-Jacques Rousseau. The early life and work of Jean-Jacques Rousseau, 1712-1754*. Chicago: The University of Chicago Press, 1991a.

_____. *The noble savage. Jean-Jacques Rousseau 1754-1762*. Chicago: The University of Chicago Press, 1991b.

_____. *The solitary self. Jean-Jacques Rousseau in exile and adversity*. Chicago: The University of Chicago Press, 1997.

D'ABBEVILLE, Claude. *História da missão dos padres capuchinhos na Ilha do Maranhão e terras circunvizinhas*. Trad. Sérgio Milliet. São Paulo: Livraria Martins Editora, 1945.

DALBOSCO, Cláudio Almir. *Condição humana e educação do amor próprio em Jean-Jacques Rousseau*. São Paulo: Loyola, 2016.

_____. *Educação natural em Rousseau. Das necessidades da criança e dos cuidados do adulto*. São Paulo: Cortez, 2011.

DAMIÃO, Carla Milani. *Sobre o declínio da "sinceridade". Filosofia e autobiografia de Jean-Jacques Rousseau a Walter Benjamin*. São Paulo: Loyola, 2006.

DAMROSCH, Leo. *Jean-Jacques Rousseau. Restless genius*. Boston: New York: Houghto Mifflin Company, 2005.

DEFOE, Daniel. *Robinson Crusoé*. São Paulo, Rio de Janeiro, Porto Alegre: W. M. Jackson, 1947. Coleção Grandes Romances Universais, v. 1.

_____. *Robinson Crusoe*. Introduction by Douglas Knight. New York: Pocket Library, 1957.

DELON, Michel. Rousseau et le romantisme. *French Studies*, v. 68, issue 1 (2014).

DENT, Nicholas John Henry. *Rousseau. An introduction to his psycological, social and political theory*. Oxford, New York: Basil Blackwel, 1989.

_____. *Dicionário Rousseau*. Trad. Álvaro Cabral. Revisão técnica de Renato Lessa. Rio de Janeiro: Jorge Zahar, 1996.

DERATHÉ, Robert. *Rousseau e a ciência política de seu tempo*. Trad. Natalia Maruyama. São Paulo: Barcarolla, Discurso, 2009.

_____. *Jean-Jacques Rousseau et la science politique de son temps*. Paris: Vrin, ^{2}1992.

_____. L'homme selon Rousseau. In: BÉNICHOU, P. et al. *Pensée de Rousseau*. Paris: Seuil, 1984.

_____. L'unité de la pensée de J.-J. Rousseau. In: *Jean-Jacques Rousseau* (obra coletiva). Neuchâtel: Ed. La Baconnière, 1962, 203-218.

DERRIDA, Jacques. *Gramatologia*. Trad. Miriam Chnaiderman, Renato Janine Ribeiro. São Paulo: Perspectiva, 2006.

D'EVREUX, Yves. *Voyage dans le nord du Brésil, fait durant l'années 1613 et 1614*. Leipzig, Paris: Librairie A. Franck, 1864.

DIDEROT, Denis & D'ALEMBERT, Jean Le Rond. *Encyclopédie, ou Dicionnaire raisonable des arts, des sciences et des métiers*. Paris: 1751-1765. 17v.

_____. *Enciclopédia, ou Dicionário razoado das ciências, das artes e dos ofícios*. 5 v. *Sociedade e artes*. Trad. Maria das Graças de Souza (et al.). São Paulo: UNESP, 2015.

DIDEROT, Denis. *O filho natural ou as provações da virtude: conversas sobre o filho natural*. (GINSBURG, J., org.). Trad. Fátima Saadi. São Paulo: Perspectiva, 2008.

_____. *Sur les femmes*. Paris: Léon Pichon, 1919.

DOZOL, Marlene de Souza. *Da figura do mestre*. Campinas: Autores associados; São Paulo: USP, 2003.

DRYDEN, John. *The Conquest of Granada by the Spaniards*. H. Herringman Editor, 1672.

EDMONDS, David; EIDINOW, John. *O cachorro de Rousseau: como o afeto de um cão foi o que restou da briga entre Rousseau e David Hume*. Trad. Pedro Sette-Câmara. Rio de Janeiro: Nova Fronteira, 2008.

EHRARD, Jean. *L'idée de nature en France dans la première moitié du XVIIIe siècle*. Paris: Albin Michel, 1994.

EMERSON, Ralph Waldo. *Natureza*. Trad. Davi Araújo. São Paulo: Dracena, 2011.

ÉPINAY, Louise Tardieu d'Esclavelles. *Les conversations d'Émilie*. Paris: Chez Humblot, 1781, 2 v.

ESOPO. *Fábulas completas*. Trad., introd. e notas de Niede Cupertino de Castro Smolka. São Paulo: Moderna, 1994.

ESPÍNDOLA, Arlei de. Rousseau e Sêneca. A construção da liberdade moral. In: MARQUES, José Oscar de Almeida (org.). *Reflexos de Rousseau*. São Paulo: Humanitas, 2007.

FAÇANHA, Luciano da Silva. O prenúncio da "natureza romântica" na escrita do Rousseau. *Cadernos de Ética e Filosofia Política*, São Paulo, n. 21 (2012) 43-55.

_____.; SILVA, Antonio Carlos Borges da. A essência e a representação: uma análise acerca da crítica da imitação teatral em Rousseau. *Ipseitas*, São Carlos, v. 5, n. 1 (jan.-jun. 2019) 36-49.

FÉNELON, François de Salignac de La Mothe. *As aventuras de Telêmaco. Filho de Ulisses*. Trad. Maria Helena C. V. Trylinski. São Paulo: Madras, 2006.

_____. *Éducation des filles*. Paris: Des Grands Magasins du Louvre, 1713.

FERRI, Mascia. *Le donne di Rousseau. Amanti, sesso e vizi del filosofo della rivoluzione*. Roma: Bonanno, 2009. Acesso em: 12 abr. 2021. Disponível em: <https://en.calameo.com/read/0008446215028b0bff195>.

FONSECA, Luiz Adão da. O imaginário dos navegantes portugueses nos séculos XV e XVI. *Revista Estudos Avançados*, v. 6, n. 16 (1992) 35-51. Disponível em: <https://www.scielo.br/scielo.php?script=sci_arttext&pid=S0103-40141992000300004>. Acessado em 19/06/2020.

FOUCAULT, Michel. *História da loucura na Idade Clássica*. São Paulo: Perspectiva, 1972.

_____. *As palavras e as coisas. Uma arqueologia das ciências humanas*. Trad. Salma Tannus Muchail. São Paulo: Martins Fontes, 2000.

_____. *A arqueologia do saber*. Trad. Luiz Felipe Baeta Neves, Rio de Janeiro: Forense Universitária, [7]2010.

FRANCISCO, Maria de Fátima Simões. A filosofia da educação de Rousseau. Uma proposta de releitura do Emílio. *Cadernos de História e Filosofia da Educação*, v. II, n. 4 (1998) 35-42.

_____. A primeira lição moral. O episódio das favas no *Emílio* de Rousseau. ANPOF, 2000.

_____. Aspectos das relações mestre-aluno em Rousseau. In: CENCI, A. V.; DALBOSCO, C. A.; MÜHL, E. H. *Sobre filosofia e educação. Racionalidade, diversidade e formação pedagógica*. Passo Fundo: Universidade de Passo Fundo, 2009.

FRANCO, Affonso Arinos de Melo. *O índio brasileiro e a Revolução Francesa. As origens brasileiras da teoria da bondade natural*. Rio de Janeiro: José Olympio, 1937.

FRANK, M. *Das Sagbare e und das Unsagbare. Studien zur Deutsch-französischen Hermeneutik und die Texttheorie*. Frankfurt am Main: Suhrkamp, 1990.

FREITAS, Jacira de. *Política e festa popular em Rousseau. A recusa da representação*. São Paulo: Humanitas, 2003.

_____. Linguagem natural e música em Rousseau. A busca da expressividade. *Trans/Form/Ação*, São Paulo, v. 31, n. 1 (2008) 53-72.

_____. Política e estética no pensamento de Rousseau. *Educativa*, Goiânia, v. 20, n. 1 (2017) 48-62.

FREUD, Sigmund. Os instintos e suas vicissitudes. In: _____. *Edição standard das Obras Psicológicas Completas de Sigmund Freud*. Rio de Janeiro: Imago, 1987, v. XIV.

FROMM, Erich. *Do ter ao ser*. Trad. Lucia Helena Siqueira Barbosa. São Paulo: Manole, 1992.

GADAMER, Háns-Georg. *Verdade e método I. Traços fundamentais da hermenêutica filosófica*. Trad. Flávio Paulo Meurer. Petrópolis: Vozes; Bragança Paulista: Universidade São Francisco, [8]2007.

GADOTTI, Moacir. *História das ideias pedagógicas*. São Paulo: Ática, [8]2002.

GENLIS, Madame de. *Discours sur la suppression des couvens de religieuses et sur l'éducation publique des femmes*. Paris: 1791. Source gallica.bnf.fr / Bibliothèque Nationale de France.

GIRARDIN, René-Louis. *De la composition des paysages*. Mayenne, France: Champ Vallon, 1992.

GOETHE, Johann Wolfgang von. *Os sofrimentos do jovem Werther*. Trad. Leonardo César Lack. São Paulo: Abril, 2010.

GONCOURT, Edmond et Jules de. *La femme au dix-huitième siècle*. Paris: EJG, 1862.

GOODMAN, Dena. *Becoming a woman in the Age of Letters*. Ithaca and London: Cornell University Press, 2009.

_____. Enlightenment Salons. The convergence of Female and Philosophic Ambitions. *Eighteenth-Century Studies*, v. 22, n. 3, Special Issue. The French Revolution in Culture, (1989) 329-350.

_____. *The Republic of Letters: a cultural history of the French Enlightenment*. Ithaca and London: Cornell University Press, 1994.

GORENDER, Jacob. *O fim da URSS. Origens e fracasso da Perestroika*. São Paulo: Atual, ⁹1992.

GOUGES, Olympe de. *Declaration des droits de la femme et de la citoyenne*. 1791. <http://www.siefar.org/wp-content/uploads/2015/09/Gouges-Déclaration.pdf>. Acesso: 17 ago. 2017.

GOUHIER, Henri. La "perfectibilité" selon Jean-Jacques Rousseau. *Revue de Théologie et de Philosophie*, v. 110 (1978) 321-339.

_____. *Les méditations métaphysiques de Jean-Jacques Rousseau*. Paris: Vrin, 1970.

_____. *Le temps de la refléxion*. Paris: Gallimard, 1983.

GRACE, Eve; KELLY, Christopher. *Rousseau on women, love, and family*. Hanover: London: University Press of New England, 2009.

GRAFFIGNY, Françoise. *Lettres d'une péruvienne*. Introd. Joan DeJean, Nancy K. Miller. New York: The Modern Language Association of America, 1993.

GREGOR, A. James. *Marxismo, fascismo e totalitarismo. Capítulos na história intelectual do radicalismo*. Trad. Milton Chaves de Almeida. Campinas: Vide, 2021.

GREGORY, John. *A Father's Legacy to His Daughters*. London: W. Strahan, 1774.

GRIMM, Friedrich Melchior, barão de. *Correspondance littéraire, philosophe et critique par...* Paris: Garnier, 1878, t. VI.

GUEROULT, Martial. Naturaleza humana y estado de naturaliza em Rousseau, Kant y Fitche. In: LÉVI-STRAUSS, Claude et al. *Presencia de Rousseau*. Selección de José Sazbón. Buenos Aires: Nueva Visión, 1972.

GUINSBURG, J. (org.). *O romantismo*. São Paulo: Perspectiva, 1978.

GULLSTAM, Maria; O'DEA, Michael (org.). *Rousseau on stage. Playwright, musician spectator*. Oxford: Voltaire Foundation, 2018.

HALBWACHS, Maurice. Introduction, notes et commentaire. In: ROUSSEAU, Jean-Jacques. *Du Contrat Social*. Aubier: Montaigne, 1943.

HAMMER Jr. Carl. *Goethe and Rousseau. Resonances of the mind*. Kentucky: The University Press of Kentucky, 1973.

HARTMANN, Pierre. Une archéologie de la distinction. Du rôle conféré par Rousseau à l'esthétique dans l'émergence et le développement du processus inégalitaire. *Revue Dix-huitime siècle*, n. 38 (2006) 481-493.

HATZENBERGER, A. Retour à l'Élysée. Le jardin anglais revisité. *Interfaces*, n. 36 (2015) 305-318. Disponível em: <http://preo.u-bourgogne.fr/interfaces/index.php?id=246>.

HESÍODO. *Teogonia. Trabalhos e dias*. Trad. Sueli M. de Regino. São Paulo: Martin Claret, ²2014.

HOBBES, Thomas. *Leviatã. Matéria, forma e poder de um Estado eclesiástico e civil*. Trad. João Paulo Monteiro, Maria Beatriz Nizza da Silva. São Paulo: Abril Cultural, ³1983. Coleção Os Pensadores.

_____. *Do cidadão*. Trad., apres., e notas Renato Janine Ribeiro. São Paulo: Martins Fontes, ³2002.

HOLBACH, Barão de. *Sistema da natureza ou das leis do mundo físico e do mundo moral*. São Paulo: Martins Fontes, 2010.

HORKHEIMER, Max. *O eclipse da razão*. Trad. Carlos Henrique Pissardo. São Paulo: UNESP, 2015.

HUME, David. *A concise and genuine account of the dispute between Mr. Hume and Mr. Rousseau*. London: Forgotten Books, 2017.

HUNT, John Dixon. *L'art du jardin et son histoire*. Paris: Odile Jacob, 1996.

IMBERT, Francis. *Contradiction et altération chez J.-J. Rousseau*. Paris: Montréal, L'Harmattan, 1997.

JACOB, François. *La logique du vivant. Une histoire de l'hérédité*. Paris: Gallimard, 1970.

JIMACK, Peter. *La génese et la rédation de l'Émile de J.-J. Rousseau*. Genève: Institut et musèe Voltaire, 1960.

KAWAUCHE, Thomaz. Soberania e justiça em Rousseau. *Trans/Form/Ação*. Marília, v. 36, n. 1 (2013) 25-36.

KELLY, Christopher. *Rousseau as author. Consecrating one's life to the truth*. Chicago: London: The University of Chicago Press, 2003.

_____. Rousseau and the case against (and for) the Arts. In: ORWIN, Clifford; TARCOV, Nathan. *The legacy of Rousseau*. Chicago: The University of Chicago Press, 1997.

KERÉNYI, Karl. *A mitologia dos gregos*. Trad. Octavio Mendes Cajado. Petrópolis: Vozes, 2015. 3 v..

LA FONTAINE, Jean de. *Contes et nouvelles em vers* (Alain-Marie Bassy, org.). Paris: Gallimard, 1982.

LAFITAU, Joseph-François. *Moeurs des sauvages américains: comparées aux moeurs des premiers temps*, volume 1. Front Cover. Joseph-François Lafitau. Saugrain aîné, 1724. Disponível em: <https://gallica.bnf.fr/ark:/12148/bpt6k51662f/f493.item>. Acesso em: 26 jul. 2023.

LAMBERT, Anne Thérèse de Marguenat de Coucelles. *Avis d'une mere à son fils et à as fille*. Paris: Chez Etienne Ganeau Libraire, 1728.

L'AMINOT, Tanguy. La critique féministe. In: CLARK, Lorraine; GUY, Lafrance (org.). Rousseau and criticism. Rousseau et la critique. *Pensée Libre*, Ottawa, n. 5 (1995)

LANGDALEN, Jørgen. The voice of nature in Rousseau's theatre. In: GULLSTAM, M.; O'DEA, M. (org.). *Rousseau on stage. Playwright, musician, spectator*. Oxford: Voltaire Foundation, 2018.

LANGE, Lynda (ed.). *Feminist interpretations of Jean-Jacques Rousseau*. Pennsylvania: Penn State University Press, 2002.

LARRÈRE, Catherine. Jean-Jacques Rousseau: O retorno da natureza? *Cadernos de Ética e Filosofia Política*, n. 21, 2012a.

_____. Locke et Rousseau. La place des femmes. *Annales de la Société Jean-Jacques Rousseau*, t. 50, Paris: Droz, 2012b.

_____; LARRÈRE, Raphäel. *Du bom usage de la nature. Pour une philosphie de l'environnement*. Paris: Champs Essais, 1997.

LECERCLE, Jean-Louis. *Rousseau et l'art du roman*. Paris: Librairie Armand Colin, 1969.

LEFEBVRE, Philippe. *L'esthétique de Rousseau*. Paris: Sedes, 1997.

LE GOFF, Jacques. *Os intelectuais na Idade Média*. Rio de Janeiro: José Olympio, ²2006.

LEIBNIZ, G. W. *Ensaio de Teodiceia. Sobre a bondade de Deus, a Liberdade do homem e a origem de mal*. São Paulo: Estação Liberdade, 2017.

LEITE, Rafael de Araújo e Viana. Uma última visita, um novo verbete. Apontamentos sobre a gênese da carta de D'Alembert. *Kínesis*, v. IX, n. 20 (2017) 208-222.

LÉVI-STRAUSS, Claude et al. *Presencia de Rousseau*. Selección de José Sazbón. Buenos Aires: Nueva Visión, 1972.

_____. *Tristes trópicos*. Trad. Rosa Freire d'Aguiar. São Paulo: Companhia das Letras, 1996.

LICHT, Hans. *Sexual life in ancient Greece*. USA: Read Books, 2018.

LILLA, Mark. *A mente imprudente. Os intelectuais na atividade política*. Trad. Clóvis Marques. Rio de Janeiro: Record, ²2018.

LILTI. Antoine. Reconhecimento e celebridade. Jean-Jacques Rousseau e a política do nome próprio. *Topoi*, Rio de Janeiro, v. 15, n. 29 (2014) 635-649. Disponível em: <https://doi.org/10.1590/2237-101X015029010>.

LOCKE, John. *Some thoughts concerning education*. Mineola, New York: Dover, 2017.

_____. *Segundo tratado sobre o governo*. São Paulo: Martins Claret, 2003.

_____. *Two Treatises of Government*. Cambridge: Cambridge University Press, 1996.

LOMBROSO, Gina. *La femme dans la société actuelle*. Paris: Payot, 1929.

_____. *L'âme de la femme*. Paris: Payot, 1934.

LOURENÇO, Eduardo. *Mitologia da saudade, seguido de Portugal como destino*. São Paulo: Companhia das Letras, 1999.

MANDELBROT, Benoît. *Les objets fractals. Forme, hasard et dimension*. Paris: Flammarion, 1975.

MANENT, Pierre. *História intelectual do liberalismo. Dez lições*. Porto: 70, 2015.

MARFAN, A. B. *Traité de l'allaitement et de l'alimentation des enfants du premier age*. Paris: G. Steinheil, 1899. Disponível em: <S-47624_MARFAN_Traite_allaitement_alimentation_1899.pdf>. Acesso: 18 abr. 2019.

MARMONTEL, Jean-François. *Mémoires de Marmontel*, avec préface, note e table par Maurice Tourneau. Paris: Librarie des bibliophiles, 1891, v. I.

MARTIN, Christophe. Nature and supplementation in Julie ou La Nouvelle Héloïse. In: DENNEYS-TUNNEY, Anne; ZARKA, Yves Charles. *Rousseau between nature and culture. Philosophy, literature and politics*. Berlin, Boston: De Gruiter, 2016.

_____. La nature dévoilée (De Fontenelle à Rousseau). *Dix-huitième siècle*, n. 45 (2013). Disponível em: <http://www.cairn.info/revue-dix-huitieme-siecle-2013-1-page-79.htm>.

_____. *Éducations négatives. Fictions d'expérimentation pédagogique au XVIIIe siècle*. Paris: Garnier, 2012.

MARTIN, Kingsley. *French Liberal Thought in the Eighteenth Century. A study of Political Ideas from Bayle to Condorcet*. New York: Harper Torchbooks, 1963.

MARTIN, Nathan John. L'image de Rousseau musicien au cours des siècles. *Annales de la Société Jean-Jacques Rousseau*, t. LIII, Paris: Droz, 2015.

MARTINS, Custódia A. A. Pessimismo e optimismo em Jean-Jacques Rousseau. *Argumentos*, ano 4, n. 8 (2012) 108-114.

MARUYAMA, Nathalia. *A contradição entre o homem e o cidadão. Consciência e política segundo J.-J. Rousseau*. São Paulo: Humanitas, 2001.

MATOS, Alderi Souza de. João Calvino e a disciplina em Genebra: um retrato paradoxal. *Fides Reformata*, v. XVIII, n. 1 (2013) 61-86. Disponível em: <https://www.mackenzie.br/fileadmin/ARQUIVOS/Public/150-int-ext/cpaj/2021/Fides_Reformatadas/Fides_Reformatada_18_N1/Fides_v18_n1.pdf>. Acesso em: 15 abr. 2019.

MATTOS, Franklin. A querela do teatro no século XVIII. Voltaire, Diderot, Rousseau. *Revista O que nos faz pensar*, n. 25 (ago. 2009).

MAY, Georges. *Rousseau par lui-même*. Paris: Seuil, 1961.

MELZER, Arthur. M. *Rousseau. La bonté naturelle de l'homme.* Paris: Belin, 1998.

MERQUIOR, José Guilherme. *O liberalismo antigo e moderno.* São Paulo: É Realizações, ³2014.

MILL, John Stuart. *A sujeição das mulheres*. Coimbra: Almedina, 2006.

MILLET, Louis. *La pensée de Rousseau*. Paris: Bordas, 1966. Coleção Pour Connaître la Pensée.

MOLIÈRE. *L'école des femmes*. Paris: Hatier, 2019.

MONDOLFO, Rodolfo. *Rousseau y la conciencia moderna*. Buenos Aires: Universitária de Buenos Aires, 1962. Colección Ensayos.

MONROE, Paul. *História da educação*. Trad. Idez Becker. São Paulo: Companhia Editora Nacional, ¹¹1976.

MONTAIGNE, Michel de. *Ensaios*. Trad. Sérgio Milliet. São Paulo: Nova Cultural, 2004. Coleção Os Pensadores, 2 v.

MONTEAGUDO, Ricardo. Habermas leitor de Rousseau. *Trans/Form/Ação*, Marília, v. 36, edição especial (2013) 195-204.

MONTESQUIEU. *Cartas persas*. Trad. Renato Janine Ribeiro. São Paulo: Pauliceia, 1991.

MORETTO, F.L.M. Introdução. In: ROUSSEAU, Jean-Jacques. *Júlia ou a nova Heloísa*. São Paulo: Hucitec, 1994.

MOTHE, F.; LIS, M. *Michel le jardinier au jardin de Jean-Jacques Rousseau*. Paris: Mengès, 1984.

MUNTEANO, Basil. *Solitude et contradictions de Jean-Jacques Rousseau*. Paris: A. G. Nizel, 1975.

MURACHCO, Henrique Graciano. O conceito de *physis* em Homero, Heródoto e nos pré-socráticos. *Revista Hypnos*, n. 2 (1997). Disponível em: <https://hypnos.org.br/index.php/hypnos/article/view/265>. Acesso em: 18 jun. 2020.

NAITO, Yoshihiro. Le Pygmalion de Rousseau et son esthétique de l'opéra. *Ritsumeikan Studies in Language and Culture*, v. 25, n. 2 (2014) 167-180. Disponível em: <https://www.academia.edu/6300615/Le_Pygmalion_de_Rousseau_et_son_esthétique_de_lopéra>. Acesso em: 15 fev. 2020.

NASCIMENTO, Milton Meira do. Política e pedagogia em Rousseau. *Perspectiva*, Florianópolis, v. 6, n. 11 (jul./dez. 1988a) 13-21.

_____. O Contrato Social. Entre a escala e o programa. *Discurso*, São Paulo, n. 17 (1988b) 119-129.

_____. *A farsa da representação política. Ensaios sobre o pensamento político de Rousseau*. São Paulo: Discurso, 2016.

NEIDLEMAN, Jason A. *The General Will Is Citizenship*. Lanham: Boulder: New York: Oxford: Rowman & Littlefiedl Publishers Inc. 2001.

NEUHOUSER, Frederick. *Rousseau's Theodicy of Self-love. Evil, rationality, and the drive for recognition*. Oxford: Oxford University Press, 2013.

NUNES, Benedito. *Introdução à filosofia da arte*. São Paulo: Ática, ⁵2000.

O'DEA, Michael. Rousseau's ghost. Le Devin du village at the Paris Opera. In: GULLSTAM, Maria; O'DEA, Michael (org.). *Rousseau on stage. Playwright, musician spectator*. Oxford: Voltaire Foundation, 2018.

ORTEGA Y GASSET, José. *Adão no paraíso e outros ensaios de estética*. Trad. Ricardo Araújo. São Paulo: Cortez, 2002.

OVÍDIO. *Tristes*. Texte établi et traduit par Jacques André. Paris: Belles Lettres, 1987.

OZOUF, Mona. Women's words. Essay on French singularity. Chicago, London: The University of Chicago Press, 1997.

PAIVA, Wilson Alves de. A questão da mulher em Rousseau e as críticas de Mary Wollstonecraft. *Revista Ethic@*, Florianópolis, v. 18, n. 3 (2019) 357-380. Disponível em: <https://periodicos.ufsc.br/index.php/ethic/article/view/1677-2954.2019v18n3p357/42719>.

_____. *O Emílio de Rousseau e a formação do cidadão do mundo moderno*. Trindade: CEODO, 2007.

_____. O jardim de Rousseau e a virtude do jardineiro. *Cadernos de Ética e Filosofia Política*, n. 14, v. 1 (2009) 147-178. Disponível em: <https://www.revistas.usp.br/cefp/article/view/83324>.

_____. *Da reconfiguração do homem. Um estudo da ação político-pedagógica na formação do homem em Jean-Jacques Rousseau*. Tese de Doutorado em Filosofia da Educação. São Paulo: USP, 2010.

_____. Rousseau e as artes. Uma leitura do Pigmaleão. *Revista de Filosofia Moderna e Contemporânea*, Brasília, v. 8, n. 3 (2020) 225-245. Disponível em: <https://periodicos.unb.br/index.php/fmc/article/view/31941/28849>. Acesso em: 15 abr. 2021.

PASCAL, Blaise. *Pensées. Sur la religion et sur quelques autres sujets*. Paris: J. Delma et Cie., 1967.

PIAU-GILLOT, Colette. Le discours de Jean-Jacques Rousseau sur les femmes, et sa réception critique. In: *Dix-huitième Siècle*, n. 13, 1981. Juifs et judaïsme. 317-333. Disponível em: <https://www.persee.fr/doc/dhs_0070-6760_1981_num_13_1_1346>. Acesso: 20 mar. 2018.

PISSARRA, Maria Constança Peres. *História e ética no pensamento de Jean-Jacques Rousseau*. Tese de Doutorado em Filosofia. São Paulo: USP, 1996.

_____. Rousseau, a festa coletiva e o teatro. *Revista Artefilosofia*, n. 24 (2018) 216-229.

_____. *Rousseau. A política como exercício pedagógico*. São Paulo: Moderna, 2002.

PLATÃO. *A República*. Trad. Enrico Corvisieri. São Paulo: Nova Cultural, 2004. Coleção Os Pensadores.

_____. *Diálogos. Fedro, Cartas, O Primeiro Alcibíades*. Trad. Carlos Alberto Nunes. Belém: EDUFPA, ²2007.

_____. *Teeteto, Crátilo*. Trad. Carlos Alberto Nunes. Ed. rev. Belém: EDUFPA, ³2001.

PRADO JR., Bento. *A retórica de Rousseau e outros ensaios*. Franklin de Mattos, org., e notas. São Paulo: Cosac Naify, 2008.

PRESLE, Le Bègue de. *Relation ou notice des derniers jours de M. Jean-Jacques Rousseau. Qu'on peut attendre de lui avec une addition relative au même sujet*. Londres: 1778.

PUENTE, Fernando Rey. Confissões. A verdade e as mentiras. Notas para um confronto entre Agostinho e Rousseau. In: MARQUES, José Oscar de Almeida (Org.). *Verdades e mentiras. 30 ensaios em torno de Jean-Jacques Rousseau*. Ijuí: Unijuí, 2005. Coleção Filosofia, 15.

PY, Gilbert. *Rousseau et les éducateurs. Étude sur la fortune des idées pédagogiques de Jean-Jacques Rousseau en France et en Europe au XVIIIe siècle*. Oxford: Voltaire Foundation, 1997.

RAWLS, John. *A theory of justice*. Cambridge: Harvard University Press, 1971.

Réglemens et usages des classes de la maison de St. Louis, établie à Saint-Cyr. Paris: 1712.

RÊGO, Marlesson Castelo Branco do. *O conceito de natureza em Santo Agostinho*. Tese de Doutorado em Ciências Humanas. Florianópolis: UFSC, 2015. Disponível em: <https://repositorio.ufsc.br/xmlui/bitstream/handle/123456789/133237/333869.pdf?sequence=1&isAllowed=y>. Acesso em: 20 mai. 2020.

RICOEUR, Paul. *A memória, a história, o esquecimento*. Tradução Alain François et. al. Campinas: Unicamp, 2007.

ROUSSEAU, Jean-Jacques. *Discours sur les richesses*. Édition de Félix Bovet. Paris, Nêchautel: Chez Charles Reinwald, 1853.

_____. Discurso sobre a questão: qual é a virtude mais necessária ao herói e quais foram os heróis que não possuíram essa virtude? *Cadernos de Ética e Filosofia Política*, v. 2, n. 27 (2015) 183-198.

_____. *Oeuvres complètes*. Paris: Gallimard, 1959-1995. 5 v.

_____. *Oeuvres complètes*. Nouvelle Édition, 20 v., Correspondance. Paris: Chez Dalibon, 1826.

_____. *Correspondance générale de Rousseau*, publiée par Th. Dufour etP.-P. Plan. Paris: Colin, 1924-1934, 20vol.

_____. *Confissões*. Trad. Fernando Lopes Graça. Lisboa: Portugália, ³1968.

_____. *Émile ou de l'éducation*. Paris: Flammarion, 1966.

_____. *Emílio ou da educação*. Trad. Roberto Leal. São Paulo: Martins Fontes, 2004.

_____. *Emílio ou da educação*. Trad. Sergio Milliet. São Paulo: DIFEL, 1973.

_____. *Emile or on education*. Introd., transl., and notes by Allan Bloom. USA: Basic Books, 1979.

_____. *Emile e Sophie ou os solitários*. Edição bilíngue francês-português. Trad. Dorothée de Bruchard. Porto Alegre: Paraula, 1994b.

_____. *Considerações sobre o governo da Polônia e sua reforma projetada*. Trad., apr. e notas Luiz Roberto Salinas Fortes. S. Paulo: Brasiliense, 1982.

_____. *Projeto para a educação do senhor de Sainte-Marie*. Edição bilíngue francês-português. Trad. Dorothée de Bruchard. Porto Alegre: Paraula, 1994a.

_____. *Obras. v. 1, Do Contrato Social; Ensaio sobre a origem das línguas*. São Paulo: Nova Cultural, 1999a. Coleção Os pensadores.

_____. *Obras. v. 2, Discurso sobre a origem e os fundamentos da desigualdade entre os homens e Discurso sobre as ciências e as artes*. São Paulo: Nova Cultural, 1999b. Coleção Os pensadores.

_____. *Carta a Christophe de Beaumont e outros escritos sobre a religião e a moral*. José Oscar de Almeida Marques (org., apres., e trad.). São Paulo: Estação Liberdade, 2005.

_____. *Júlia ou a Nova Heloísa*. São Paulo: Hucitec, ²2006.

_____. *Carta a D'Alembert*. Trad. Roberto Leal Ferreira. Campinas. SP: Editora da Unicamp, ²2015.

_____. *Os devaneios de um caminhante solitário*. Trad., introd. e notas Laurent de Saes. São Paulo: Edipro, 2017.

_____. *Narciso ou o amante de si mesmo*. Trad., apres. e notas Kamila C. Babiuki, Rafael de Araújo e Viana Leite. *Cadernos de Ética e Filosofia Política*, v. 2, n. 33 (2018) 166-212. Disponível em: <https://www.revistas.usp.br/cefp/article/view/133722>.

RUSSELL, Bertrand. *História da filosofia ocidental*. Trad. Hugo Langone. Rio de Janeiro: Nova Fronteira, 2015. 3 v.

SAHAD, Luiz Felipe Netto de Andrade e Silva. Rousseau e a administração dos bens. *Trans/Form/Ação*, São Paulo: v. 26, n. 1 (2003) 141–159.

SAISSELIN, R. G. *Taste in Eighteenth Century France. Critical reflections on the origins of Aesthetics*. New York: Syracuse University Press, 1965.

SALINAS FORTES, Luiz Roberto. *Rousseau. O bom selvagem.* São Paulo: FTD, 1989.

_____. *Paradoxo do espetáculo. Política e poética em Rousseau.* São Paulo: Discurso, 1997.

SAVATER, Fernando. *O valor de educar.* São Paulo: Planeta, 2005.

SCHILLER, Friedrich. *On the aesthetic education of man.* Mineola, New York: Dover Publications, 2015.

SCHOPENHAUER, Arthur. *Metafísica do belo.* São Paulo: UNESP, 2003.

_____. *Sobre a vontade na natureza.* Trad., pref. e notas Gabriel Valladão Silva. Porto Alegre: L&PM, 2013.

SCHWARTZ, Joel. Rousseau and Freud on sexuality and its discontents. In: ORWIN, Clifford; TARCOV, Nathan. *The legacy of Rousseau.* Chicago: The University of Chigaco Press, 1997.

SCRUTON, Roger. *Beleza.* São Paulo: É Realizações, 2013.

SÉE, Henri. *La France Économique et Sociale Au XVIIIe Siècle.* Paris: Armand Colin, 1925.

SERTILLANGES, A. D. *A vida intelectual.* Campinas: Kírion, 2019.

SHAKESPEARE, William. *The complete Works of William Shakespeare.* Introd. by Michael A. Cramer. San Diego: Canterbury Classics, 2014.

SHKLAR, Judith N. *Men & citizens. A study of Rousseau's social theory.* New York: University of Cambridge Press, 1985.

SILVA, Genildo Ferreira da; COSTA, Maria do Socorro Gonçalves da. O lugar da mulher na literatura filosófica de Jean-Jacques Rousseau. *Revista Interdisciplinar em Cultura e Sociedade* (RICS). São Luís, v. 3, número especial (2017).

SKINNER, Quentin. *Liberdade antes do liberalismo.* Trad. Raul Fiker. São Paulo: UNESP, 1999.

SMITH, Adam. *A riqueza das nações.* São Paulo: Nova Cultura, 1996. Coleção Os Economistas.

SNYDERS, Georges. *La pédagogie en France aux XVIIe et XVIIIe siècles*. Paris: Presses Universitaires de France, 1965.

SÓFOCLES. *Édipo rei*. Trad. Mário da Gama Kury. Rio de Janeiro: Zahar, 2018.

SOREIL, A. *Introduction à l'histoire de l'esthétique française. Contribution à l'étude des theories littéraires et plastiques en France de la Pléiade au XVIIIe siècle*. Nouvelle edition revue. Bruxelles: Palais des Académies, 1955.

SOUZA, Maria das Graças. *Natureza e Ilustração. Sobre o materialismo de Diderot*. São Paulo: UNESP, 2002.

SPECTOR, Céline. De Diderot à Rousseau. La double crise du droit naturel moderne. In: BACHOFEN, B.; BERNARDI, B.; OLIVO, G. (eds.). *Rousseau, Du contract social, ou Essai sur la forme de la République (Manuscrit de Genève)*. Paris: Vrin, 2012a. Disponível em: <https://lumieres.unil.ch/fiches/biblio/7831/>.

_____. "Mais moi, je n'ai point de jardin". In: HABIB, Claude (ed.). *Éduquer selon la nature: 16 études sur "Émile" de Rousseau*. Paris: Desjonquères, 2012b.

SPINELLI, Miguel. *Ética e política. A edificação do éthos cívico da paideia grega*. São Paulo: Loyola, 2017.

STADEN, Hans. *Duas viagens ao Brasil. Primeiros registros sobre o Brasil*. Introd. Eduardo Bueno. Trad. Angel Bojadsen. Porto Alegre: L&PM Pocket, 2008.

STAROBINSKI, Jean. *As máscaras da civilização. Ensaios*. Trad. Maira Lúcia Machado. São Paulo: Companhia das Letras, 2001.

_____. *Jean-Jacques Rousseau. A transparência e o obstáculo*. Trad. Maria Lúcia Machado. São Paulo: Companhia das Letras, 1991.

_____. *Jean-Jacques Rousseau. La transparence et l'obstacle*. Paris: Gallimard, 1976.

_____. *The invention of liberty. 1700-1789*. New York: RIP, 1987.

_____. *L'oeil vivant*. Paris: Gallimard, 1961.

STENDHAL. *O vermelho e o negro*. Trad. Maria Cristina F. da Silva. São Paulo: Nova Cultural, 2003.

STRECK, Danilo. *Educação para um novo contrato social*. Petrópolis: Vozes, 2003.

SUCHODOLSKI, Bogdan. *A pedagogia e as grandes correntes filosóficas*. Lisboa: Livros Horizonte, ⁵2000.

TAYLOR, Charles. *A ética da autenticidade*. Trad. Talyta Carvalho. São Paulo: É Realizações, 2011.

TELES, Gilberto Mendonça. *Drummond. A estilística da repetição*. Rio de Janeiro: José Olympio, ²1970.

THOMAS, Antoine Léonard. *Essai sur le caractère, les moeurs et l'esprit des femmes dans les différens siècles*. Paris: Chez Moutard, 1772. Source: <gallica.bnf.fr> / Bibliothèque nationale de France.

____; DIDEROT, Denis; ÉPINAY, Louise. *O que é uma mulher? Um debate*. Pref. Elisabeth Badinter. Trad. Maria Helena Franco Martins. Rio de Janeiro: Nova Fronteira, 1991.

THOMAS, Keith. *O homem e o mundo natural*. São Paulo: Companhia das Letras, 1988.

THOREAU, Henry David. *Walden*. Trad. Denie Bottmann. Porto Alegre: L&PM Pocket, 2021.

TOCQUEVILLE, Alexis de. *A democracia na América*. Pósf. Antonio Paim. Trad. Neil Ribeiro da Silva. Belo Horizonte: Itatiaia; São Paulo: EDUSP, ²1987.

TORRES, Amadeu. Diogo Alvares Caramuru e os primórdios da evangelização no Brasil. *Revista Theologica*, 2ª. série, v. 45, n. 2 (2010) 275-283. Disponível em: <https://revistas.ucp.pt/index.php/theologica/article/view/2045>. Acesso em: 4 abr. 2019.

TROUSSON, Raymond. *Jean-Jacques Rousseau. La marche à la gloire*. Paris: Tallandier, 1988.

ULHÔA, Joel Pimentel. *Reflexões sobre filosofia*. Goiânia: UFG, 2000. Coleção Quíron.

VARGAS, Thiago. *Trabalho e ócio. Um estudo sobre a antropologia de Rousseau*. São Paulo: Alameda, 2018.

VARGAS, Yves. *Introduction à l'Émile de Rousseau*. Paris: Presses Universitaires de France, 1995.

_____. L'unité du rousseauisme. In: L'AMINOT, Tanguy. *Penser Rousseau*. Paris: Le Temps des Cerises, 2005.

_____. Rousseau et le droit naturel. *Trans/form/ação*, São Paulo, v. 31, n. 1 (2008) 25-52, 2008.

_____. *Rousseau: L'énigme du sexe*. Paris: Presses Universitaires de France, 1997.

VEDRINI, Mireille. *Les jardins secrets de Jean-Jacques Rousseau*. Préf. Bernard Gagnebin. Chambery: Agraf, 1989.

VOLTAIRE. *Cândido ou o otimismo*. São Paulo: Editora 34, 2016.

_____. *Oeuvres de Voltaire. Dictionnaire Philosophique 1*, t. XXVI. Paris: Didot Frères, 1829.

_____. *Poème sur le désastre de Lisbonne*. 1756. Disponível em <https://fr.wikisource.org/wiki/Poème_sur_le_désastre_de_Lisbonne/Édition_Garnier>. Acesso em: 10 dez. 2020.

_____. *Réponse aux lettres écrites de la montagne*. Genève, Paris: Chez Duchesne, 1765.

VIEIRA, Luiz Vicente. *A democracia em Rousseau. A recusa dos pressupostos liberais*. Porto Alegre: EDIPUCRS, 1997.

VINCENTI, Luc. Rousseau e a ordem da festa. *Trans/Form/Ação*, Marília, v. 38, edição especial, (2015) 15-26.

WAKSMAN, Vera. *El laberinto de la libertad. Política, educación y filosofia em la obra de Rousseau*. Buenos Aires: Fondo de Cultura Económica, 2016.

WARNER, John M. *Rousseau and the problem of human relations*. Pennsylvania: Pennsylvania State University Press, 2015.

WILSON, Arthur M. *Diderot. The testing years, 1713-1759*. New York: Oxford Univerity Press, 1957.

WOLLSTONECRAFT, Mary. *A vindication of the rights of woman*. Mienola, New York: Dover, 1996.

ZARETSKY, Robert; SCOTT, John T. *The philosophers' quarrel. Rousseau, Hume, and the limits of human understanding*. New Haven, London: Yale University Press, 2009.

SOBRE OS COMENTADORES

Carlota Boto

Professora titular da Faculdade de Educação da Universidade de São Paulo (USP). Bolsista Produtividade PQ1D do CNPq. Graduada em Pedagogia e em História, mestre em História e Filosofia da Educação pela FEUSP, doutora em História Social pela FFLCH/USP e livre-docente em Filosofia da Educação pela FEUSP.

Helena Esser dos Reis

Professora titular da Universidade Federal de Goiás e bolsista produtividade do CNPq. Possui graduação em Filosofia pela Universidade Federal do Rio Grande do Sul (1984), mestrado em Filosofia pela Universidade Federal do Rio Grande do Sul (1991) e doutorado em Filosofia pela Universidade de São Paulo (2002).

Genildo Ferreira da Silva

Professor Associado do Departamento de Filosofia da Universidade Federal da Bahia e do Programa de mestrado e doutorado em Filosofia. Doutor em Filosofia pela Universidade Estadual de Campinas (2004), com estágio na Université Catholique de Louvain, na Bélgica. Realizou pesquisa de pós-doutorado em Filosofia pela Université Paris X, na França (2014-2015).

Maria de Fátima Simões Francisco

Professora-doutora de Filosofia da Educação na Faculdade de Educação da USP. Graduada em Filosofia e em Ciências Sociais pela FFLCH-USP, com mestrado e doutorado em Filosofia pela FFLCH-USP. Doutorado-Sanduíche na École Normale Supérieure, em Paris, e pós-doutorado na Universidade de Oxford.

Maria Constança Peres Pissarra

Professora do Departamento de Filosofia da Pontifícia Universidade Católica de São Paulo (PUC-SP). Graduada em Filosofia pela Universidade de São Paulo e em Língua Francesa pela Université de Nancy I/III, com mestrado em Filosofia pela Pontifícia Universidade Católica de São Paulo e doutorado em Filosofia pela Universidade de São Paulo.

Luciano da Silva Façanha

Docente do Departamento de Filosofia e do quadro permanente do Programa de Pós-Graduação do Mestrado Interdisciplinar em Cultura e Sociedade da Universidade Federal do Maranhão. Doutor e mestre em Filosofia pela Pontifícia Universidade Católica de São Paulo. Licenciado em Filosofia pela Universidade Federal do Maranhão e bacharel em Direito pela Universidade Cidade de São Paulo. Tem pós-doutorado em Filosofia pela PUC-SP.

Jacira de Freitas

Professora Associada da Universidade Federal de São Paulo. Doutora em Filosofia pela Universidade de São Paulo (2003, Bolsa FAPESP). Realizou Pós-Doutorado em Filosofia na Universidade de São Paulo (2016-2017) e estágio pós-doutoral em Filosofia na Université Paris 1 Sorbonne (2009-2010).

Cláudio Almir Dalbosco

Professor titular da Universidade de Passo Fundo e no PPG em Educação. Pesquisador do CNPq. Graduado em Filosofia pela Universidade de Passo Fundo (1990), mestre em Filosofia pela Pontifícia Universidade Católica do Rio Grande do Sul (1996), doutor em Filosofia pela Universität Kassel, Alemanha (2001), com pós-doutorado pelo Núcleo Direito e Democracia (NDD) do CEBRAP (2013).

Edições Loyola

editoração impressão acabamento

Rua 1822 nº 341 – Ipiranga
04216-000 São Paulo, SP
T 55 11 3385 8500/8501, 2063 4275
www.loyola.com.br